智慧养老
|内涵与模式|

左美云 著

清华大学出版社
北京

内 容 简 介

本书是国内外智慧养老领域具有开创意义的一本学术专著,是作者及其团队十年集体心血的结晶。智慧养老,简而言之是指利用信息技术支持和帮助老年人过上有价值、有意义的幸福生活。本书首先介绍智慧养老的含义,对国内外智慧养老模式进行分类和比较,在此基础上对智慧养老进行顶层设计,探讨其实施模式;然后分别按照智慧助老模式、智慧用老模式和智慧孝老模式三个支持老人的维度进行阐述;接下来,从实施地点的角度探讨智慧社区居家养老和智慧机构养老。本书还对"医养结合""以房养老"、养老大数据、养老机器人、区块链养老,以及国内外智慧养老产品与网站的发展现状进行分析。

本书学术性、知识性和实用性并重,既可以作为从事智慧养老或养老信息化领域研究的师生或学者的参考文献,又可以作为各地卫生健康部门、民政部门、老龄办、养老机构、养老服务企业或养老服务平台运营商等组织实践工作者的参考资料。

本书封面贴有清华大学出版社防伪标签,无标签者不得销售。
版权所有,侵权必究。举报: 010-62782989,beiqinquan@tup.tsinghua.edu.cn。

图书在版编目(CIP)数据

智慧养老: 内涵与模式/左美云著. —北京: 清华大学出版社,2018(2024.7 重印)
ISBN 978-7-302-50908-0

Ⅰ. ①智… Ⅱ. ①左… Ⅲ. ①养老-社会服务-智能系统-研究-中国 Ⅳ. ①D669.6

中国版本图书馆 CIP 数据核字(2018)第 189950 号

责任编辑: 白立军
封面设计: 杨玉兰
责任校对: 时翠兰
责任印制: 宋 林

出版发行: 清华大学出版社
网　　址: https://www.tup.com.cn, https://www.wqxuetang.com
地　　址: 北京清华大学学研大厦 A 座　　　邮　编: 100084
社 总 机: 010-83470000　　　　　　　　　邮　购: 010-62786544
投稿与读者服务: 010-62776969, c-service@tup.tsinghua.edu.cn
质量反馈: 010-62772015, zhiliang@tup.tsinghua.edu.cn
课件下载: https://www.tup.com.cn, 010-83470236

印 装 者: 三河市龙大印装有限公司
经　　销: 全国新华书店
开　　本: 185mm×230mm　印　张: 22.25　字　数: 380 千字
版　　次: 2018 年 11 月第 1 版　　　　　印　次: 2024 年 7 月第 12 次印刷
定　　价: 59.00 元

产品编号: 075783-01

序言
Preface

人口老龄化与信息化是现代社会发展的两大重要趋势。日益增加的养老服务需求对当下社会养老服务发展的不平衡、不充分提出挑战,运用信息化的智慧手段进行为老服务,将智慧养老嵌入老龄社会发展,既是积极应对人口老龄化的客观需要,也是老龄社会发展的潮流和推动社会变革的力量。

2011年,"智慧养老"的概念由左美云教授的研究团队提出,对推动这个新兴交叉领域的研究与实践发挥了重要作用。相比于以往信息化养老、智能养老等概念,智慧养老概念的提出具有创新意义。养老信息化、智能化强调养老服务技术手段的变革,而智慧养老更强调以人为本、尊老敬老的哲学和文化意涵。本书系统总结了智慧养老的理念,包括智慧助老、智慧用老和智慧孝老。智慧助老是利用信息技术对老年人日常生活能力的延展;智慧用老是通过信息技术发挥老年人的知识、经验和技能,转变为社会财富的过程;智慧孝老则具有鲜明的中国特色,其将信息技术手段与中国传统观念和文化相结合,对老年人的精神生活进行支持。

除了在理论层面创新智慧养老的丰富意涵外,研究团队也在实践层面进行探索。自2012年开始,左美云教授的研究团队自主开发运行了面向老年人的社交网络平台——老友帮。通过老友帮平台,鼓励老年人尝试利用网络平台撰写博客、回忆录,丰富老年人的网络生活。研究团队将理论研究与实践相结合,在老年人网络使用特点和规律方面进行先期探索,并积累了第一手数据,对进一步分析老年人行为和心理特征具有重要意义。

10年来，作者的研究脚步从未停止。从最初智慧养老研究团队建设，到8位博士生毕业论文的写作指导，再到2015年国内学术界第一个智慧养老研究所的建立，以及2016年"智慧养老50人论坛"的发起，都在政、产、学、研各界产生了广泛而深刻的影响，带动了智慧养老和相关领域的研究不断集成和创新。如今，对智慧养老内涵与模式的探索无论在理论还是在实践中都得到了长足的发展，这也得益于作者和研究团队笔耕不辍、持之以恒的努力。

本书是作者10年研究成果的结晶，与其他研究成果相比，我认为有三方面的特点。

(1) 理论上有建树。社会上讲智慧养老实践经验的文章多，但系统总结信息化与养老之间关系的理论概括少。目前，介绍智慧养老实践过程和相关经验的文章大多从平台建设运营、信息技术应用等角度探讨信息化手段如何应用于为老服务，而从理论上总结提炼"智慧"与"养老"关系的论著较为少见。本书在智慧养老理论的发展上做出了自己的贡献。

(2) 多学科视角。目前的智慧养老研究单一学科分析多，而多学科视野少。对智慧养老的相关研究主要涵盖两大领域：一是信息化、智能产品开发等信息科技领域分析智慧养老的具体运作；二是从社会学、经济学、老年学、人口学等领域分析养老服务业新兴业态的发展。本书则是将计算机、信息管理等学科与人文社科类相关学科相结合，突出了研究的多学科和学科交叉视角。

(3) 探讨了适合中国国情的智慧养老发展路径。现在的文章介绍国外进展的研究多，在比较分析基础上提出中国借鉴路径的少。很多研究在探讨西方发达国家，特别是美国、芬兰、德国、日本等国家针对智慧养老的先进经验，但其经验是否符合中国文化背景，能否在中国应用则论述不足。本书则在比较分析各国智慧养老进展的基础上，重点提出在中国社会文化背景下可借鉴的路径，对于讲好中国故事迈出了一大步。

总体而言，本研究成果具有开创性、科学性、实践性、系统性、多学科、国际视野和与中国国情相结合、顶层设计与实施兼顾的特点。开创性表现为本书是国内第一本系统围绕智慧养老主题进行理论与实践成果展示的论著；实践性表现为本书展现了智慧养老技术应用于各社区、街道、北京地区及全国各地，老友帮为智慧养老平台提供了很好的探索经验；系统性表现为本书不仅将智慧养老应用于机构助老，还应用于社区居家、异地养老等多种养老方式，同时也涉及智慧养老的新兴领域，如医养结合、以房养老、大数据、区块链等。同时，本书不仅介绍发达国家先进的智慧养老经验，更重在探索将其有益成分与中国具体实践相结合，将顶层设计与具体实践落地相结合，提供适用于中国经济社会和文化特点的智慧养老方案。

本书通过对智慧养老内涵与模式的全面梳理，结合中国发展特点，在理论与实践层面破解养老服务供给不足、供求矛盾等问题，对于解决目前社会养老服务发展不平衡、不充分问题大有裨益，同时也填补了系统性概括智慧养老理论的空白。

相信本书的出版会进一步启发、推动更多的研究与应用成果出现。

杜 鹏

2018年6月30日

本书是国内外智慧养老领域具有开创意义的一本学术专著。

这本书花了作者的黄金十年,也是作者带领的团队十年集体心血的结晶。

这些年在研究智慧养老的过程中,有肯定:"左老师,您选的智慧养老这个点太好了,卡位卡得好,您举起了智慧养老的一面旗帜!""左老师,您是国内研究智慧养老最早的学者,很有超前眼光!"当然,一路走来,也有很多质疑:"左老师,您年纪轻轻,为什么研究养老?""左老师,您信息化研究得好好的,为什么会研究智慧养老?""左老师,您研究这么多年,有智慧养老方面的专著吗?"以上的肯定和质疑,每个都至少有三五个朋友说过。从上面的话语不难看出,我肯定有过深深的孤独,也有着坚毅前行的信心和勇气,直到今天看到春暖花开……

缘起

2007 年,我作为中国人民大学信息学院经济信息管理系主任受邀赴新加坡国立大学信息学院(School of Computing)访问,和新加坡国立大学的几位同行老师畅谈信息系统学科未来的发展,谈到信息化在企业的应用如 ERP(企业资源计划)研究已经比较成熟,在政府的应用如电子政务也有很多的研究,个人层次的应用如博客、微博等社交网络的研究正在如火如荼地进行。那么,未来十年,哪些方面会是研究的蓝海呢?大家无拘无束地进行头脑风暴,最后一致认为医疗、农村和养老是信息系统学科非常有前途的研究领域,并且相互关联、研究难度依次递增,这三个领域分别对应三个研究方向:医疗信息化、农村信息化和养老信息化。过去十年，出现了很多新的热点，如外包、众包、在线社区（评论）、信任、隐私、情感分析、互联网金融、云计算、大数据、区块链等；但是，智慧（电子）医疗（健康）、农村信息化（电商）、智慧（智能、互联网＋）养老等确实已经或正在成为研究的热点领域。

在新加坡国立大学参与讨论的几位老师也许对这次讨论已经忘记，这只是他们神聊学科发展的"另一次"而已，但这次讨论对我影响深远。我当时刚评上正教授，正在想头顶的职称之剑已经落下，可以在没有压力的情况下做些有影响力的长线研究，争取能"十年磨一剑"。因此我当时就下了决心，未来十年就选择大家认为最难的养老信息化进行研究。当时大家说难，主要是因为研究对象是老年人，由于这一代老年人的信息素养较低，相比较企业上班族或社交网络主体的年轻人，和他们交流会很困难，信息化需求的获得很困难。当时大家说是蓝海，是因为这方面的研究国内外都非常少，老年人是弱势群体，关注的学者很少。但是老龄社会的到来，在各国都是在发展中的事实，因而大家觉得非常有前途。回国后，我和我的团队开始养老信息化的研究。

探索

2008 年，IBM 公司提出"智慧地球"概念；2010 年，IBM 公司又提出"智慧城市（Smart City）"愿景，此后，智慧交通、智慧社区等名词逐渐扩散开来。我们团队觉得"智慧"这个词特别好，英译的 Smart 也特别好，表面有聪明的、人性化的含义，背后是信息技术的支撑。我们想，养老信息化这个词虽然比较规范，但也比较狭义，主要指养老领域的信息化。而我们希望做的，不仅是用信息技术支持和帮助老人，还希望通过信息技术用好老人的经验和智慧。2011 年后，我们团队开始使用"智慧养老"这个词汇作为我们研究方向的名称。

为了获得老人的需求，我们一开始走访了全国多地的养老院、街道和社区，和广场上跳舞、打太极拳等的老人交谈，向老人们发放调查问卷，教社区或养老院的老人学习计算机、学习上网，得到很多关于老年人的感性认识和第一手资料。印象最深的两件事，一是在某社区广场发放问卷，老人们的"热情"让我们很紧张：我们带去的笔记本和签字笔等礼品和问卷被一抢而空，连我们工作人员自己带的笔也被顺走了，有的说我要填两份，但交回来的也许一份都没有，呵呵。另一件事是在某社区发放问卷时，我们问卷中设计了一些从1到7的问项,好几位老人很快就交回了问卷,我们一看结果都是7,问他们为什么填7?老人回答:"你们肯定是政府派来了解满意度等信息的吧,那肯定分越高越好啊,我们都打最高分!"做研究要的是有差异的真实数据,我们对此哭笑不得。

后来,为了更方便地得到老人互联网使用意向和行为数据,我们在2012年6月1日上线了一个由我们团队自主开发运行的、面向老年人的社交网络平台——老友帮,在这个平台上老人可以发博客(在平台中称为"篇语"),发微博(在平台中称为"只言"),可以写回忆录,进入论坛讨论,我们用游戏化的机制(如积分换话费、书籍等)吸引老人参与,每月将老人的精彩内容编辑成《老友帮精华文摘》,电子版可以在平台上下载,纸介质作为礼物赠送给有贡献的老人。有些老人是平生第一次有正式的文字发表,看到纸介质的杂志后特别激动,也非常高兴。平均每位老人的获客成本在100元左右,随着参与的老人日益增多,我们运维经费的压力越来越大,投在运维上的精力也感觉力不从心,在连续出版《老友帮精华文摘》42期后,我们停止了该刊物的编辑。截至2017年10月1日,在平台运行5年多后我们逐步取消了所有物质激励措施,希望靠老人的内生动力维持这个网站的运行。虽然这个平台还在继续运行,然而遗憾的是由于不再有物质激励,参与的人数越来越少。不过,很高兴的是,我们积累了一批老人使用该平台的日志数据,对老人的行为和心理有了一手数据和更好的认知。

2013年以来,类似老友帮这样的功能但由企业运作的平台开始建设起来,我们认为研究者的精力应该主要在研究上,而不是运行一个平台。因而我们从2014年1月开始尝试从由自己的平台获得数据向与其他平台合作转型,同时开始编辑《智慧养老研究动态》这样一本供内部使用的学术性月刊,该月刊中包括官(政府动态)、产(产业动态)、学(学术动态)、研(产品动态)、用(应用动态)、舆(会议动态)等栏目,普及智慧养老理念、分享理论成果、宣传相关政策、促进产业发展。迄今为止,《智慧养老研究动态》已经出版53期,受到各方面订阅者的好评,也使我们的研究有了一个很好的研究基础。2014年我们和山东财经大学管理科学与工程学院一起,发起主办了《智慧养老与智慧医疗论坛》,迄今已经连续举办了五次,每次参与人数都稳定在100人左右,团结了一批有志于研究智慧养老和智慧医疗的学者。

2015年1月,我们成立了国内学术界的第一个智慧养老研究所。2016年1月,我们以中国人民大学智慧养老研究所的名义,与其他五家单位一起,共同发起了"智慧养老50

人论坛",秘书处设在我们研究所。我们以智慧养老50人论坛的名义,每个季度至少举办一次学术会议,扩大了大家对智慧养老的了解。时至今日,智慧养老已经成为一个被社会普遍接受的词汇和领域。从此,我们不再孤独,同行、同道、同志越来越多。

成果

在上述探索的过程中,逐渐形成了我们对智慧养老的理解。我们认为,智慧养老的含义包括三个方面:智慧助老、智慧用老和智慧孝老。智慧助老主要是利用信息技术对老人物质生活的支持;智慧孝老主要是利用信息技术对老人精神生活的支持;智慧用老,则是指通过信息技术利用好老人的经验、知识和技能。实际上,智慧助老离国外差距并不算大,目前养老行业活跃的物联网企业、可穿戴设备提供商、健康监测设备提供商、养老信息系统提供商主要在这个领域;智慧用老和国外是在同一条起跑线上,这方面的用老平台和技术都是刚刚开始;智慧孝老有明显的中国特色,是未来我们可以进行文化输出的领域。

作者认为,智慧养老中的"智慧"和"养老"两者关系可以分为三个层次。第一个层次是毛和皮的关系,智慧是"毛",养老是"皮"。这时的智慧养老体现为引进的养老管理系统、监测设备或数字大屏,展现起来好看、说起来好听。第二个层次是骨和肉的关系,智慧是"骨",养老是"肉"。这时的智慧养老体现为信息技术真正起到降低服务成本、节约人力的作用,实现养老服务的规模经济和范围经济,从而通过智慧之"骨",撑起养老之"肉"。第三个层次是灵和肉的关系,智慧是"灵",养老是"肉"。这时的智慧养老体现为信息技术对养老业务的引领和价值创造作用,比如为老人进行画像和服务的精准推荐,从而通过智慧之"灵",指引养老之"肉",真正做到让老人、服务提供者、政策制定者等各方面的干系人都尽可能满意。目前,多数单位尚处于智慧养老好听好看的第一个层次,少数处在第二层次。这时难的不是"智慧",而是"养老",需要加快养老服务体系的建设和创新。

在第1章给出智慧养老含义的基础上,首先对国内外智慧养老模式现有研究和实践进行分类和比较(第2章),在此基础上对智慧养老进行顶层设计,探讨其实施模式(第3章),然后分别按照智慧助老模式(第4章)、智慧用老模式(第5章)和智慧孝老模式(第6章)三个支持老人的维度进行了阐述。接下来,从实施地点的角度探讨了智慧社区居家养老(第7章)和智慧机构养老(第8章)。智慧养老还有若干新兴领域,例如"医养结合"和"以房养老",以及大数据、人工智能、区块链等新技术推动的智慧养老应用,因而第9章重点讨论这些内容，例如养老大数据、养老机器人和区块链养老。最后的第10章，对国内外智慧养老产品与网站的发展现状进行分析。此外，在附录中给出了2015—2017年智慧养老50人论坛评选的每年中国智慧养老十大事件，从中可以感受到中国智慧养老前进的脚步。

自2017年下半年开始，作者就在整理和撰写本书。虽然这是一本学术专著，具备学术的严谨性，但是为了使读起来通俗易懂，而不显生涩，本书主要保留了研究的结论及对结果的分析讨论，删除了许多数学分析和检验过程。产业界人士和政府官员应该能接受该书的写作风格。

本书虽然每个字都由作者独立整理而成，但是这本书各部分的内容中许多是作者的学生在作者的指导下和作者合作完成的。为了突出学生的贡献，作者对引用的原文都进行了认真的标引和说明。在此，作者要感谢作者的博士生和硕士生们，他们选择跟随作者做智慧养老方面的选题，分别和作者度过了一段受人质疑、清贫和孤独的学术旅程。这么说是因为，我们所在的信息管理和信息系统学科是当红的学科，有太多的机会可以和时下热门的金融、保险、电子商务、企业信息化等领域的研究主题相结合，挣得一些外快或补助。但是，他们坚守了自己的信念，不忘初心，认真完成了他们的学位论文。考虑到博士论文都是某个细微领域的独创性理论成果，因而本书基本上没有引用博士论文的内容。这样做有两个目的：一是尊重作者的博士生个人的知识产权；二是合适的时候，他们可以出版个人的学术专著。为了表达对2010年后追随作者从事智慧养老研究的博士的敬意，作者把每篇博士论文的作者、年份和题目列出，方便有兴趣的读者到图书馆中查阅。

刘满成(2013)：老年人采纳为老服务网站影响因素研究。

周军杰(2013)：线上线下互动对虚拟社区内老年人知识分享的影响研究。

李秋迪(2014)：养老机构的IT价值形成机理及其绩效评价研究。

柴　雯(2016)：基于纵向数据的老年人在线社交网络使用行为研究。

何迎朝(2016)：线上线下协同养老的价值创造机理研究。

汪长玉(2017)——组织内代际知识转移研究：前因、机制及效果。

孔　栋(2018)——居家养老服务系统研究：服务与体验视角。

孙　凯(2018)：医养结合服务平台孕育阶段的服务能力与用户信任构建研究。

有的朋友开玩笑说："左老师，您越界了，您跑到别人的领域抢饭吃了。"从上面八位博士的题目可以看到,我并没有越界,我们研究的还是信息管理与信息系统学科的问题,即信息系统的采纳和持续使用问题;IT能力和价值的形成问题;知识管理中的知识分享和知识转移问题等。我只是研究对象特殊:特殊人群——老年人;特殊组织——养老机构。当然,用的理论和方法是跨学科的,既有信息系统学科的,也有老年学科的。

感谢

在这里,首先要感谢国家自然科学基金(项目号为71273265、71481260328和71771210)、国家社会科学基金重大项目(项目号为13&ZD184)、北京市社会科学基金(项目号为14SHB018)、北京市自然科学基金(项目号为9112009和9182008)、中国人民大学科学研究基金(中央高校基本科研业务费专项资金资助)(项目号为10XNJ065)这些年给予的研究经费资助,正是这些基金的资助,使我们能够寂寞耕耘,坚守初心。

在这里,我要特别感谢我们智慧养老研究所的两位学术顾问,中国人民大学老年学研究所所长杜鹏教授和北京大学老年学研究所所长陈功教授,他们在了解我的研究后,欣然邀请我承办他们策划和主办的2014年第十届中国老年学学科建设研讨会智慧养老分论坛,该论坛吸引了包括学者在内的各界人士参与,成为当年最大的分论坛,使得中国老年学主流学科接受了智慧养老这样一个跨学科的领域。此后,我们一直开展广泛而深入的学术合作。杜鹏教授同时担任中国人民大学的副校长,除了一直从老年学的角度对我们团队进行学术指导和帮助外,还在百忙之中欣然允诺为本书作序,我特别感动。

我要十分虔诚地感谢两位恩师:一位是我仙逝的博士导师黄梯云教授;另一位是鹤发童心的乌家培教授。黄梯云老师是国内信息系统学科的主要创始人,是黄先生将我引入管理信息系统研究的大门,我一直在学习他的严谨治学和真诚的为人原则。在他了解到我开始研究智慧养老之后,认为这是一个新兴的前沿领域,给了我许多的肯定和鼓励,并且要求我将我们团队每期的《老友帮精华文摘》寄给他。他在病榻上,每次见面都详细地询问我的研究进展。乌家培老师是国内信息经济学科的主要创始人,我在自己博士论文基础上撰写的第一本学术专著《知识经济的支柱——信息产业》就由乌老师作序。乌先生是许多中青年学者的贵人,我一直都在学习他的学术包容和学术开拓精神。他每次见到我的时候,都会主动问及智慧养老领域的进展,并将我的研究适时地推荐给其他同行。这两位恩师都是我的贵人,我沐恩良多。

筚路蓝缕，挥手十年。一路走来，我得到的帮助太多了，我要感谢：中国人民大学副校长刘元春教授、山东财经大学副校长张新教授、北京工商大学副校长方德英教授、信息系统协会（AIS）前主席 Douglas Vogel 教授、信息系统协会中国分会（CNAIS）主席毛基业教授和前主席陈国青教授、中国信息经济学会（CIES）理事长谢康教授和前理事长杨培芳教授等；一直爱护我、支持我的中国人民大学陈禹教授和方美琪教授、北京大学李东教授和董小英教授；我的同门师兄哈尔滨工业大学李一军教授、合肥工业大学梁昌勇教授；好朋友兼同事中国人民大学王刊良教授、黄石松研究员、安小米教授、林坚教授；一起在为智慧养老鼓与呼的好朋友南京大学朱庆华教授、北京理工大学颜志军教授和王馨教授、四川大学赵英教授、北京大学李伟平教授和邱凌云教授、清华大学郭迅华教授、山东财经大学张建教授和郭强教授、苏州经贸职业技术学院机电信息学院院长陈志峰教授；一直在智慧养老这条路上互相支持的同行，包括浙江大学华中生教授、上海交通大学张朋柱教授、中南大学刘咏梅教授、合肥工业大学安宁教授、哈尔滨工业大学郭熙铜教授、北京科技大学王志良教授；以及一直给予我支持的学院领导、智慧养老研究所和智慧养老 50 人论坛的同事。

除了上述学术界的支持，我要特别感谢全国老龄办副主任吴玉韶博士和事业发展部贺常梅副主任、信息中心李伟主任及其信息技术部陈振华主任等领导；中国老年学和老年医学学会刘维林会长，副会长北京大学陆杰华教授等；中国老龄科学研究中心王深远主任和党俊武副主任；北京市民政局李万钧局长和李红兵副局长、北京市老龄办王小娥主任、白玲副主任、吴晓甜处长、丁卫华处长、郭南方处长、陈桐林处长、蔡晋昌主任、马占通博士等领导；北京市老干部局刘向东副局长和栗晋春处长；北京市科学技术委员会社发处邢永杰处长；华龄智能养老产业发展中心朱勇理事长；北京市石景山区民政局丁仁猛局长、海淀区民政局李杰副局长、东城区民政局王珩副局长；北京市信息资源管理中心穆勇副主任；中国标准化研究院服务标准研究所曹莉莉所长；北京市政交通一卡通数据总监张翔、北京通养老卡数据服务中心白强主任等领导的肯定和支持。

我还要感谢易飞华通公司吴一兵董事长、毛鋆鋆总经理，中国信息界社长兼总编辑尚进博士，北京市科学技术研究院智慧健康养老与服务工程重点实验室刘建兵主任，怡凯智能公司王杰董事长，智慧养老 50 人论坛褚晓峰秘书长，老龄居养老产业促进中心付磊主任和王轩副主任，清华同衡养老专家委员会张劲松和康进两位秘书长，盘古智库老龄社会研究中心梁春晓主任，思德库研究院田兰宁院长，阿里巴巴研究院高级专家郝建彬，寸草春晖公司王小龙董事长，医养康公司余立新董事长，颐佳养老公司翟宁总裁，珠海亿联公司徐向华总经理等多年的合作，特别是他们提供的设备、数据和调研等方面的支持。

迄今为止的数据显示，中国60岁以上老年人数目约2.42亿，会上网的老人数目超过4000万。然而，比起美国65岁以上老人中有60%的人会上网，互联网在中国老年人中的普及率还是很低的。对此，我们一方面要正视上述现实，同步推进"人人交互系统"和"人机交互系统"，让不会上网的和会上网的老人都能享受到信息时代的美好生活；另一方面，要了解我们既有后发优势，也有孝文化的中国特色，完全可能探索一个中国特色的智慧养老模式，为世界养老事业和产业的发展做出中国贡献。

做有影响、有意义、有意思，具备同情心的研究，是中国人民大学智慧养老研究所的定位。做一个具有理想情怀的现实主义者是我个人的追求。我告诉自己，也告诉我的学生们："坚持就是力量！砥砺前行、不忘初心；莫愁前路无知己，天下谁人不识君。"

智慧养老，是一片发现时间还不算长的蓝海，足够用下一个10年甚至20年去潜泳探索。读者面前的这本专著，还只是挖了几个浅坑，有的地方还很粗糙。但是，我们的研究毕竟十年了，既然"家有小女初长成"，就要上得台来，低吟浅唱一回。期待她能给读者带来真的启示、善的感悟和美的体验。

中国人民大学智慧养老研究所　左美云
2018年5月12日星期六凌晨于春晓园

目 录
Contents

第 1 章 智慧养老与老人信息需求模型 ………………………………… 1
1.1 智慧养老的由来、含义与特点 ……………………………………… 2
1.1.1 智慧养老的由来 ………………………………………………… 3
1.1.2 智慧养老的含义 ………………………………………………… 4
1.1.3 智慧养老的特点 ………………………………………………… 6
1.2 养老模式分类全景图与智慧养老 …………………………………… 6
1.2.1 养老模式的定义与分类 ………………………………………… 7
1.2.2 养老模式分类的全景图：房车模型 …………………………… 8
1.2.3 各种养老模式的内涵分析 ……………………………………… 10
1.2.4 智慧养老与各种养老模式之间的关系 ………………………… 16
1.3 老年人的信息需求模型及当前实践 ………………………………… 17
1.3.1 老年人的需求层次模型 ………………………………………… 17
1.3.2 老年人信息需求层次模型 ……………………………………… 19
1.3.3 老年人信息需求模型的潜在应用 ……………………………… 21
1.3.4 智慧养老应用对老年人需求支持的分析 ……………………… 26
本章参考文献 ……………………………………………………………… 30

第 2 章 智慧养老模式：归纳与比较 …………………………………… 31
2.1 基于远程技术的智慧养老模式 ……………………………………… 32
2.1.1 瑞典：ACTION 模式 …………………………………………… 32

2.1.2　芬兰：以老人为中心的远程监测模式 …………………………… 34
　　　2.1.3　中国珠海：e-Link 模式 …………………………………………… 35
　2.2　基于智能家居的智慧养老模式 ……………………………………………… 37
　　　2.2.1　法国：Sweet-Home 模式 ………………………………………… 37
　　　2.2.2　德国：AAL 模式 …………………………………………………… 38
　　　2.2.3　中国北京：无介入照护模式 ……………………………………… 39
　2.3　基于多方参与的智慧养老模式 ……………………………………………… 41
　　　2.3.1　美国：NORC 模式 ………………………………………………… 42
　　　2.3.2　美国：Honor 应用平台模式 ……………………………………… 44
　　　2.3.3　中国乌镇："1＋2＋1"模式 ……………………………………… 46
　　　2.3.4　中国北京："北京通"模式 ………………………………………… 47
　2.4　基于养老管家的智慧养老模式 ……………………………………………… 49
　　　2.4.1　美国：分级分类的差异化服务模式 ……………………………… 49
　　　2.4.2　加拿大：SIPA 模式 ………………………………………………… 51
　2.5　智慧养老模式的比较与分类 ………………………………………………… 53
　　　2.5.1　智慧养老模式的比较 ……………………………………………… 53
　　　2.5.2　智慧养老模式的分类 ……………………………………………… 53
　本章参考文献 ………………………………………………………………………… 57

第 3 章　智慧养老：顶层设计与实施模式 …………………………………… 58
　3.1　顶层设计与智慧养老的总体框架 …………………………………………… 59
　　　3.1.1　顶层设计的含义 …………………………………………………… 59
　　　3.1.2　智慧养老模式的总体框架 ………………………………………… 59
　　　3.1.3　养老服务智能代理和需求匹配模型 ……………………………… 61
　3.2　城市级智慧养老平台的架构设计 …………………………………………… 64
　　　3.2.1　城市级智慧养老平台的分层架构 ………………………………… 64
　　　3.2.2　建设一个城市级别的养老大数据中心 …………………………… 65
　　　3.2.3　建设 Q 个城区养老服务监管平台 ………………………………… 67

目录

　　　3.2.4　建设 J 个街道养老服务监管系统 …………………………… 68
　　　3.2.5　建设 Y 个运营商智慧养老系统 ……………………………… 69
　3.3　智慧养老的价值链分析与机制设计 ………………………………… 71
　　　3.3.1　智慧养老的价值链分析 ……………………………………… 71
　　　3.3.2　智慧养老的机制设计 ………………………………………… 72
　3.4　智慧养老平台的实施模式 …………………………………………… 75
　　　3.4.1　智慧养老平台的接入模式 …………………………………… 75
　　　3.4.2　智慧养老平台的建设模式 …………………………………… 81
　本章参考文献 ………………………………………………………………… 84

第 4 章　智慧助老及其产品的采纳与使用 …………………………………… 85

　4.1　智慧助老：智能家居产品分析 ……………………………………… 86
　　　4.1.1　老人美好的生活画像 ………………………………………… 86
　　　4.1.2　智能家居系统的一般构成及老人的特点 …………………… 87
　　　4.1.3　面向老年人的智能家居产品 ………………………………… 89
　4.2　智慧助老产品采纳的影响因素 ……………………………………… 94
　　　4.2.1　林林总总的智慧助老产品 …………………………………… 94
　　　4.2.2　老年人采纳信息技术或信息系统的元分析 ………………… 95
　　　4.2.3　人人交互与人机交互养老服务平台采纳分析 ……………… 99
　　　4.2.4　城市老人的网民角色模型及上网影响因素 ………………… 101
　4.3　老年人互联网应用持续使用的实证分析 …………………………… 105
　　　4.3.1　基于期望确认理论的信息系统持续使用模型 ……………… 105
　　　4.3.2　老年人持续使用互联网的影响因素探索 …………………… 106
　　　4.3.3　老年人持续使用互联网的影响因素检验 …………………… 109
　4.4　游戏化在智慧助老产品设计中的应用 ……………………………… 112
　　　4.4.1　游戏化概念及应用实例 ……………………………………… 112
　　　4.4.2　面向生理需求的游戏化设计 ………………………………… 113
　　　4.4.3　面向安全需求的游戏化设计 ………………………………… 114

    4.4.4 面向情感需求的游戏化设计 …………………………………… 114
    4.4.5 面向尊重需求的游戏化设计 …………………………………… 117
    4.4.6 面向自我实现需求的游戏化设计 ……………………………… 118
  本章参考文献 ……………………………………………………………… 120

第 5 章 智慧用老与退休人员知识管理 …………………………………… 121

  5.1 智慧用老与成功老化 ……………………………………………………… 122
    5.1.1 成功老化理论 …………………………………………………… 123
    5.1.2 健康老化理论 …………………………………………………… 125
    5.1.3 生产性老化理论 ………………………………………………… 126
    5.1.4 积极老化理论 …………………………………………………… 127
    5.1.5 集成的成功老化模型 …………………………………………… 128
  5.2 智慧用老与社会参与 ……………………………………………………… 130
    5.2.1 社会参与的概念与理论 ………………………………………… 130
    5.2.2 信息技术作用下的社会参与分类模型 ………………………… 132
    5.2.3 不同老年期的社会参与模式 …………………………………… 134
  5.3 退休员工知识保留的内容与方法 ………………………………………… 136
    5.3.1 退休员工需要保留的知识内容 ………………………………… 137
    5.3.2 保留退休员工知识的方法 ……………………………………… 140
  5.4 代际知识转移的前因和效果 ……………………………………………… 142
    5.4.1 代际知识转移的分析框架 ……………………………………… 142
    5.4.2 代际知识转移的前因 …………………………………………… 144
    5.4.3 代际知识转移的效果 …………………………………………… 147
  本章参考文献 ……………………………………………………………… 149

第 6 章 智慧孝老与在线社交网络 …………………………………………… 151

  6.1 智慧孝老模型及 IT 实现 ………………………………………………… 152
    6.1.1 孝的内涵及其发展 ……………………………………………… 152

  6.1.2 智慧孝老模型的九个方面 …… 154
  6.1.3 智慧孝老模型的 IT 实现 …… 157
 6.2 影响虚拟社区中老年人参与行为的因素模型 …… 161
  6.2.1 老年人与虚拟社区 …… 161
  6.2.2 老年人在虚拟社区中参与的影响因素 …… 162
  6.2.3 老年人参与行为的影响因素模型及检验 …… 166
 6.3 在线社交网络中老人的行为类型及差异 …… 170
  6.3.1 老年用户的识别与数据处理 …… 171
  6.3.2 老年用户的描述性统计 …… 173
  6.3.3 老年用户的聚类分析 …… 175
 6.4 基于标签的老年缄默用户预测 …… 178
  6.4.1 老年缄默用户与标签 …… 178
  6.4.2 数据来源与用户标签分析 …… 179
  6.4.3 老年缄默用户的预测 …… 182
本章参考文献 …… 185

第 7 章 智慧社区居家养老 …… **187**

 7.1 社区居家养老服务的信息需求 …… 188
  7.1.1 调研问卷的设计与回收 …… 188
  7.1.2 信息需求的描述性统计 …… 191
  7.1.3 不同性别的信息需求分析 …… 193
  7.1.4 不同年龄段的信息需求分析 …… 195
 7.2 智慧社区居家养老服务模式与机制 …… 198
  7.2.1 不同类型老人的养老服务模式 …… 198
  7.2.2 不同类型社区的养老服务模式 …… 201
  7.2.3 不同类型社区的养老服务机制 …… 203
  7.2.4 不同服务内容的养老服务机制 …… 205
 7.3 社区居家养老服务采纳角色模型及影响因素 …… 206

7.3.1　愿意采纳养老服务平台的描述性统计 ⋯⋯⋯⋯⋯⋯⋯⋯⋯⋯⋯⋯ 206

7.3.2　愿意使用养老服务平台的老年人角色模型 ⋯⋯⋯⋯⋯⋯⋯⋯⋯ 209

7.3.3　老年人采纳养老服务平台的影响因素 ⋯⋯⋯⋯⋯⋯⋯⋯⋯⋯⋯ 211

7.4　智慧社区居家养老面临的问题与对策 ⋯⋯⋯⋯⋯⋯⋯⋯⋯⋯⋯⋯⋯⋯ 214

7.4.1　智慧社区居家养老服务平台的作用 ⋯⋯⋯⋯⋯⋯⋯⋯⋯⋯⋯⋯ 214

7.4.2　社区居家养老服务面临的问题 ⋯⋯⋯⋯⋯⋯⋯⋯⋯⋯⋯⋯⋯⋯ 215

7.4.3　智慧社区居家养老的具体策略 ⋯⋯⋯⋯⋯⋯⋯⋯⋯⋯⋯⋯⋯⋯ 216

本章参考文献 ⋯⋯⋯⋯⋯⋯⋯⋯⋯⋯⋯⋯⋯⋯⋯⋯⋯⋯⋯⋯⋯⋯⋯⋯⋯⋯⋯ 219

第8章　智慧机构养老与异地养老 ⋯⋯⋯⋯⋯⋯⋯⋯⋯⋯⋯⋯⋯⋯⋯⋯⋯⋯ 220

8.1　养老机构面临的问题及信息化对策 ⋯⋯⋯⋯⋯⋯⋯⋯⋯⋯⋯⋯⋯⋯⋯⋯ 221

8.1.1　基于公开案例的养老机构问题分析 ⋯⋯⋯⋯⋯⋯⋯⋯⋯⋯⋯⋯ 221

8.1.2　养老机构存在问题的信息化对策 ⋯⋯⋯⋯⋯⋯⋯⋯⋯⋯⋯⋯⋯ 225

8.2　养老机构信息化的动力与阻力研究 ⋯⋯⋯⋯⋯⋯⋯⋯⋯⋯⋯⋯⋯⋯⋯⋯ 228

8.2.1　分析框架：TOE理论 ⋯⋯⋯⋯⋯⋯⋯⋯⋯⋯⋯⋯⋯⋯⋯⋯⋯⋯ 228

8.2.2　养老机构的案例介绍及数据处理 ⋯⋯⋯⋯⋯⋯⋯⋯⋯⋯⋯⋯⋯ 230

8.2.3　养老机构信息化的动力与阻力模型 ⋯⋯⋯⋯⋯⋯⋯⋯⋯⋯⋯⋯ 234

8.2.4　公办与民营养老机构信息化的动力因素比较 ⋯⋯⋯⋯⋯⋯⋯⋯ 235

8.2.5　公办与民营养老机构信息化的阻力因素比较 ⋯⋯⋯⋯⋯⋯⋯⋯ 237

8.2.6　关于推动养老机构信息化的建议 ⋯⋯⋯⋯⋯⋯⋯⋯⋯⋯⋯⋯⋯ 239

8.3　如何促进养老机构采纳信息系统 ⋯⋯⋯⋯⋯⋯⋯⋯⋯⋯⋯⋯⋯⋯⋯⋯⋯ 241

8.3.1　研究方法及数据来源 ⋯⋯⋯⋯⋯⋯⋯⋯⋯⋯⋯⋯⋯⋯⋯⋯⋯⋯ 241

8.3.2　养老机构信息系统采纳影响因素的识别 ⋯⋯⋯⋯⋯⋯⋯⋯⋯⋯ 242

8.3.3　养老机构信息系统采纳影响因素模型 ⋯⋯⋯⋯⋯⋯⋯⋯⋯⋯⋯ 244

8.3.4　推广养老机构信息系统的建议 ⋯⋯⋯⋯⋯⋯⋯⋯⋯⋯⋯⋯⋯⋯ 248

8.4　异地养老面临的问题及信息化对策 ⋯⋯⋯⋯⋯⋯⋯⋯⋯⋯⋯⋯⋯⋯⋯⋯ 249

8.4.1　选择异地养老的老人分类 ⋯⋯⋯⋯⋯⋯⋯⋯⋯⋯⋯⋯⋯⋯⋯⋯ 250

8.4.2　基于词频统计的异地养老问题分类 ⋯⋯⋯⋯⋯⋯⋯⋯⋯⋯⋯⋯ 251

8.4.3 三类异地养老的老年人面临问题分析 ································· 252
8.4.4 老年人异地养老主要问题的信息化对策 ··························· 255
本章参考文献 ·· 257

第9章 智慧养老的新兴领域 ·· 258

9.1 医养结合的含义、模式与平台 ·· 259
 9.1.1 医养结合与整合照料 ·· 259
 9.1.2 医养结合的模式、问题及对策 ·· 261
 9.1.3 医养结合平台的试用、采纳与持续使用 ································ 266
9.2 以房养老的含义、问题与平台 ·· 269
 9.2.1 住房反向抵押贷款的含义 ·· 269
 9.2.2 住房反向抵押贷款实施面临的问题 ·· 270
 9.2.3 住房反向抵押贷款实施的信息风险 ·· 271
 9.2.4 住房反向抵押贷款政府平台的功能架构 ································ 273
9.3 智慧养老与养老大数据 ·· 277
 9.3.1 大数据和养老大数据 ·· 278
 9.3.2 养老大数据的类型 ·· 278
 9.3.3 养老大数据的分析方法 ·· 280
 9.3.4 养老大数据的技术 ·· 281
9.4 智慧养老与养老机器人 ·· 283
 9.4.1 人工智能的含义与应用 ·· 284
 9.4.2 陪聊机器人和陪护机器人 ·· 284
9.5 智慧养老与区块链养老 ·· 286
 9.5.1 区块链的含义、类型与特点 ·· 286
 9.5.2 区块链养老应用Ⅰ：涉老资产与记账 ···································· 289
 9.5.3 区块链养老应用Ⅱ：涉老补贴、缴费与智能合约 ················ 290
 9.5.4 区块链养老应用Ⅲ：涉老公证与隐私保护 ···························· 291
本章参考文献 ·· 292

第10章 智慧养老的产品与网站 ……………………………………… 293

10.1 智慧养老的产品 …………………………………………… 294
  - 10.1.1 一碗面的故事与养老信息化 ……………………………… 294
  - 10.1.2 从助餐看智慧养老的复杂性 ……………………………… 295
  - 10.1.3 智慧养老产品的"五用"原则 …………………………… 297
  - 10.1.4 永不落幕的智慧养老产品博览会 ………………………… 298

10.2 国外智慧养老网站 ………………………………………… 300
  - 10.2.1 网站选择与介绍 …………………………………………… 300
  - 10.2.2 网站功能分类与比较 ……………………………………… 306

10.3 国内智慧养老网站 ………………………………………… 310
  - 10.3.1 网站选择与介绍 …………………………………………… 310
  - 10.3.2 网站功能分类与比较 ……………………………………… 321

10.4 国内外智慧养老网站对比分析 …………………………… 326
  - 10.4.1 国内外智慧养老网站对比 ………………………………… 326
  - 10.4.2 智慧养老网站功能设计优化方案 ………………………… 327

附录 A 中国智慧养老前进的脚步 ……………………………………… 329

第 1 章
智慧养老与老人信息需求模型

本章首先介绍智慧养老的由来、含义与特点,指出智慧养老包括智慧助老、智慧孝老和智慧用老三个维度。然后,我们对当前使用较多的各种养老模式进行分类,从养老服务地点、经济来源、技术支持和老年人心态四个方面建立一个养老模式的全景图——房车模型,探讨智慧养老与各种养老模式之间的关系,以及"智慧"和"养老"的三个层次(毛和皮、骨和肉、灵和肉)的关系。为了做好智慧养老的实践,必须要了解老年人的信息需求,因而我们分析得到了老年人的信息需求模型,并探讨针对不同层次需求,信息技术或信息系统潜在的应用。最后,以北京市中心六城区的智慧养老实践为例,指出当前智慧养老主要考虑的是老人的生理和安全需求,老人的情感、受尊重和自我实现需求还需要更多的智慧养老产品来满足。

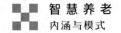

1.1　智慧养老的由来、含义与特点

国家统计局 2018 年 1 月 18 日发布了最新人口统计数据,有三方面的数据是非常值得我们注意的:①2017 年年末,我国 60 周岁及以上人口 24 090 万人,占总人口的 17.3％,其中 65 周岁及以上人口 15 831 万人,占总人口的 11.4％;②2017 年出生人口比 2016 年的 1786 万人减少了 63 万人,而 2017 年是全面放开第二胎政策实施的第二年,此前,有不少学者推断,全面两孩的政策效果会有一定的滞后性,因此 2017 年出生人口数量可能会明显高于 2016 年,但结果出乎意料;③劳动年龄人口占总人口比重持续降低,2017 年劳动人口比 2016 年减少了 548 万人。出生的人少了,参与劳动的人少了,进入老年的人多了,这说明中国当前面临着巨大的人口老龄化压力,并且这个局面还在加剧。养老问题已经成为全社会关注的热点话题,如何将养老压力转化为发展老龄事业和产业的动力,进而推动社会的全面发展,是摆在我们眼前的现实问题。

目前,养老与医疗、住房、教育一起成为全社会最为关注的四个热点民生话题。虽然对生于 20 世纪 60 年代和 20 世纪 50 年代的部分人来说是"边富边老",但对于大多数人来说仍是"未富先老";对于 20 世纪 40 年代、20 世纪 30 年代甚至更早出生的老人,很多人是"无钱养老""未备先老"。另外一方面,由于当下大多数养老从业人员既不能从社会上获得一个好的职业评价,也较难获得一个合理的职业收入,养老从业人员特别是护理人员严重短缺将会长期存在,因此,很可能在一段较长时间(比如 10 年左右)会出现"无钱养老"和"无人养老"相结合的情况。所以,智慧技术、现代科技的支持就是非常非常重要的。通过智慧技术和现代科技,把那些人力做不到的、做不好的或者是不愿意做的事情交给机器、机器人或者设备去完成。

第1章 智慧养老与老人信息需求模型

作为对传统养老模式的一场革命,智慧养老将结合信息科技的优势与力量,为我国养老事业和产业面临的难题与困境提供新的思路和切实可行的实践道路。

1.1.1 智慧养老的由来

智慧养老的前身即"智能居家养老"(Smart Home Care),最早由英国生命信托基金会提出,当时称为"全智能化老年系统",即老人在日常生活中可以不受时间和地理环境的限制,在自己家中过上高质量、高享受的生活。"智能居家养老"指利用先进的信息技术手段,面向居家老人开展物联化、互联化、智能化的养老服务。其核心在于应用先进的管理和信息技术,将老人与政府、社区、医疗机构、医护人员等紧密联系起来。要说明的是,国内当时的翻译是"智能居家养老系统",而不是"智慧居家养老系统",用得比较多的词汇是智能化养老[1]或智能养老,不少学者在翻译"智能"时英文用的是 Intelligent,而不是 Smart。

2008年11月,IBM公司在纽约召开的外国关系理事会上提出了建设"智慧地球"这一理念。2010年,IBM公司正式提出"智慧城市(Smart City)"愿景,希望为世界城市的发展贡献自己的力量。在智慧城市的大旗下,一系列"智慧"应运而生,如"智慧交通""智慧社区"等。在此背景下,很自然地在"智能化养老"或"智能养老"的基础上发展出了"智慧养老"的概念。然而,"智能养老"和"智慧养老"此时还是在交替使用[2]。2016年,国内第一本以"智慧养老"命名的书籍问世[3],该书由我主审,陈志峰教授领衔撰写,对智慧养老的具体应用做了探索与归纳。

智慧养老是智能养老概念的继承,又有如下三方面的发展:①智能(Intelligent)更多体现在相关设备与配置的智能化,而智慧(Smart)除了包含设备的智能化,也含有"合适的"或"聪明的"养老模式的探索;②"智能"更多体现在相关设备与技术的控制监测上,老人是被动接受的,而"智慧"还包含老人主动选择运用设备或技术的含义,更多体现了以人为本、以老人为中心的理念;③智能养老更多体现在利用相关设备与技术对老人的支持

---

[1] 如张永刚、谢后贤、于大鹏主编的《国家智能化养老基地建设导则》(中国建筑工业出版社,2015年)用的就是智能化养老。

[2] 如2015年出版的《中国智能养老产业发展报告》(朱勇主编,庞涛副主编,社会科学文献出版社)用的还是智能养老。

[3] 《智慧养老探索与实践》,陈志峰、刘俊秋、王臣昊著,左美云主审,人民邮电出版社出版,2016年。

3

和帮助上,而智慧养老除了帮助老人,还有利用好老人的智慧,最终为老年人打造健康、愉快、有尊严、有价值的晚年生活的含义。

至于智慧养老的英文翻译,主要有三种方式,分别是 Smart Elderly Care、Smart Care for the Aged 和 Smart Senior Care。Elderly 主要是年纪大,Aged 多指高龄并隐含失能的含义,考虑到对老人的尊敬和智慧养老包括利用老人的经验和智慧含义,"智慧养老 50 人论坛"④在 2016 年成立时,主席团在征求国外学者意见的基础上,将智慧养老译为 Smart Senior Care。Senior 有长者、资深的双重含义,既指年纪大,又指经验丰富,还含有尊敬的含义。因此,我们推荐智慧养老译为 Smart Senior Care,这一翻译方式也得到了越来越多学者的认同。

1.1.2 智慧养老的含义

在上述历史沿革讨论的基础上,我们给出一个智慧养老的定义。**智慧养老(Smart Senior Care,SSC)**是指利用信息技术等现代科技技术(如互联网、社交网、物联网、移动计算、大数据、云计算、人工智能、区块链等),围绕老人的生活起居、安全保障、医疗卫生、保健康复、娱乐休闲、学习分享等各方面支持老年人的生活服务和管理,对涉老信息自动监测、预警甚至主动处置,实现这些技术与老年人的友好、自主式、个性化智能交互,一方面提升老年人的生活质量,另一方面利用好老年人的经验和智慧,使智慧科技和智慧老人相得益彰,目的是使老年人过得更幸福,过得更有尊严,过得更有价值。

由于养老地点的不同,智慧养老也有很多不同的类型,如智慧养老的居家模式、智慧养老的社区模式、智慧养老的机构模式、智慧养老的虚拟模式。

我们认为,智慧养老包括三个方面的含义,分别是智慧助老、智慧用老和智慧孝老,如图 1.1 所示。图 1.1 的左边是 For Seniors,即为老,智慧助老主要是物质的

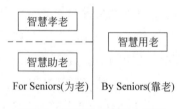

图 1.1 智慧养老的三个维度

---

④ "智慧养老 50 人论坛"是由 2016 年当时的中国人民大学信息学院智慧养老研究所、全国老龄办信息中心养老技术研究院、中国民主建国会北京市经济委员会、北京科学技术研究院城市运行与管理重点实验室、山东财经大学管理科学与工程学院、国家发展和改革委员会主管的《中国信息界》杂志社六家单位共同倡议并发起,由智慧养老领域的有识之士组成的研究性群体,秘书处设在中国人民大学智慧养老研究所。

第1章 智慧养老与老人信息需求模型

支持,智慧孝老主要是精神的支持;右边是 By Seniors,即靠老,利用好老人的经验、知识和技能。

智慧助老,即用信息技术等现代科技帮助老年人,目的主要是四个:增、防、减、治。增,即增进老人的能力,如防抖勺可以帮助患帕金森症的老人自主进餐;防,即防止老人出现风险,如防跌鞋在感测老人可能跌倒的时候给老人的足部一个反向的力,从而降低跌倒的风险;减,即减少老人的认知负担,如养老服务系统自动挑选值得信赖的服务商或服务人员给老人,从而减少老人东挑西选眼睛挑花了也不一定能找到好的情况;治,即辅助老人疾病的治疗,比如最简单的服药提醒器,可以提醒老人按时服药。

智慧孝老,即用信息技术等现代科技孝敬老年人。如果说助老更多是从设备、器材等物质方面给予老人帮助,智慧孝老则主要是从精神层面给老人以情感和尊严的支持。孝是我们中国的传统文化。《孝经·开宗明义》篇中讲:"夫孝,德之本也。""孝"在汉字中是上下结构,上为老、下为子,意思是子能承其亲,并能顺其意。孝的观念源远流长,殷商甲骨文中就已出现"孝"字。教育的"教"字,就由"孝"和"文"组成。挖掘好孝文化,做好智慧孝老是我们在世界智慧养老大舞台上彰显中国特色的领域。

智慧用老,即用信息技术等现代科技用好老年人的经验、技能和知识。中国俗语说"家有一老,如有一宝",最直白的理解是老人会帮助子女带孙子和孙女,或者协助做好家务,实际上,老人所具有的一些独特的经历和感悟,也会给子女和孙子、孙女很多建议和启示。对于一些具有专业技能的老人来说,还可以为企业或社会贡献自己的知识和技能。智慧用老除了用信息技术支持老人为家人提供帮助外(如老人带孙子、孙女的视频可以传送到老人的子女手机上,实现三方的轻松互动交流),还可以通过一些系统或平台实现代际知识转移,促进年轻一代的知识利用或知识创造。

目前养老行业主要做的是智慧助老,我们离国外差距也不算大,许多物联网企业、可穿戴设备提供商、健康监测设备提供商、养老信息系统提供商主要在这个领域;智慧用老我们和国外是在同一条起跑线上,这方面的用老平台和技术都是刚刚开始;智慧孝老有明显的中国特色,是未来我们可以进行文化输出的领域。总的来说,养老虽然是一个亘古不变的话题,但是智慧养老绝对是个有前途的新兴领域,值得理论工作者孜孜探索,值得实务工作者落地实践。

1.1.3 智慧养老的特点

首先,智慧养老体现了信息科技的集成,融合了老年服务技术、医疗保健技术、智能控制技术、计算机网络技术、移动互联网技术和物联网技术等,使这些现代技术集成起来支持老人的服务与管理需求。

其次,智慧养老体现了以人为本的思想,把老年人的需求作为出发点,通过高科技的技术、设备、设施以及科学、人性化的管理方式,让老年人随时随地都能享受到高品质的服务。

再次,智慧养老体现了优质高效,通过应用现代科学技术与智能化设备,提高服务工作的质量和效率,同时又降低了人力和时间成本,用较少的资源最大限度地满足老年人的养老需求。这些智能设备通过相应的适老化设计,可以完成人工不愿做、人工做不好,甚至人工做不了的为老服务,为求解"为富先老"和"无人养老"(主要指没有人愿意做护理人员)两个困局提供思路和实现方式。

最后,除了老年人的物质生活层面,智慧养老的内涵还包括老年人的精神生活层面。在物质生活层面,主要是为老年人的生活提供足够的支持;在精神生活层面,主要是丰富老年人的精神生活,让老年人能够活得更有意义。智慧养老可以让老年人的智慧也得到再次利用和发挥,通过网络技术和社交网络平台,利用老年人的经验和智慧,使老年人焕发人生第二青春。

1.2 养老模式分类全景图与智慧养老

许多有识之士已经认识到养老产业正在成为朝阳产业,许多大型房地产企业和保险企业都开始纷纷跑马圈地,提出一系列新的养老模式概念,如旅游养老、以房养老、候鸟养老、异地养老、乡村养老、互助养老、投资养老、积分养老、智慧养老等,加上传统的居家养老、社区养老、机构养老、社会养老、政府养老等概念,林林总总的养老模式不下30种。尽管养老产业前景诱人,但是风险大、投资周期长、行业有待规范、商业模式不清晰等问题也赫然摆在产业界人士的面前。要明确商业模式,首先要定位好自己服务的养老模式。养老产业界急需理论指导,需要我们给出一个清晰的养老模式全景图,以清楚地界定自己所从事养老工作的位置。面对这些纷繁复杂的养老模式,虽然不少学者对其进行了研究,但是缺乏有条理的梳理与整合,没有给出一个养老模式的全景图模型。因此,如果能够从适当的角度对养老模式进行合理的分类研究,给出一个养老模式的全景图,则一方面可以深化有关养老模式和相关商业模式的理论研究,另一方面可以指导养老产业界针对目标市场开发合适的养老模式。

对于本书而言,通过对现有养老模式的梳理与研究,在最终归纳提炼出养老模式分类的全景图模型中,我们也可以了解智慧养老的位置,为智慧养老模式的发展提供理论框架和实践指导。

1.2.1 养老模式的定义与分类

1. 养老模式的定义

养老模式有时也被称为"养老方式",学界对其的研究由来已久。关于养老模式的定义,杨宗传等人(1995)认为,养老方式主要指老年人的居住、饮食同谁在一起,老年人的生活由谁安排和照料。养老模式不仅直接决定老年人的生活服务保障,而且与老年经济保障有密切联系。谢琼等人(2008)提出,养老模式是指人们进入老年阶段后如何安度晚年生活的制度安排与机制保障,它包括老年人的经济保障、服务保障与精神保障三个层次。

从以上定义中可以发现,学者们认为养老模式至少应该包括养老服务地点、经济来源等基本要素。由于传统养老服务的工作主要由人力完成,而服务老年人的许多工作很辛苦,甚至服务人员要克服心理障碍(如为老人通便等),因而现有的养老服务出现了服务人员短缺的局面。目前,不少老人"无钱养老",很可能未来会面临"无人养老"的局面。因此,利用科技辅助或替代人工养老会成为重要的养老模式。除此之外,对于养老的主体(老人)来说,采用积极、平和还是消极的心态对待自己的老化过程也是养老服务必须考虑和面对的问题。因此,我们认为的养老模式的含义应该包括老年人晚年生活的经济来源由谁提供、养老服务在哪里享受、养老服务的技术支持属于何种水平、养老心态处于怎样的状况四方面的内容。

2. 养老模式的分类

学者们对养老模式分类的研究数量很多,但是囊括现有各种养老模式的研究还未见到。现有研究基本上停留在列举和简单概括的阶段,还没有比较成体系、能够覆盖大部分养老模式的分类框架模型。比较典型的包括以下几种分类方法。

(1) 从养老的经济来源和养老支持力角度分类。孟艳春(2010)等人认为,从养老的经济来源和养老支持力角度可分为家庭养老、社会养老与自我养老。

(2) 从养老职能的承担者角度分类。穆光宗(2000)等人提出,从养老职能的承担者角度可分为机构养老和居家养老。

(3) 从养老服务地点角度分类。林乐飞(2006)等人提出,从养老服务地点角度可分为家庭养老、机构养老、居家养老和社区养老。

从上述分类中可以看出,学者们所给出的大部分是相对简单的分类框架,很难涵盖社会中现存的各种养老模式,尤其是对新兴的养老模式如智慧养老难以覆盖。此外,分类的维度比较单一,不能很好地反映养老模式之间的逻辑关系与特点。因此,提出一个角度多元、内涵丰富的养老模式分类全景图模型就显得尤为重要。

1.2.2 养老模式分类的全景图:房车模型

结合前面提出的养老模式含义,通过对现有文献中关于养老模式分类的比较研究,我们归纳得出养老模式分类的全景图,如图1.2所示的房车模型[5]。一辆承载老年人带有现代理念的房车在道路上向前行驶,既表明了当下的养老模式内容丰富蕴含广泛,又喻指这些丰富的养老模式能够承载老年人驶向幸福的老年生活。

养老模式分类的房车模型中主要包括养老服务的地点、经济来源、技术支持、主体心态四大要素。这四个要素也是对养老模式进行分类的四个维度。以下,我们将结合模型,分别介绍在这四种视角下,养老模式分类的基本内容以及其内在的逻辑关系。

1. 按照养老服务的地点进行分类

对于一种养老模式而言,最基础的判断是要看养老服务"在哪里"进行。在房车模型的地面部分,我们将养老模式按照养老的服务地点进行划分,可分为异地养老、居家养老、社区养老、机构养老四大类。这四类养老模式,表示了老年人不同的养老地点。

---

[5] 本部分内容曾发表在《中国老年学杂志》上,收录本书时,我对原文进行了删改完善。参见《养老模式分类的全景图:一个房车模型》,左美云、张驰,中国老年学杂志,2015,35(4)。

图 1.2 养老模式分类的全景图：房车模型

这种分类的方式与顺序，也反映了老年人的养老需求随年龄增长产生的变化。人口学中一般将老年群体划分为低龄老人、中龄老人、高龄老人三个层次。其中，60~69岁为低龄老人，70~79岁为中龄老人，80岁以上为高龄老人。随着年龄的增长，老年人的身体健康状况和自理能力往往有所下降，对养老地点的需求也就产生了相应的变化。

一般意义上，低龄老人身体状况较好，自理能力较强，可以适应旅行、户外活动等形式。因此，低龄老人比较适合异地养老或居家养老的养老模式。中龄老人身体状况水平一般，只能做到一些基本的自理，对于很多家务难以操持，需要子女的照顾或者社区的服务。因此，中龄老人比较适合居家养老或社区养老的养老模式。高龄老人身体状况较差，很多老人身患慢性疾病，甚至不能自理，需要长期的陪护乃至专业护理。因此，高龄老人比较适合社区养老或机构养老的养老模式。

2. 按照养老服务的经济来源进行分类

经济来源是老年人接受养老服务的基本保障。我们将房车模型分成两个房间，在房

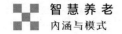

车车厢的左半部分,将养老模式按照经济来源分为自我养老、家庭养老和政府养老三个模式。其中,自我养老是指老年人通过自己的个人收入为养老提供有效保障,家庭养老是指子女或其他家庭成员为老人养老提供有效的经济保障,而政府养老则是指政府为老人养老提供有效的经济保障。实际上,这三种养老模式既可以是独立的,也可以是互补的。例如,政府既可以为部分孤寡老人提供单一的经济来源,也可为所有老年人养老提供一定的普惠性的经济支持。

3. 按照养老服务的技术支持水平进行分类

科技在养老服务中发挥的作用越来越大,未来翻身机器人、通便机器人、陪伴机器人都会应运而生。养老服务所依赖的技术支持水平对养老服务的质量有着很重要的影响。在房车模型的车厢的右半部分,我们将养老模式按照技术水平划分为传统养老、科技养老、智慧养老三个模式。其中,传统养老与科技养老占据当前的主要地位,而智慧养老则是未来养老模式发展的新趋势。

4. 按照养老服务主体面对老化过程的心态进行分类

除了外部养老服务带来的影响外,养老服务主体即老年人面对自身老化过程的心态状况也是影响养老服务工作的重要因素。在房车模型的车头部分,我们将养老模式按照老年人心态状况进行划分,可分为积极心态、平和心态、消极心态三种养老模式。对于很多老年人来说,往往会在这三种模式之间转换或在养老的不同时间段先后经历这三种模式。

1.2.3 各种养老模式的内涵分析

在1.2.2节中,我们阐述了养老模式分类的全景房车模型,以及模型各元素之间的逻辑关系,下面我们将结合养老模式的地点、经济、技术、心态四大元素,对各种养老模式的具体内涵进行分析。

1. 按养老的服务地点分类

1) 异地养老模式

异地养老模式是指老年人离开长期工作生活的居住地,前往其他地区享受养老服务的养老模式。在世界上许多发达国家,异地养老都扮演了很重要的角色。在美国,很多老人都会选择从寒冷的北部迁往加利福尼亚州等温暖的南部地区养老。在英国,很多老人把南非和西班牙作为他们的养老基地。近年来,在我国海南、山东等省份也出现了一些养老机构开发的异地养老服务。

异地养老模式还可以继续划分为移居型和暂居型两种类型(见图1.3)。移居型养老是指老年人永久性迁出居住地,前往其他地区养老的养老模式,主要包括投靠子女养老、投靠亲友养老、乡村养老等。投靠子女和投靠亲友养老是较常见的养老模式,是指老年人前往子女、亲友的居住地享受养老服务。这种模式下老年人能够得到较好的照顾,得以安享天伦之乐。乡村养老是指老年人在城市工作生活结束后,回到老家或者是回归田野园林养老。乡村环境优越,生活成本低廉,可以吸引退休老人前往置产或生活。

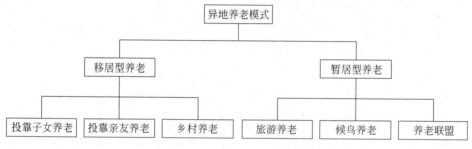

图1.3 异地养老模式的类型图

暂居型养老则是指老年人暂时离开居住地,在外享受一定时间的养老服务后还会返回原居住地的养老模式。主要包括旅游养老、候鸟养老、养老联盟等。其中,旅游养老是指老年人在一段时间内,到外地旅游度假的养老模式。旅游养老是目前我国发展较为迅速的一种养老模式。游轮养老是旅游养老中较为新潮的模式,有的性价比还比较高,有可能在一段时间享受高质量服务的同时还游览若干个国家。目前,我国旅游养老的市场不断发展扩大,服务水平不断得以提升。

候鸟养老是指老年人在固定时间段内(比如不同的季节)前往其他地区养老。例如,经济条件比较优越的老人,可以在威海、三亚、昆明、哈尔滨等环境优美的地方购买或租赁房产,在不同季节前往养老。养老联盟是指各地养老机构建立起统一的网络共享资源,老年人缴费之后可以在不同地区享受机构养老的多样化服务。

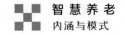

2）居家养老模式

居家养老模式是指老年人主要在家中居住，并在家中享受养老服务的养老模式。居家养老植根于传统家庭养老模式，符合中国人家族聚居的文化观念，能够较好地满足老年人与子女同乐的需求，为老年人提供比较熟悉温馨的养老环境。

居家养老包括与子女共同居住和单独居住两种情况。与子女共同居住的老年人能够得到子女及时的照料以及精神慰藉。单独居住的老年人也和子女处于一种"分而不离"的状态，其住所往往与子女住所距离较近，平时充分享受生活照料、精神慰藉、家政服务等上门服务，周末或节假日也能够与子女团聚，享受天伦之乐。

3）社区养老模式

社区养老模式是指老年人在家居住，以社区为依托，将养老服务引入社区和家庭的养老模式。社区养老通过整合包括社区居民委员会、养老驿站、养老日间照料中心、老年活动站、文化站、社区卫生服务中心、社区医院、社区志愿者在内的社区资源，为老年人提供有效的全方位生活服务。

社区养老起源于英国20世纪50年代的"社区照料"，是对居家养老和机构养老的有力补充和有机结合。一方面，社区养老可以弥补居家养老在日常照料上的不足，满足老人在熟悉的社区中生活的需求。另一方面，社区养老还能够有效地整合资源，充分利用社区内外资源，为老人提供质优价廉的服务。

需要指出的是，社区养老与居家养老偏重两个不同的方面，居家养老强调老年人的养老服务在家中进行，鼓励通过送餐上门、家政服务等方式为老年人生活提供便利。社区养老强调社区职能，既包括将养老服务资源整合到社区内，还包括"托老所""养老驿站""日间照料中心"等白天将老年人在社区集中照料，晚上子女返回后送归家中的服务模式。这两种模式随着社区整合的资源越来越多，有互相融合的趋势，统称为"社区居家养老"。

4）机构养老模式

机构养老是指老年人离开原有居住地，集中居住在专门为老年人提供综合性服务的养老机构中，享受养老服务的养老模式。养老机构是指由国家、集体、企事业单位或者个人兴办的养老服务机构，主要包括养老院、敬老院、福利院、老年公寓、养老基地等。

传统意义上的养老院与老年公寓，能够满足喜欢热闹或者自理能力较低的老人的需求。此外，近年来很多大城市的周边建设了一些环境优美、交通便捷、生活成本较低、有大规模床位和运动养老设施的养老基地。在养老基地中,老年人能够得以享受更为自主的生活,感受全新的养老体验。

随着时代的飞速发展,家庭规模变小导致对老年人的照顾能力不断削弱,从而对多元化、社会化养老服务的需求逐步扩大,社会化的集中养老模式在很多地方逐渐兴起。我国也明确提出,机构养老要在养老体系中占有引导养老服务水平的重要地位。机构养老,拥有专业的无障碍设施和养老设备,具备较好的养老环境,能够提供更为专业及时的服务,已经越来越为人们所接受,逐步成为养老模式中的一个重要选项。

2. 按养老的经济来源分类

1) 自我养老模式

自我养老模式是指老年人主要依靠退休工资、劳动收入或其他收入(如储蓄、房屋租金、投资理财收入等)来维持生计,支付其养老服务开支的养老模式。自我养老的本质,是养老经济资源的自我积累。需要指出的是,随着社会养老保障的不断普及,完完全全的自我养老在现实中几乎很少。因而,这里所说的自我养老,是指以自己的收入作为养老主要经济来源的养老模式。

自我养老的形式有很多类型,包括互助养老、投资养老、房产养老等。其中,互助养老包括经济上的互助和劳动上的互助两个层次。经济上的互助养老有时又被称为"遗赠养老",是指老年人与护理人员就自己的遗产达成协议方式,通过去世后遗赠的方式换取护理人员的服务。劳动上的互助养老有时又被称为"积分养老",是指低龄老年人通过护理高龄老年人,积累一定的积分,待自己到达高龄时,凭借积分换取低龄老人的护理服务。例如,有的城市推出了"义工银行",由当地部门负责记录义工为老年人服务的内容与时间,待义工年老后即可享受相应的服务。

投资养老主要是指老年人通过储蓄、购买理财产品、直接投资的方式,用利息和收益支付养老开支。房产养老是广义上的"以房养老",是指老年人通过房屋财产的租赁或者变卖,获得经济上的保障,主要包括租房养老和售房养老等类型(见图1.4)。租房养老包括招租养老和租房入院养老。售房养老包括狭义的以房养老、售房入院养老、售房回租养老等。

其中,招租养老适合那些房屋面积较大的老年人,可以将部分房屋租给年轻人。既可

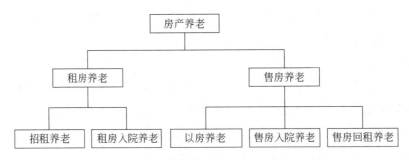

图1.4 房产养老模式的类型图

以用房租补贴生活,又可以得到年轻人一定的照顾,同时还可以使自己的心态更加年轻阳光。租房入院养老和售房入院养老是指通过出租或出售自己的房产获得的收入来支付养老院的开销。售房回租养老则是指在出售房产后与房产的新业主商量,第一优先承租房子,以回租的方式取得在原住所居住的权利,从而能够继续在比较熟悉的环境中生活。

图1.4中的以房养老是狭义上的,即"住房抵押反向贷款",这种养老模式近年来备受社会舆论的关注。老年人将已经购得产权的住宅全部产权抵押给银行、保险公司等金融机构。金融机构对房产价值、老年人年龄、预期寿命、健康状况、未来经济走势、通货膨胀率等因素进行综合评估后,每年给予老人一笔固定的资金用于养老。老人可以继续享有居住权,也可出租房屋去养老院养老。老人去世后房产归金融机构所有。以房养老充分利用了住房资源,为有房产的失独老人、无子女的孤寡老人、子女旅居海外不会回国照顾老人,或者房产较多但不希望依赖子女的老人提供了一种新的养老模式,当然,该模式由于不确定性因素较多,老人需要慎重考虑。

2)家庭养老模式

家庭养老模式是指依靠子女或者家庭内其他亲属的经济支持从而接受养老服务的养老模式。从实质上说,这种养老方式都是由老人的家庭成员来提供养老的经济保障和精神保障。在中国传统文化中,孝文化扮演了很重要的地位。父母和子女在家庭中形成了互助互惠的生活格局。在当今社会很多地方,尤其是那些社会养老保障不完备的地方,家庭养老仍旧占据着主导地位。家庭养老模式与居家养老模式的区别是,前者主要是从经济来源考虑,后者主要是从服务地点角度考虑。

3) 政府养老模式

政府养老模式是指政府通过养老金等形式为老年人提供享受养老服务的部分或全部经济保障。这种模式的特点是由政府出钱，集中提供养老服务。对于"三无老人""五保老人"来说，政府养老是主要甚至是全部的经济来源。政府养老一般会根据所在地政府的财力，针对不同年龄的老人提供不同类型的普惠性质的支持，对于困难老人或失能老人提供兜底支持，用于保障所有老人一起分享社会发展的红利，让老人对于社会的进步有一定程度的"获得感"。

当然，除政府外，还有一些民间机构和社会知名人士通过基金会等各种方式捐助或资助老人获得养老服务，这部分的资金来源和政府提供的资金来源汇合在一起，也可以称为"社会养老"模式。

3. 按养老服务的技术支持水平分类

1) 传统养老模式

传统养老模式是指以人工服务为主，辅以简单护理器具，以满足老年人的基本生活需求。传统养老主要从服务者的经验出发，专业程度不高；对老年人的服务水平与服务人员个体所具备的经验和水平密切相关，专门针对"养老"的资源比较匮乏。此外，养老服务各个方面缺乏有效的联系，覆盖范围有限，存在资源浪费或经验不能共享的现象。

2) 科技养老模式

科技养老模式主要是指在传统养老的基础上，借助机械或简单电子设备，方便老年人的生活，减轻工作人员的劳动强度，使老年人有尊严地生活。在市场上常见的，如辅助起床系统、辅助翻身系统、紧急呼叫器等是这类养老模式的具体应用。科技养老广泛地采用先进的技术手段，全面提高养老服务的质量和效率，拓展养老服务的范围，为老年人提供高效专业的健康保障、生活照料、紧急救助等服务。

3) 智慧养老模式

智慧养老模式是指利用通常所说的"大智移物云雾区"（即大数据、人工智能、移动计算、物联网、云计算、雾计算、区块链）等现代科技技术，对老人的物质生活和情感生活进行支持，同时支持老人的经验、技能得到有效地挖掘和使用。智慧养老包括智慧助老、智慧孝老和智慧用老三个方面，使智慧科技和智慧老人相得益彰，让老人过得更幸福，过得更

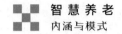

有尊严,过得更有价值。

智慧养老与科技养老的边界不是十分清晰,它是在科技养老基础上的进一步发展,核心在于实现技术与老年人之间无缝、友好、自主、个性化的智能交互。智慧养老注重老年人的用户体验,能够让老年人在不改变原有生活习惯的条件下,以最小的学习代价使用技术,甚至在应用技术的同时,感受不到技术的存在。智慧养老目前正在逐步探索之中,终将成为未来养老模式发展的必然趋势。

4. 按照养老主体的心态分类

除了以上所谈到的养老服务地点、养老服务的经济来源、养老服务的技术支持水平等角度看待养老模式分类之外,还应当从养老服务的主体(老年人)的角度来进行分析。老年人随着年龄增长、身体健康程度下降、生活节律变化,在自身老化过程中心态有很大的起伏。按照养老主体的心态我们可以分为积极养老、消极养老和平和养老三种养老模式。

有些老年人认同最美不过夕阳红,希望发挥余热,多做一点喜欢的事情。怀着积极的心态面对生活,属于积极的养老心态,简称为**积极养老模式**。有些老年人感觉暮年将至,行将就木,觉得万事无聊、无趣,对生活感觉悲观,属于消极的养老心态,简称为**消极养老模式**。还有些老年人以平常之心看待晚年,宠辱皆忘波澜不惊,属于平和的养老心态,简称为**平和养老模式**。

不同的养老心态受养老地点、养老经济来源、养老技术水平等因素的影响,也与老年人个人性格有关。很多老年人可能会在退休之后经历三种养老心态之间的转换和变化,对于每种养老心态,都需要我们在提供养老服务时充分地给予重视,以及有针对性地加以引导。

1.2.4 智慧养老与各种养老模式之间的关系

上面我们对学术界、产业界提出的林林总总近 30 种常见养老模式进行了分类,建立了一个通用的框架模型——养老模式分类房车模型,使各种分类能够在这个全景图中找到相应的位置。实际上,除了房车模型及上面分类中提到的养老模式外,还有生态养老、健康养老、文化养老、亲情养老、宗教养老、消费养老等多种养老模式,这些模式主打某一方面的特色,也可以称为特色养老模式。

从图1.2的房车模型不难看出,技术是驱动养老模式向前发展的重要力量。作为最新技术在养老领域的典型应用模式——智慧养老模式,对于其他分别从养老服务的地点、经济来源、养老心态来分类的养老模式来说,是一个不同的视角,对这些模式都可以提供支撑。例如,智慧养老与养老地点相结合,分别有智慧异地养老、智慧居家养老、智慧社区养老、智慧机构养老等,可以建立对应的养老信息系统或养老服务平台提供支持。

"智慧养老"四个字可以拆为两个词"智慧"和"养老",两个词的关系可以分为如下三个层次。

第一个层次是毛和皮的关系,**智慧是"毛",养老是"皮"**。一定要研究好现有的养老模式之"皮",提出不同养老模式对技术的需求,才能有光鲜的智慧之"毛"。

第二个层次是骨和肉的关系,**智慧是"骨",养老是"肉"**。在"无人养老"和"无钱养老"的背景下,要研究好如何采用信息技术和互联网环境来降低服务成本、节约人力,实现养老服务的规模经济和范围经济,从而通过智慧之"骨",撑起养老之"肉",做出不同模式的飘逸且实用动作。

第三个层次是灵和肉的关系,**智慧是"灵",养老是"肉"**。要做到规范化养老和个性化养老相结合,就必须对现有各种养老模式及其流程进行重新思考与设计,让智慧系统基于养老大数据、区块链、人工智能等技术为老人进行画像和服务的精准推荐,从而通过智慧之"灵",指引养老之"肉",做出让老人满意的服务,同时实现养老服务组织的预期收益。

1.3 老年人的信息需求模型及当前实践

如前所述,智慧养老是指利用信息技术等现代科技技术,对老人的物质生活和情感生活进行支持,同时支持老人的经验、技能得到有效地挖掘和使用。要想把智慧养老落到实处,必须要研究老年人的需求,特别是老年人的信息需求。只有在此基础上,我们才能规划和研制相应的智慧养老系统或平台。

1.3.1 老年人的需求层次模型

由于老年人口的增多,关于老年人需求的研究引起许多学者的广泛关注。我们主要采用演绎法和文献分析法相结合的方法对老年人的需求进行研究。演绎是从一般到个别的推理方法,或通过一般认识个别的思维方法。演绎与归纳相反,它是从普遍性理论或一般性事理推导出个别性结论和新结论的逻辑方法。老年人属于人类中的一种,我们可以参照人类的一般需求演绎出老年人的需求。

马斯洛需求层次理论(Maslow's Hierarchy of Needs)是行为科学的重要理论之一,由美国心理学家亚伯拉罕·马斯洛于1943年在《人类激励理论》(*A Theory of Human Motivation*)论文中提出。马斯洛需求层次理论(Maslow,1943)将人类的需求划分为五个层次,即生理需求(The Physiological Needs)、安全需求(The Safety Needs)、情感需求(The Love Needs)、尊重需求(The Esteem Needs)和自我实现需求(The Need for Self-actualization)。马斯洛需求层次理论已经得到广泛的认可,是各项行为科学研究的基础理论之一。显然,我们可以借助马斯洛的一般需求层次理论,推导出老年人的需求。

我们采用文献分析方法,对老年人的需求进行抽取和归纳,利用中国期刊全文数据库和英文数据库 ProQuest 进行检索,设置检索项为"篇名",检索词为"老年"和"需求"以及"老人"和"需求",对检索出的文献进行阅读,从中提取关于老年人需求的关键词,如饮食、衣着、情感、护理等,并根据马斯洛的层次需求理论将这些关键词分为五类,分别是生理、安全、情感、受尊重和自我实现的需求。表1.1中列出了上述文献中出现频率较高的关键词。

表1.1 老年人需求分析表

层次	出现频率较高的关键词	归纳出的需求
生理	长寿、物质生活、饮食、衣着、保健品、交通便利、老年公寓、老年社区、老有所养、老年失能或残障、护理服务、长期护理、日常生活照料、陪护中心、丧偶独居、减轻儿女负担、异地养老、应急响应等	衣、食、住、行、受护理
安全	身心健康、看病、治疗、医疗条件、医疗保健产品、医学保健知识、医药费、医疗保障、可支配收入、经济保障能力、贫困风险、保健品消费质量、法律权益服务、子女虐待父母、养老机构、安全防护设施、政府救助、集体救助、社会保障、福利政策等	生命安全、养老安全、社会安全
情感	家庭温暖、爱情、温情、心理情感危机、孤独感、精神慰藉、精神赡养、心理健康、社会活动、宗教信仰、老年俱乐部、养老休闲、上网聊天、老年电视节目、社区文化、老年玩具、老年人旅游团、娱乐活动、精神消费等	亲情、友情、爱情、团体、信仰

续表

层次	出现频率较高的关键词	归纳出的需求
受尊重	爱面子、自尊心、他人态度、体型、服饰、知识、修养、家庭地位、健康自评、"健康老人"评选、社会歧视老年人、尊老敬老等	自我肯定、家庭/团体/社会地位
自我实现	完善自我、找工作、取得成就、老年大学、特长、与时俱进、知识竞赛、老年人事业、社会贡献、发挥余热、再就业等	掌握新知、创造价值

从表1.1中可以看出,老年人除了有与一般人一样的需求外,由于老年人的生理机能(如听力、视力、语言能力、定位能力、记忆能力等)相对退化,还有一些相对突出的需求。我们在对上述文献进行分析的基础上,参照马斯洛的需求层次模型(参见图1.5的左侧),对老年人的需求进行分析和归纳(参见表1.1中最后一列),得到老年人的需求层次模型(参见图1.5的中部)。

1.3.2 老年人信息需求层次模型

我们在1.3.1节得出的老年人需求层次模型的基础之上,根据投影的方法,从信息论的视角对老年人的需求层次模型进行投影,得到老年人信息需求层次模型(参见图1.5的右侧)[⑥]。总体而言,老年人的信息需求层次模型分为五层,下面就对图1.5中各个层次老年人的信息需求进行简要描述。

1. 衣、食、住、行和护理等生理信息需求

马斯洛需求层次理论的第一个层次是生理需求,除包含一般人的生理需求如衣、食、住、行等方面的需要外,由于老年人自身存在一定的行动障碍或认知障碍,较难独立地保障自身的生命安全,因此,老年人的生理需求还应该包含受护理的需求。相应地,老年人的衣、食和护理等信息需求是老年人最基本的信息需求。这一层次上的信息需求不仅包含有对衣、食、住、行信息的需求,还包含对助老爱老、日托照料等各项护理服务的信息需求。帮助老年人有效地获取上述有关信息,可以使老年人及时有效利用社会提供的各种资源满足自己日常生活的需要,提高老年人的生活质量。

---

⑥ 本部分的内容曾经在《管理评论》上发表,原文参见《老年人信息需求模型的构建与应用》(左美云、刘勋勋、刘方,管理评论,2009,21),收入本书时结合当下新的应用进行了删改完善。

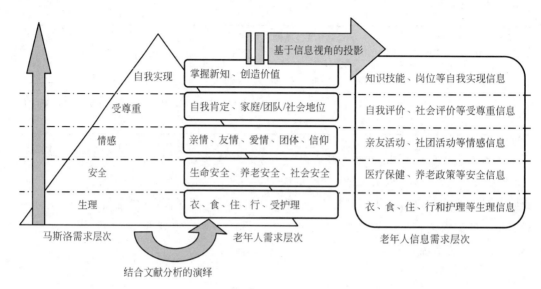

图 1.5　老年人信息需求层次模型的分析过程

2. 医疗保健、养老政策等安全信息需求

马斯洛需求层次理论中的第二层为安全需求,对于老年人而言,安全需求具体体现在生命安全、养老安全和社会安全三方面(黄静,2008)。其中,生命安全的需求具体体现在对医疗保障体系的需求;养老安全即从制度和政策上保障老年人老有所养;社会安全则是指社会对老年人所形成的安全保障,如社会充分考虑老年人特殊需求的公共设施等。

医疗保健以及养老政策等信息需求是老年人的安全信息需求。老年人由于年龄等原因,生理和心理功能逐渐衰退老化,对医疗卫生的信息需求比年轻人更加丰富。同时,老年人经济收入有限、自我权益保护能力较弱,需要获得养老金等政策保障信息以维持日常生活,还需要了解保护老年人的法律信息以保障自身权益。

3. 亲友信息及团体活动等情感信息需求

对于一般人而言,马斯洛需求层次理论中的情感需求包括两方面的内容:一是爱的需要,包括友情、亲情和爱情的需要;二是归属的需要,即希望成为群体中的一员,并相互关心和照顾。事实上,老年人对于情感的需求要比一般人更为强烈。情感交流信息需求是第三层次的信息需求。老年人不仅仅需要来自于儿女、伴侣的信息,更需要来自于朋友的近况信息。对于希望找到新伴侣的老人,也需要针对老年人的婚介信息。同样地,为了使老年人有归属感,他们也需要其所关注的兴趣小组、社会团体和宗教信仰的相关信息,如物理社区和虚拟社区、老年社团的活动信息等。

4. 自我评价、社会评价等受尊重信息需求

一般人受尊重的需求可分为内部尊重和外部尊重。内部尊重是指个人对自己实力充满信心、具有独立自主能力的需求;外部尊重是指个人希望外部对其尊重、信赖和高度评价。结合老年人的特点分析,其受尊重的需求具体地体现在四方面:老年人对自我的肯定、老年人在家庭中的地位、在所参与团体中的地位以及一般性的社会地位。

在信息需求层面上,老年人的内部尊重主要是指老人的自尊,来源于个人对自己实力充满信心,这需要依靠自我评价的工具和信息;老年人的外部尊重是指个人希望外部对其尊重,这需要依靠社会评价的工具和信息。老年人可以根据自我评价和社会评价的信息调整自己的态度和行为,并且进一步加强自己的能力,使自己在家庭中的地位、在所参与团体中的地位以及一般性的社会地位得到保持或提高。

5. 知识技能和工作岗位等自我实现信息需求

这是马斯洛需求层次理论中最高层次的需要。老年人在实现个人毕生梦寐以求的理想或发挥个人所长为社会创造价值时,需要掌握新技能和学习新知识,以及相应的工作岗位,这就需要相应的知识技能和工作岗位等信息。老年人的知识和经验是宝贵的社会财富,社会应该整合多种资源,向有工作需求的老人提供更多的工作岗位信息,使有工作能力的老年人能够找到自己发挥余热的空间。

目前,学术界对于老年人各个需求层次的关注程度是不同的。对于老年人的生理需求、安全需求这两部分基本需求关注程度很高,对于老年人的情感需求也非常关注,但是对于老年人的受尊重需求和自我实现需求关注较少。这说明老年人需求与满足的矛盾目前主要集中于前三层次上,但随着经济和社会的发展,老年人生活条件的改善,老年人对于受尊重和自我实现的需求必将扩大,这一点值得进一步关注。

1.3.3 老年人信息需求模型的潜在应用

我们分析老年人的信息需求模型,是为了探讨如何采用合适的信息技术或信息系统

(Information Technology/Information System,IT/IS)产品来满足老年人的信息需求,以及探讨如何针对老年人信息需求设计相应的 IT/IS 产品。我们假设老年人的信息需求满足后,将会促进老年人的满意程度。据此,我们给出如图 1.6 所示的 IT/IS 提高老年人满足感的作用机制逻辑模型。图 1.6 中包括三个构念(Construct),其中自变量是合适的 IT/IS 产品,也即适合老年人使用的 IT/IS 产品,具体体现为 IT/IS 产品与老年人信息需求的匹配度(Goodhuel,et al.,2006)、易用性、好用性和安全性(Phang,et al.,2006)四个观测指标;中间变量是老年人信息需求得到满足,也就是采用合适的 IT/IS 产品满足图 1.5 中老年人各层次的信息需求;因变量是老年人的满足感提高,这里的满足感指的是对自身和社会两方面的满足感。图 1.6 中的"+"是指正相关。

图 1.6 IT/IS 提高老年人满足感的作用机制模型

得到图 1.5 后,结合图 1.6 的思路,我们可以从两方面对老年人信息需求模型进行探讨:一是 IT/IS 产品如何支持老年人的信息需求模型,使老年人信息需求得到满足?二是老龄化社会对 IT/IS 产品的设计会产生哪些影响?

1. IT/IS 对老年人信息需求满足的支持

在快步走向老龄化社会的今天,IT/IS 将会发挥重要的作用,对老龄化社会产生积极的影响。具体地讲,IT/IS 可以从满足老年人的生理、安全、情感、受尊重和自我实现等信息需求角度出发,提供相应的信息技术和信息产品,从而提高老年人的生活质量。IT/IS 对老年人产生的支持作用及相应的 IT/IS 产品如表 1.2 所示。

(1) IT/IS 产品对老年人生理需求的支持。老年人的生理需求主要是衣、食、住、行等基本需求和受护理的需求。目前,大多数养老企业提供的 IT/IS 产品主要是各种各样的养老服务系统,老人可以通过打电话、上网等多种方式登录老年生活类信息网站或养老服务平台,获得各种相关的服务,保障老人的基本生存需求。另外,护理信息系统可以存储

第1章 智慧养老与老人信息需求模型

表 1.2 IT/IS 对老年人产生的支持作用

针对的需求层次	针对的信息需求	相关的 IT/IS 产品举例
生理需求	衣、食、住、行信息	老年生活类信息网站、养老服务平台等
	护理信息	护理信息系统、信息化老年公寓、可穿戴设备等
安全需求	医疗保健信息	报警应急设备、建立老年人健康跟踪档案、远程医疗等
	养老政策信息	养老政策和保险网站
情感需求	亲友活动信息	电子邮件、微信群、陪聊机器人、生命历程数据库等
	社团活动信息	微信群、微信公众号、微信服务号、网络社区等
受尊重需求	自我评价信息	老年人自我评价网站等
	社会评价信息	老年人社会评价网站等
自我实现需求	知识技能信息	远程老年大学、老年教学软件、慕课、直播等
	岗位信息	老年人经验日志、技术论坛、老年人工作辅助工具、老年人再就业信息平台、老年志愿者系统等

老人的护理需求和护理进展情况,老人还可以通过可穿戴设备提供身体信息,监护人可以通过相关系统或相应的手机 App(小程序应用)了解老年人的身体状况,及时了解老年人的需求。另外,IT/IS 产品也可以部署到老年人居住的公寓或社区,如建设信息化老年公寓和社区。

(2) IT/IS 产品对老年人安全需求的支持。在生命安全方面,可以利用 IT 技术制造适合于老年人的报警应急设备,如带有报警功能的可定位手杖。这种手杖不仅可以在老年人意外摔倒或昏厥时发出报警的声音,更可以通过定位系统及时向老年人的监护人报告老人的具体位置。在医疗保健信息的支持方面,可以通过医疗信息系统的建设和运行,建立老年人健康跟踪档案,完整地记录老年人以往的医疗信息和基本状况,为医生提供正确的治疗方案提供相关信息。还可以采用远程医疗,并通过互联网向老年人提供医疗服务信息,有助于为行动不便的老人介绍居家诊疗服务。除了要给老年人提供各种老年人辅助器具和医疗机构的信息外,还可以通过互联网及时发布养老政策和保险的详细信息。

(3) IT/IS 产品对老年人情感需求的支持。从满足感情交流的角度出发,一方面,互联网可以跨越空间的鸿沟,利用即时通信工具、电子邮件、微信群等方式将相隔异地的老

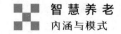

年人与其亲友紧密地联系在一起;另一方面,IT/IS产品可以突破时间的界限,通过生命历程数据库等内容,让老年人时刻可以感受到亲情、友情、爱情的存在。再者,从形式上,信息技术还可以丰富老年人与亲友的沟通方式,从单纯的声音到图像,再从动态影音到利用陪聊机器人等人机交互技术实现的老年人与亲友虚拟互动。从满足归属感的角度出发,网络的普及可以让那些不方便出门的老年人通过微信群、微信公众号、微信服务号,以及网络社区中互动的形式,了解社会团体和信仰的相关信息,并参与感兴趣的活动,从而增强老年人的归属感。

(4) IT/IS产品对老年人受尊重需求的支持。老年人期望受尊重,期望得到家庭成员、团体成员以及相关的社会公众一个好的评价。相关机构可以在互联网上开设老年人自我评价系统网站,根据科学的自我评价指标体系,老年人可以进行自助式自我评价。老年人所在的社区或团体也可以开设网上社会评价系统,实现互评机制。结果只有被评价的老人自己能看到,但是评价者可以是多元的,老年人可以根据自我评价和社会评价的结果信息调整自己的态度和行为,树立正确的自我意识,增强自信心,并且通过学习进一步加强自己的能力,保持或提高在家庭中的地位、在所参与团体中的地位以及一般性的社会地位。

(5) IT/IS产品对老年人自我实现需求的支持。IT/IS产品不仅可以帮助老年人掌握与时俱进的技能,也可以为他们创造新的途径以完善自我。首先是普及老年人的IT教育,相关机构可以向老年人推荐他们喜爱的网站和远程老年大学,让他们掌握最新信息和知识,紧跟时代的步伐,也可以采用慕课和直播等新的形式让有经验的老人授课,让有学习意愿的老人听课。其次,利用IT技术,开发一些与老年人从事工作相关的辅助工具,如老年人阅读器、老年人助听器、老年人网页浏览器等,降低一些工种的体力支出,增强容错性能,放宽职位对工作年龄的限制,合理、有效利用老年资源。最后,可以考虑借助网络技术,为老年人创造或发现新的就业渠道,例如,可以建立老年人再就业的信息平台和老年志愿者系统,合理配置人力资源,达到老年人力资源的再利用。网络技术可以规避老年人行动上的弱势,同时可以发挥老年人经验丰富的优势,例如,可以通过网络上经验日志、技术论坛等方式汇集老年人的智慧,为社会创造价值,也满足了老年人发挥余热、实现自我的需求。

2. 老年人信息需求对 IT/IS 产品发展的影响

老龄化社会的到来为 IT 产业的发展带来挑战和机遇。我们认为,针对老年用户越来越多的现实,IT/IS 企业和学术界需要从以下方面研究,来应对老龄化社会带来的挑战,把握其中蕴涵的机遇。

(1) 挖掘并创造老年人的信息需求。可以预见的是,专门为老年人设计的 IT/IS 产品会逐渐增多。目前一般情况下老年人是去被动适应 IT/IS 产品,而较少主动提出自己的需求,许多老年人潜在的信息需求可能仍然没有被发掘,这也是造成目前 IT/IS 产品在老年人中普及率较低的主要原因之一。因此,学术界和产业界需要持续与老年人的沟通,挖掘老年人的需求,从而创造适应老年人需要的 IT/IS 产品。

(2) 建立覆盖老年用户的信息系统。在老龄化社会到来的今天,信息系统建设不但要考虑技术架构或技术实现方式,更要从用户的角度关注用户构成的变化。在各类信息系统(如银行信息系统)的设计上,需要充分考虑老年人这个用户群体。准备升级改造或正在规划中的信息系统,应该在设计阶段注意考虑老年用户的使用行为和特点。相关单位还可以建立覆盖老年用户的信息系统来解决老年人增多而带来的社会问题,例如,建立老年人的全国性档案信息库,打破由于区域划分而造成的信息壁垒,真正通过信息系统体系,用全局的眼光思考并解决老龄化社会所带来的种种问题(如异地养老问题),从而加强对老年人的服务和管理。

(3) 设计适应老年用户的信息系统。老年人在听力、视力、反应速度、理解能力等方面都有所下降。无论是针对老年人的 IT/IS 产品还是公众信息产品,在交互设计、界面设计上都必须考虑老年用户的上述特点。实际上,除企业信息系统的用户主要面向中青年外,电子商务、电子政务、电子社区三个领域的用户中老年人的参与是越来越多,所以,面向老年人的信息系统设计必然是一个研究的重点。国内已经有一些高校和科研机构展开了相关的研究,如针对老年人的 IT 产品和计算机通用设备的设计研究。

(4) 研究老人采纳和持续使用 IT/IS 产品的影响因素。随着社会和企业对老人的重视越来越多,面向老人的各种 IT/IS 产品也越来越多。例如,各种各样的可穿戴设备、电子健康设备层出不穷,各种面向老年人的手机 App 程序、涉老网站或平台越来越多,但是很多产品或系统出现推出时市场活动热热闹闹、实际使用冷冷清清的局面。因此,除了加强涉老产品的研发外,也要认真研究老人为什么会采纳和持续使用这些产品。具体来说,要研究用得好的那些 IT/IS 产品为什么用得好?为什么有些老人做不到持续使用?我们要认真研究其中的影响因素,为这些产品或系统的人机界面设计和运行机制设计提供参考。

总而言之,各方面的统计数据都表明,中国社会正由老龄化社会逐渐步入老龄社会。显然,随着老年人规模的扩大,IT/IS 产品的用户构成将明显地改变。这种变化对 IT 产业而言,既是巨大的挑战,也蕴涵着巨大的机遇。无论是学者还是产业界,需要瞄准这个战略性的社会热点问题,针对老龄化社会条件下 IT/IS 产品的发展进行深入研究和实践。

1.3.4 智慧养老应用对老年人需求支持的分析

我们选取北京市较为具有代表性的六个中心城区(东城区、西城区、朝阳区、海淀区、石景山区、丰台区),从互联网搜集整理了大量的北京市城六区的智慧养老实践应用,并根据各城区门户网站宣传以及权威媒体(如新华网、新浪网等)的报道情况,整理出各城区具有特色的智慧养老的实践[⑦],并归纳总结了各城区典型智慧养老实践对老年人需求的支持情况。

1. 北京市中心城六区智慧养老的应用实践

1) 北京市东城区特色应用

基于公开的互联网资料调研,我们发现,东城区智慧养老公共服务平台,是东城区具有特色的智慧养老项目,其先后被新华网、新浪网等多家媒体报道。"东城区智慧养老公共服务平台"的核心功能着眼于老年人的健康管理,借助智能可穿戴设备收集心率、血压、运动、睡眠等生理数据并在后台进行大数据分析,再根据分析结果通过 App 定期向用户推送健康报告及保健养生建议,同时该平台通过智能可穿戴设备实现老年人定位、跌倒识别和自动报警呼救等功能,并整合多家社区服务商,提供紧急呼叫、家政预约、健康咨询、物品代购、服务缴费等服务。该项目主要满足老年人大部分的生理需求以及安全需求。

2) 北京市西城区特色应用

西城区广内街道"虚拟养老院"是西城区具有特色的智慧养老项目,其先后被网易、和讯网、首都政法综合网等多家媒体报道。虚拟养老院就是通过采集信息,将分散居住的老

---

⑦ 本部分内容曾经在《中国信息界》上发表,原文参见《智慧养老对老年人需求支持分析——以北京市城六区为例》(左美云、李杨梦羽、聂博,中国信息界,2016 年第 12 期),收入本书时进行了删改完善。

第1章 智慧养老与老人信息需求模型

年人纳入虚拟的养老院,采取政府统筹指导、企业和社会组织运作、专业人士和志愿者服务相结合的方式,围绕老年人需求,为老年人提供多元化的服务。该项目通过老年人数据库、"e键通"的电话终端产品以及"广内生活家"网站即可获取家政服务、社区医生医疗咨询、预约挂号、日常生活用品,方便了老年人的生活。该系统主要满足老年人的生理需求和安全需求。

3）北京市朝阳区特色应用

朝阳区养老综合服务App是朝阳区具有特色的智慧养老项目,其先后被国家民政部网站、新华网、搜狐等多家媒体报道。朝阳区养老综合服务App,通过智能手机安装该App可进行点餐、助行、助洁等服务的购买,并可根据手机定位功能,随时掌握老年人的出行情况。该App在很多设计细节上也非常人性化,如一键拨号功能,就充分考虑老年人视力不好、手颤等因素,老人只要点击图标就可拨通相应的服务电话。该系统满足了老年人部分生理需求以及安全需求。

4）北京市海淀区特色应用

海淀区"一键式"家庭医生式服务体系,是海淀区具有特色的智慧养老项目,其先后被人民政协网、新华网等多家媒体报道。"一键式"家庭医生式服务体系,通过"一键式"智能服务终端、大数据、云平台提供紧急救助服务、健康咨询管理、预约转诊服务、慢性病干预管理服务,该系统满足了老年人部分的安全需求。

海淀区智慧养老示范基地,是海淀区另一个具有特色的智慧养老实践项目,基地分成图书室、健康咨询室、体验室几个部分,老人们可以在里面聊天、读书、体检,还能跟智能机器人小U对话,点播相声、小品,满足了老年人的情感需求。

5）北京市石景山区特色应用

石景山区"老街坊"居家智能健康养老示范项目——八角街道项目,是石景山区具有特色的智慧养老项目,其先后被北京日报、新华网等多家媒体报道。该项目通过智能手表、机器人等设备和呼叫中心平台,为老年人提供长期护理服务、日间托老服务、餐饮服务、家政服务、健康管理服务、远程诊疗服务、上门服务等,让八角街道辖区内老人在家门口就能享受到周到、便捷、高效的养老服务。该系统满足了老年人的生理需求和安全需求。

6）北京市丰台区特色应用

丰台区居家养老信息化综合管理平台,是丰台区具有特色的智慧养老项目,其先后被首都之窗、养老网等多家媒体报道。丰台区居家养老信息化综合管理平台,通过 iHouse 居家智能系统为老年人提供提醒和安保服务,具体包括对起居特征和生活规律、日常生活和精神需要、医疗、家政服务等需求以及老人子女的联络方式等信息,进行全面记录,并将其传送到社区运行的居家养老平台,及时发现老人有规律生活中的异常之处,进行处理和智能判断,以防不测事件的发生。该系统满足了老年人大部分的安全需求。

7) 北京市中心城六区特色应用比较分析

我们对北京市上述六个城区各自具有特色的智慧养老项目支持老年人需求的情况进行了分析和比较[⑧],结果如表 1.3 所示。

表 1.3　北京市城六区各自具有特色的智慧养老项目对老年人需求的支持分析

老人需求		城区					
		东城区	西城区	朝阳区	海淀区	石景山区	丰台区
生理需求	家政服务	√	√	√	√	√	√
	生活服务	√	√	√	√	√	√
	护理照料服务			√	√	√	√
安全需求	医疗健康服务	√	√	√	√	√	√
	出行安全服务			√	√		
	居家安全服务	√					√
	权益保障服务						
情感需求	社交服务						
	精神慰藉服务			√	√		
尊重需求	宣传服务						
自我实现需求	学习服务						
	工作服务						

---

⑧ 北京城六区智慧养老实践应用案例数据都来源于互联网,可能未覆盖城六区的所有案例。另外,这批数据取自于 2016 年年中,随着时间的流逝,这些城区也都有了新的应用。不过,相对于全国智慧养老的发展来说,北京市城六区是走在前列的。因而,我们还是可以从总体上看到智慧养老的发展现状。

2. 北京市智慧养老实践对老人需求的支持分析

1) 智慧养老应用对于老年人基本需求支持程度较高

从表1.3中对北京市六个城区智慧养老实践的分析可以看出,目前各城区智慧养老服务主要集中在满足老年人的生理需求(家政服务、护理照料服务、生活服务)、安全需求(医疗健康服务、出行安全服务、居家安全服务),即马斯洛需求层次模型最下边的第一和第二层次。并且各个城区的智慧养老应用实践都具有一定的特点,都有值得其他地区借鉴和学习的地方,例如,丰台区利用大数据分析来对老年人提供支持,其iHouse居家智能系统利用多种传感器设备,采集老年人行为数据,并实时分析数据,对异常情况进行智能判断,为老年人提供提醒和安保服务;海淀区创新使用陪聊智能机器人,利用先进的机器人技术来满足老年人的情感需求;朝阳区利用移动互联网技术以及以老年人为中心的人机交互设计方法,利用智能手机安装一个App,即可进行点餐、助行、助洁等服务的购买,较好地方便了老年人的日常生活。

2) 智慧养老应用对精神、尊重及自我实现需求支持不足

从表1.3中的分析可以看出,目前各城区智慧养老服务主要集中在对老年人的生活照料和健康管理方面,大多数的智慧养老实践项目满足了生理需求和安全需求,少数能满足精神需求,例如,海淀区的陪聊机器人小U,缺乏对尊重需求和自我实现需求的服务支持,即对马斯洛需求层次模型上边的第三、第四和第五层次的支持不足。而老年人的养老需求,已不再局限于最基本的"老有所养、老有所医",随着生活水平的提高,"老有所教、老有所学、老有所为、老有所乐"的需求日益突出。服务供给与服务需求之间存在明显落差,探索如何提高服务质量、完善服务内容,尤其是完善智慧养老系统在老年人精神文化和自我实现需求方面的服务内容,是在智慧养老实践中必须思考的问题。

3) 各城区智慧养老系统庞杂,缺乏统一的整合平台

从上面六个城区提供的智慧养老产品可以看出,目前北京市各城区对智慧养老系统的建设做出许多探索和努力,构建了各种各样的养老系统。但是在这些各具特色的智慧养老系统中,却存在大量的功能冗余,例如,就健康管理这一项功能,海淀区部署的系统就有"智慧养老海淀区""'甘家口模式'智慧社区居民医疗养老项目""助老健康服务站"等几个系统;在家政生活服务方面,朝阳区部署了"养老综合服务App""智慧养老服务平台"

智慧养老服务平台——团结湖地区等几个系统。在同一个城市,智慧养老系统庞杂,而其中提供类似功能的系统之间又相互独立,缺乏统一的资源整合平台,将不利于城市或城区对各系统的统一管理,也不利于养老服务资源的调度优化和有效使用。

未来,应该对智慧养老的数据格式和接口进行规范和统一,以便不同系统间能够做到互联互通,在时机成熟的时候,建立更高层次(如城市一级)的智慧养老平台,甚至是类似滴滴打车、京东商城这样的全国性平台,让智慧养老为老年人的需求提供更好的支持。

本章参考文献

[1] Goodhue L D,Thompson L R. Task-technology Fit and Individual Performance[J]. MIS Quarterly,1995,19(2):213-236.

[2] Maslow A H. A Theory of Human Motivation[J]. Psychological Review,1943(50):370-396.

[3] Phang C W,Sutanto J,Kankanhalli A,et al. Senior Citizens' Acceptance of Information Systems:A study in the Context of E-Government Services[J]. IEEE Transactions on Engineering Management. 2006,53(4):555-569.

[4] 黄静. 试论新时期农村养老工作的趋向[J]. 安徽农学通报,2008,14(21):38-39.

[5] 林乐飞. 人口老龄化背景下我国城市养老模式选择研究[D]. 大连理工大学,2006:7-8.

[6] 孟艳春. 中国养老模式优化探析[J]. 当代经济管理,2010(9):56.

[7] 穆光宗. 中国传统养老方式的变革和展望[J]. 中国人民大学学报,2000(5):40-41.

[8] 谢琼. 中国养老模式的中庸之道[J]. 山东社会科学,2008(11):73.

[9] 杨宗传. 土家族聚居地区老年生活服务保障比较研究[J]. 经济评论,1995(5):81.

第 2 章
智慧养老模式：归纳与比较

我们对学术文献库和互联网上登载的智慧养老模式进行了检索,由于标题或关键词中直接采用"智慧养老"的文献非常少,我们又拓展到养老信息化等相关领域进行检索[①]。其中,搜索使用的关键词包括"养老""模式""智慧养老""互联网＋""养老信息化""模式创新"等,搜索范围为文献标题、摘要、关键词,搜索文献库包括中国知网、方正电子图书数据库、超星电子图书数据库、Web of Science、Google Scholar 等。

经过筛选,共选取了 44 篇国内外文献进行分析,同时,作为模式研究的补充,我们还对文献中提及的养老服务公司、养老产品等网站进行检索和快照分析。

在对以上文献和辅助材料总结整理的基础上,我们归纳出四种类型的智慧养老模式,分别是基于远程技术的养老模式、基于养老管家的养老模式、基于智能家居的养老模式、基于多方参与的养老模式。本章的最后,我们对这四种类型的养老模式进行比较与分类。

---

① 我的学生王蒙、关思莹在我的指导下对本章的内容完成了资料的收集、整理和初稿的写作工作。本章内容曾经是北京老龄居养老促进中心和中国人民大学智慧养老所共同承担的北京市老龄工作委员会委托课题《"互联网＋养老"北京模式》的结题报告的一部分,收录本书时进行了删改和完善。

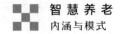

2.1 基于远程技术的智慧养老模式

随着远程技术的发展,远程通信、远程视频、远程监测、远程医疗等已逐渐被人们所熟悉。国内外都已开始应用远程技术来辅助解决养老难题,例如,瑞典的 ACTION 模式、芬兰的远程监测模式等,前者用远程技术帮助老人的家庭护理人员完成培训、提高照护技能,从而间接提高老人的生活质量,而后者借助远程监测和数据分析,为老人提供全方位的安全保障。

2.1.1 瑞典:ACTION 模式

1. 模式简介

ACTION(Assisting Carers Using Telematics Interventions to Meet Older People's Needs)模式,即使用远程信息处理的干预措施,协助家庭护理人员来满足老年人的需求。该项目最初在 1997—2000 年由欧盟资助,在瑞典、英格兰、北爱尔兰、爱尔兰共和国和葡萄牙的老年人家中,通过使用信息通信技术为家庭护理人员提供与护理情况有关的信息、教育和支持,以帮助提高老年人生活的自主性和独立性,从而改善其生活质量。2000 年之后,瑞典继续研究和发展 ACTION 的理念,并使其得到大范围的推广应用。

2. 模式运行框架

人口老龄化问题需要越来越多的家庭护理人员。然而,不少家庭护理人员(如亲友、子女、刚从事这个行业的家庭护理人员等)主要是靠自己摸索护理技巧,缺乏相关经验。ACTION 模式借助信息技术来支持家庭护理者,以便其能够更好地为老人提供照护。

ACTION 模式参与主体包括服务专家、家庭护理人员、接受服务的老人。服务专家不直接为老人提供服务，而是借助信息技术向家庭护理的"新手"给予辅助指导。ACTION模式的整体结构如图2.1所示，可以看出服务专家的专业知识通过网络传递，能够最大化程度被全体家庭护理人员学习和使用，从而间接提高了老人的生活质量。

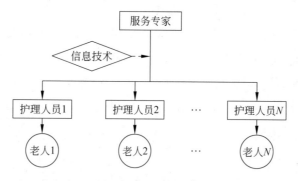

图 2.1 ACTION 模式的运行框架示意图

该模式包括三种主要的组成部分：多媒体教育项目、配有视频电话的服务站、呼叫中心。其中，多媒体教育项目主要针对护理人员和老人的需求开展，包括日常护理技能、喘息服务[②]、对痴呆和中风患者的服务指导与认知训练以及娱乐性的在线游戏等；服务站功能则需要老人家中有一台能够上网的计算机，借助摄像头和互联网视频电话设施，方便使用者和呼叫中心的服务专家进行视频、语音互动。

3. 模式特色

ACTION模式借助信息技术打破传统的专家—老人的服务支持模式，通过采用专家—家庭护理人员—老人的模式，提高了服务专家的知识分享覆盖面，并在不断的交互学习中使得家庭护理人员能够逐渐掌握专业的技能，甚至经过长期的经验积累最终升级为服务专家。

4. 模式启示

针对国内家庭护理人员数量不足、专业技能不熟练等问题，我们也可以借助信息技

---

② 喘息服务是英文 Respite Care 的中文翻译，在欧美一些国家是常见的社会服务，即由政府或民间机构牵头，成立专门的队伍，经过一定培训后，提供临时照顾老人的服务，给照料老人的家属一个喘息的机会。国内现在有些养老机构或养老照料中心也可以提供此类服务。

术、互联网工具等,采用慕课③、视频直播的形式,远程培训家庭护理人员。

2.1.2 芬兰:以老人为中心的远程监测模式

1. 模式简介

芬兰以物联网(Internet of Things)技术为依托,构建了物联网监测系统框架。该框架主要包括三个层级:感知层、网关层和云层。在这个框架下,芬兰推广应用了基于物联网的全方位养老监测系统,其涵盖了老人居家、出行、购物等各个方面,通过为老人配置体域网(Body Area Networks,BAN)设备或在固定场所配置监测设备,让老人"浸入"在一个全方位、多层次的保护网中。

2. 模式运行框架

对于常规的老人活动,监测系统借助物联网三层体系架构完成收集数据、传递数据、分析数据等步骤。对于正常的数据,会定期向老人提供监测报告、生活建议和早期预警等;对于异常的数据,将会启动相关干预措施,为老人提供专业的指导和支持,如图2.2所示。为了更好地为老人提供针对性的服务,监测系统还连入了第三方代理机构,提供专业医疗分析和服务。

3. 模式特色

监测类的养老服务项目能够实时分析老人的行动数据,并通过数据库的搜索对比,识别老人的正常或异常状态,并进行提前预警和干预。既可以降低老人遇到危险无法呼救的概率,又可以减轻养老照护者的压力。

该模式的整体思想是借助物联网和云端平台的实时监测与分析,为老人的日常生活提供额外的保障,从而提高老人日常生活的安全感,同时也能为老人的照护者提供信息支持。

4. 模式启示

远程监测技术可以给老人带来安全感,这是因为对于正常的数据,会定期向老人提供

---

③ 慕课是 Massive Open Online Course 缩写 MOOC 的谐音,英文含义为"大规模开放在线课程",是最近涌现出来的一种在线课程开发模式,也可用于养生护理课程的开发和学习。

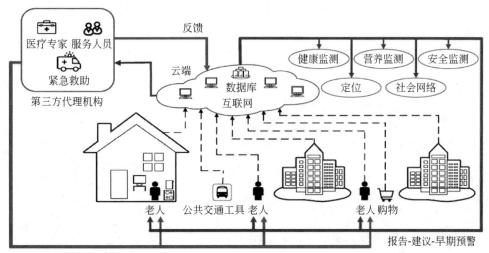

图 2.2 芬兰监测模式运行框架图

(图片来源：Azimi I,等,2017)

监测报告、生活建议和早期预警等；对于异常的数据,将会启动相关干预措施,为老人提供专业的指导和支持,因此,在未来智慧养老的规划中可以增设远程监测模块,为老人提供全方位的保护。

2.1.3　中国珠海：e-Link 模式

1. 模式简介

e-Link 模式是由中国珠海亿联德源信息技术有限公司提供的一套居家养老解决方案,含义是通过电子方式进行各种养、医、护人员与老年人的连接。通过将老人纳入"智慧医养平台",老人只需下载一个 App,即可在家中实时通过智能化终端实现多方面的居家养老需求,做到"足不出户"享受养老服务。

2. 模式运行框架

e-Link 模式通过老人端、子女端、护士端、医生端等智能客户端,将老人及其子女与治疗专家、护理专家、营养专家、运动专家、心理专家、辅具适配专家等远程连接。同时通过大数据计算,服务商也可更加精准地为老人推送服务,提高服务精确度,提升服务质量。老人的子女也可以通过手机 App 获得老人的健康数据,及时和老人沟通并为老人提供帮助。其整体模式结构如图 2.3 所示。

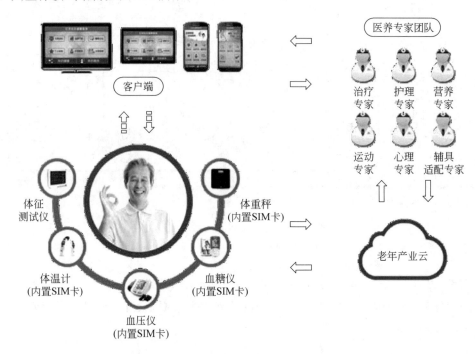

图 2.3 e-Link 模式运行框架图

(图片来源:珠海亿联德源公司网站,《亿联德源居家养老解决方案》)

老人通过 e-Link 居家养老系统可以享受到综合评估、健康数据智能管理、日常生活远程监控、紧急救援(跌倒、走失等)、安全防护、生活照料、医疗保健、家政服务、人文关怀、文化娱乐等服务内容。

3. 模式特色

借助 e-Link 居家养老系统,老人可以随时远程连接到医养专家团队,满足了老人的居家照护需求。借助客户端,精简了使用者的操作流程。各方参与者"缩短"了相互之间的距离,可以让老人、老人的子女、专业医生、护理人员等紧密连接,为他们提供良好的服务体验。

4. 模式启示

e-Link 模式是当下医养结合平台的一个代表,很多公司都提供将各种医护人员与老年人连接的类似功能。要注意的是,在养老产品的设计过程中需要考虑不同使用者的角色和能力的差异,为不同的参与主体提供符合其角色的有用、易用的养老终端。

2.2 基于智能家居的智慧养老模式

越来越多的老年人不愿放弃自我的独立生活、不愿离开自己熟悉的环境而迁移到养老院。为了应对这样的现实问题,智能家居应运而生,其目的是让老人尽可能延长在自己熟悉的环境中生活的时间,也尽量让老人在家中更好地生活。

2.2.1 法国:Sweet-Home 模式

1. 模式简介

Sweet-Home 模式是法国在 2010 年提出并推广的一类智慧居家养老模式(一类智能家居系统)。该模式以音频技术为基础,通过自然人机互动的方式(语音和触觉命令)为需要护理但仍能自主生活的老年人提供协助。

2. 模式运行框架

独自居住的老人可以直接向智能控制器提供信息(如通过语音命令),或通过环境感应装置向智能控制器提供信息(如温度、湿度)。该模式有益于在活动、视觉方面有困难,需要安全保障的老年人,提高他们居家生活的自主性、舒适性和安全性。

Sweet-Home 模式整体的运行结构图如图 2.4 所示。图中 KNX 是 Konnex 的缩写,是全球性的住宅和楼宇控制标准。KNX 网络可以连接符合该标准或协议的设备。在老人的家中,埋设有许多的话筒获取室内的声音,声音被获取或检测到后,分别进行声音的质量评估,然后对环境声音和人员语音进行区分,根据预设的算法进行处理,如果发现异常则进行报警,或者通过专门的交流设备与相关人员进行交流。该模式的目标用户是在家中独自居住并能自主生活,但是在视觉等方面需要帮助的老年人,使他们以尽可能以最自然的方式,随时随地掌控自己生活的环境,提升自己的生活质量。

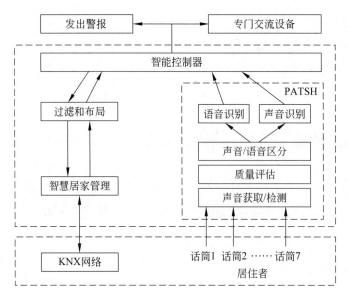

图 2.4 Sweet-Home 模式结构图

（图片来源：李昂，等，2017）

3. 模式特色

该模式借助语音识别技术和环境感应装置，为老人营造"可操控"的居家环境。该模式的语言技术有助于提升老年人日常生活质量，通过在危险情况下发出警告或在老年人摔倒时协助他们进行求助，可以为老人带来安全感。

4. 模式启示

语音识别技术已经开始在手机、汽车、家居控制等方面发挥作用，针对老年人群，也可以设计声控系统等来辅助老人生活，同时语音交互也可以为老人提供心理慰藉功能。

2.2.2 德国：AAL 模式

1. 模式简介

环境辅助生活技术（Ambient Assisted Living，AAL）首先在德国进行研发，随后在欧盟内进行推广。它是一种具有扩展性的智能技术平台，将各种不同的设备连接在平台上，构建一个能够即时反应的环境,利用移动通信技术对老人的状态和环境进行分析,并实时监控老人的身体状况,提供自动紧急呼救,可以帮助使用者改进认知能力、进行各种基本日常生活活动,旨在提高老年人的生活质量。

2. 模式运行框架

AAL模式运用周边辅助技术增强老年人的独立生活能力,让老年人在自己习惯的环境中生活更长时间,在保证老年人的生活安全的同时,降低老年人的看护成本。通过创造性地把所有的智能辅助技术加以汇总,集中安装在老人的家中,让独居的老人能够更好地生活。

3. 模式特色

AAL模式集成老人居住环境内的所有智能设备(如温度传感器、地板跌倒报警器、人体红外感应器等),帮助老人更长久地生活在原来所熟悉的住所和环境中,有助于缓解机构养老床位不足的压力。

4. 模式启示

国内也有不少厂商采用环境辅助生活技术,其核心思想是通过集成各类智能家居设备,从而为老人提供尽可能全面的生活辅助,可以作为未来老年人智能家居设计的参考。AAL模式的限制因素主要涉及用户隐私数据保护和各个智能产品间数据传输规范的问题,需要理论界和产业界不断探索,建立完整规范的隐私数据保护条例和数据传输协议。

2.2.3 中国北京:无介入照护模式

1. 模式简介

无介入照护模式是北京怡凯智能技术有限公司提出并推广的一类智慧居家养老看护模式(一类智能看护系统)。该模式以智能传感器为基础,通过传感器和云平台全天候监测并分析老人体征,以无人工介入的形式为老人提供照护和预警服务,发生异常后及时通知公司接警中心的监护人员和老人监护人,线下为老人提供帮助和照护。

2. 模式运行框架

该模式的目标用户是能自主生活并且比较重视自己身体健康情况或者存在一定健康风险的老年人,通过无介入照护模式,老人能够在不改变生活习惯的条件下,了解自己的身体健康情况,对疾病等风险提前预警。

图 2.5 是 eC120 智能看护亲友端 App 界面。通过该 App,老人的子女、亲友能够查看老人连续多日的起居状况(比如康乐指数较高代表起居状况较好)、起居活动的细节,App 会对老人发生的异常信号进行告警,亲友可以查看和确认告警后的服务过程。另外,还可以和老人以往行为进行比较,判断老人是否存在异常行为。

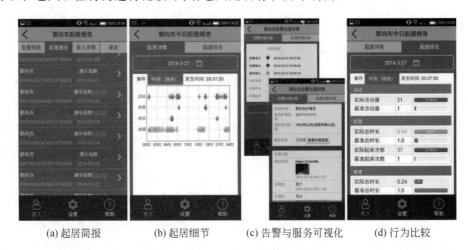

(a) 起居简报　　　(b) 起居细节　　　(c) 告警与服务可视化　　　(d) 行为比较

图 2.5　eC120 智能看护亲友端 App 界面

(图片来源:北京怡凯智能公司提供的参考资料)

怡凯智能无介入照护模式传感器可以分别安装在卧室、客厅、厨房、卫生间等关键活动发生的区域(见图 2.6),可以选择跌倒、睡眠、淋浴、坐便、活动和呼叫六类传感器中的若干个进行安装。传感器安装后能够检测老人上述活动的情况,监测数据传入云计算平台进行分析,对异常情况可进行预警,并可线下派出服务人员进行对接和照护。

3. 模式特色

这种无介入照护模式借助独特的非穿戴式、分布式居家行为传感网络进行体征监测,不需要老人改变生活习惯,使用门槛低,对老人几乎没有打扰;同时,又能覆盖主要的高风险、富信息量的居家活动,且具有多动作传感器关联——避免了单一传感器所可能造成的误判的特点,结合深度学习技术,让分析结果更智能、更准确。另外,该模式不需要视频监控,能够有效保护老人隐私,减少老人心理负担。该模式还配合线上监控线下响应方案,

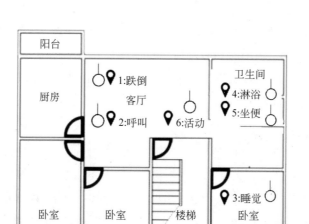

图 2.6　无介入照护模式传感器安装示意图

在老人发生异常后,及时通知监护人员和老人亲友,做出响应和处理,实现对老人的照护。

4. 模式启示

适老化设计④是养老服务的重要研究方向,无介入照护模式为适老化提供了较好思路,在不需要老人配合参与、不干扰老人的生活、不侵犯老人隐私的前提下,为老人提供健康监测和预警服务。

2.3　基于多方参与的智慧养老模式

养老问题涉及的组织机构和人员数量比较庞大,实际上这些不同的干系人构成了一个养老生态系统。干系人(Stakeholders)主要用在项目管理中,指项目实施或完成过程中其利益可能受积极或消极影响的个人或组织(如客户、发起人、执行组织或公众)。养老的

---

④　适老化设计是指在住宅中,或在商场、医院、学校等公共建筑中充分考虑老年人的身体机能、行动特点以及心理活动做出相应的设计,包括实现无障碍设计、隐私保护设计、引入急救系统等,以满足已经进入老年生活或以后将进入老年生活的人群的生活及出行需求。适老化设计将使涉老设备、设施、建筑更加人性化,老年人的满意度更高。

主体众多，涉及家政、送餐、维修、采购、卫生、健康、护理、康复、社区、政府等不同的干系人，其利益诉求不一样。如果能够通过信息技术的使用有效地使这些干系人协同为老人服务，那是非常好的。国内外就出现了多方参与的养老模式，其特征在于有多种力量共同参与、以自组织的形式进行运营。

2.3.1 美国：NORC 模式

1. 模式简介

NORC（Naturally Occurring Retirement Community，自然形成退休社区）模式是因为美国老年人选择居家养老、年轻人逐渐迁出社区等社会原因而自然形成的，其主要特征为社区内老年人口所占比例逐渐增大。但这些社区在规划初期并不是专门为老年人设计的，所以，如何为这些原本并非为老年人设计的社区提供服务，并根据其特征挖掘它们自身的发展潜力，成为美国老龄化社区面临的困境。

基于此，美国曼哈顿地区在 1986 年首先推出了 NORC 模式，即自然形成退休社区的特殊支持项目，通过不断完善和发展已经在美国 30 多个州开展了此类项目。

2. 模式运行框架

NORC 模式主要提供四个方面的核心内容，即个人社工服务、医疗健康服务、教育娱乐服务、给老年人的志愿机会，其主要涉及四个方面的参与者：社会服务提供者、医疗健康服务提供者、房产拥有或者管理者、老年居民。其组成结构图如图 2.7 所示。

由于每个 NORC 社区具备不同的特征，所以在基本的服务框架下又会结合社区的特点进行二次扩充，例如，偏远的社区会考虑为老年人提供交通服务，周围有学校的社区可能会组织学生开展帮助老人的志愿服务等。

NORC 模式作为一个开放的环状结构，将不同的参与主体有效地组合在一起，形成了一个多主体协同治理体制。尽管每个 NORC 老龄社区支持服务项目都有它独特的运营方式，但都具有一个社区多主体协同治理的框架，即社区范围内，多元的参与主体运用公共权力，通过平等的沟通、协商、谈判、合作方式，自发地组织起来采取集体行动，以解决共同问题，实现社区利益最大化的过程和行为。社区养老服务的多主体协同治理框架示意图如图 2.8 所示。

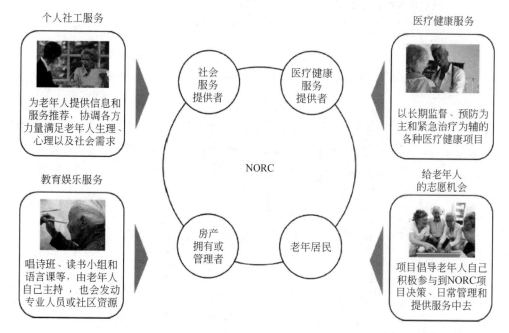

图 2.7 NORC 项目组成结构图

(图片来源：张强，等，2014)

通过整合多元化的合作主体，NORC 模式非常重视具体运作项目的流程规范化，让多元主体参与到从需求评估、项目设计、项目执行和效果评价等全过程中，并特别强化需求导向的项目管理。项目在执行前都会进行全面的调研，通过采访和数据分析来确定每一个社区的独特情况，例如，老人的年龄结构、收入水平、最普遍的慢性病等，NORC 项目会根据这些分析对症下药，制定出最符合该社区需求特色的服务。

3. 模式特色

借助多主体协同治理体制，根据不同社区老人的实际情况来调整服务类型和参与主体，让自然形成的退休社区因地制宜地开展为老服务。该模式适用于空巢老人比较多的老旧社区，通过分析老人的共同特征，最大化满足老人的服务需求。

4. 模式启示

自然形成的老龄化社区都具备各自的特点，可以在为老服务的流程中根据各个社区

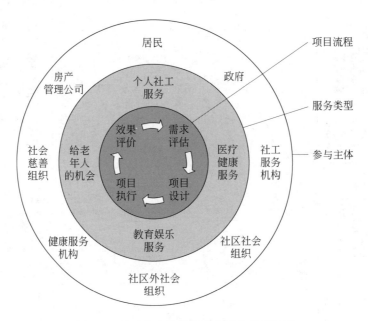

图 2.8 社区养老服务的多主体治理框架图

(图片来源：张强，等，2014)

的特征，提供因地制宜的服务。在具体的 NORC 项目中，信息技术主要用于存储和记录项目和老人的信息，未来可以针对具体的社区采用相应的养老信息化平台，使得不同干系人能够做到数据互相融合，互联互通，更好地为老人提供适合的服务。

2.3.2 美国：Honor 应用平台模式

1. 模式简介

Honor 应用平台是由美国 Honor Technology 公司开发的 App 类应用平台，主要服务对象为老人，其整体运营模式类似于"滴滴出行"。任何满足条件（有服务资质、年满 21 岁、提供过至少 6 个月服务等）的人员均可在平台审核通过后在 Honor 上注册成为一名养老服务的提供人员。Honor 平台本身不提供线下场所和服务人员的支持，而是通过匹配养老服务提供人员和老人或其子女线上提出的订单，完成养老服务需求的满足。

2. 模式运行框架

Honor 平台主要提供陪伴服务、配餐服务、卫生护理、用药提醒、上门照护、简单家务、陪同锻炼、辅助出行等居家养老服务，如图 2.9 所示。老人或其子女第一次注册使用时，需要接受平台的电话评估，评估时间在一个小时以上，评估内容主要涉及老人生活能力、心理情绪、认知等。评估结束之后老人或其子女可以根据需要选择相关服务和服务人员。

图 2.9　Honor 主要服务内容图

（图片来源：Honor 网站截图）

Honor 平台主要包括养老顾问（Care Advisor）、养老专业人员（Care Pro，即 Care Professional）、Honor 专家（Honor Specialist）等。其中，养老顾问主要负责对老人进行评估和制订护理计划；养老专业人员则是在 Honor 上注册通过的服务人员，主要由他们为老人提供上门服务等；Honor 专家负责提供 7×24（每周 7 天，每天 24 小时）的在线电话服务支持。

作为第三方公司开发运营的平台，Honor 已经在美国加利福尼亚州、德克萨斯州、新墨西哥州等进行了运营。其收费已经与政府的长期照护保险、公众医疗等经费涉及的多个干系人进行了对接，精简了老人和其子女的支付流程。

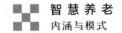

3. 模式特色

Honor 平台充分发挥了互联网时代共享经济的特性，一定程度上缓解了供需双方的匹配问题。作为第三方线上平台，Honor 对申请进入的服务提供人员进行审核、对申请进入的老人进行电话评估，保证供需双方信息的真实性和可靠性。

4. 模式启示

Honor 平台在供需双方之间搭建了一个线上平台，养老服务的提供者和需求者可以在线上完成匹配，从而一定程度上缓解资源不平衡的问题。Honor 模式可以作为我国解决养老资源供需匹配问题的一种参考，通过线上数据驱动的方式，匹配后完成线下的服务请求。

2.3.3　中国乌镇："1＋2＋1"模式

1. 模式简介

乌镇"大家式"模式是借助椿熙堂老年服务中心，将政府、志愿组织、为老服务商等多方参与主体整合统一而形成的。该模式充分发挥了乌镇地方特色，通过设立数据平台和管理平台，将多个主体的业务结合起来，方便为老人提供更加优质的服务。

2. 模式运行框架

乌镇智慧养老模式设计为"1＋2＋1"模式，如图 2.10 所示。第一个 1 代表大数据平台，即构建一个数据中心，用于建立服务需求数据跟踪与分析体系；后面的 1 是综合管理平台，乌镇政府涉及养老的主管机构可以利用该平台完成监管、审批等功能；2 则代表常规服务和定制服务。常规服务可以通过交互系统进行多样化选择，定制服务则可以根据个性化需求来提供。

在椿熙堂介入前，乌镇政府包揽了辖区内所有养老服务，出现专业人员缺乏和专业知识能力匮乏的状况。椿熙堂介入后，由椿熙堂搭建了线上加线下相结合的乌镇智慧养老综合服务平台，政府通过购买椿熙堂提供的常规服务结合老人需求的自行定制，从而满足了老人多元化和差异化的需求。相应地，乌镇政府的养老工作重点转移至监督第三方养老业务运作。同时，志愿者和服务商也都可以接入椿熙堂平台，各方角色联手为老人提供服务。

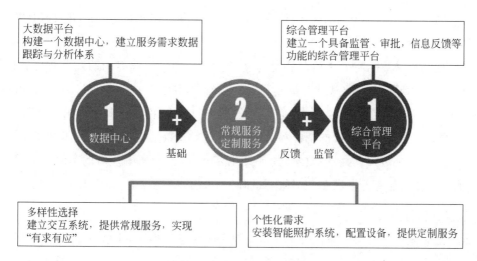

图 2.10 乌镇模式整体结构图

(图片来源：椿熙堂网站)

通过各方力量的整合，让不同的服务主体、监管部门、志愿者等共同参与养老，形成了不同干系人协同养老的服务模式。

3. 模式特色

通过引入第三方中介，打通了多个为老服务主体间的壁垒，让多个利益主体能够统一为老服务的目标进行协同养老。该模式同时借助大数据平台来完成服务的匹配、多样化和个性化的服务提供，借助综合管理平台来实现服务的反馈与监管。

4. 模式启示

构建一个数据中心是让不同干系人协同养老的基础，常规服务和定制服务的提供实现了规范性服务和差异性服务的分别满足。政府应该做好规划、规范和监管的事情，平台的建设则可以借助第三方运营机构来完成。

2.3.4 中国北京："北京通"模式

1. 模式简介

北京通是北京通养老助残卡的简称，它是集社会优待、政策性津贴发放、金融借记账户、市政交通一卡通等多功能于一体的 IC 卡。该卡由北京市北京通养老卡数据服务中心进行发放和运营。

北京通模式是数据与工具结合的模式，数据是指通过北京通养老助残卡获得的数据，由于该卡整合了原本分散在多个平台的功能，对老人来说更加方便，还可以享受多种福利政策，因此，老人愿意用北京通消费，政府部门就可以借此采集老人的数据，进行数据分析，以对养老产业有一个整体的把握和监管；工具是指以数据为基础，面对不同年龄、不同使用环境下的各类客户（含各级政府）的工具化客户端，包括面向政府的市级数据管理中心等、面向企业的居家养老服务一体机等、面向个人的北京通个人版 App 等。

2. 模式运行框架

北京通模式由北京市北京通养老卡数据服务中心进行推广，北京市 60 周岁及以上的老年人可以免费申请办理该卡，目前主要靠补贴和福利政策吸引老年人。其支付功能已与北京市多个部门（如市政交通一卡通平台、北京农商银行 IC 卡平台等）进行对接，政府会按月或按季度将补贴统一发放到符合政策资助的老人卡中，老人可以用补贴款项支付指定项目的费用，此外，老人也可以在卡内充值并使用此卡进行普通消费。

从首都之窗网站上给出的《北京通养老助残卡办理指南》中可以查阅到北京通当前的主要服务内容（有些项目需要 65 岁以上）包括如下几项。

（1）免费乘坐市域内地面公交车。

（2）免费游公园和景区（大型活动期间除外）。

（3）具备银行借记卡功能。

（4）在养老（助残）服务单位消费，可享受优先、优惠服务。

（5）具有普通市政交通一卡通的基本功能。

（6）老人享有居家养老服务补贴。

3. 模式特色

北京通模式充分体现了大数据时代的特色，将原本分散在各个平台的消费数据整合起来，通过一张小小的卡片记录老人方方面面的习惯与活动，为老人提供一站式的消费体验，为企业提供获取市场的工具，为政府提供数据支持和监管渠道。因此，北京通模式是一个从源头改善老年人用户体验的三赢模式，也是一个从源头收集数据的互联网应用，为大数据管理提供了很好的基础。目前基于养老卡的数据已经可以完成特定区域(如市、区、街道、社区)的如下数据分析工作:①区域老人基本特征画像;②区域高龄老人画像;③区域老人消费行为画像;④区域老人出行行为画像;⑤区域外地老人画像;⑥市内迁徙老人画像;⑦资金监管状态画像等。由此可以看出,基于老人静态特征和动态行为的画像工作完成得比较好。

4. 模式启示

北京通模式是一种对数据整合利用的模式,数据具有宝贵的价值,而数据的融合能够实现1+1>2的效果。通过整合海量的数据后,政府部门就有希望从中挖掘出老人的消费偏好等信息,养老产业的部署就会更有针对性,从而通过数据驱动产业建设。

2.4 基于养老管家的智慧养老模式

养老管家(Care Manager)是国外普遍存在的一种养老模式,该模式基于以人为本、人人交互的思想,能够个性化、专业化、有交互地为老人提供养老服务。养老管家作为连接老人和各类服务提供商的中介,是整个模式运营的核心,需要具备良好的道德素养和职业技能。

2.4.1 美国:分级分类的差异化服务模式

1. 模式简介

美国波士顿地区由Ankota公司负责提供家庭照护服务,其打破传统的模块化服务布局,改为分级分类的差异化服务模式,既优化了服务提供模式,又为老人节省了资金支出。通过整合、集中各类养老服务,Ankota公司扮演了养老管家的角色,能够根据老人的实际情况为老人提供和推荐服务。

2. 模式运行框架

该模式结构如图2.11的右边三角形所示,包括如下四个差异化服务层次。

(1)最底层的交互方式为人与环境,主要是自动监测,即借助自动监测设备,收集老人的行为、生理数据,判断老人的异常状态,服务老人的数量最多,占接受服务老人的

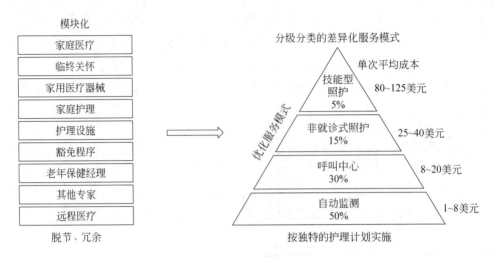

图 2.11　分级分类的差异化服务模式结构图

(图片来源：Ankota 公司资料)

50%，目前针对异常状态的服务单次成本为 1～8 美元。

(2) 往上一层的交互方式为人人，老人通过打电话来提出相应的服务需求，再由工作人员完成需求的录入和服务资源的分配。这个层次占接受服务老人的 30%，目前针对老人电话需求的服务单次成本为 8～20 美元。

(3) 第三层的非就诊式照护采用服务推荐的方式，通过对老人长期服务需求的收集和分析，向老人推荐最优匹配的照护方案，这个层次占接受服务老人的 15%，目前针对老人需求的服务单次成本为 25～40 美元。

(4) 最高层的技能型照护也是采用服务推荐的方式，这个层次占接受服务老人的 5%，数量最少。但是位于这个层次的老人一般是失能老人，需要专业护理，因而服务单次成本很高，为 80～125 美元。

Ankota 公司扮演了养老管家的角色，根据老人的实际情况为老人提供分级分类的差异化服务。

3. 模式特色

如图 2.11 的左边所示，割裂的、互相之间脱节的、冗余的服务，借助信息技术和系统，打破了服务壁垒，集成整合为一个完整的家庭护理包。通过对老人护理服务的分级分类，能够更加容易地区分出不同老人的服务需求,实现"推荐式"的服务提供,即在护理过程中有针对性地向老人推荐同一层或上一层的服务内容,老人根据自身的需求和经济条件选择接纳与否。这种方式能够提前发现老人隐藏的服务需求,同时也能够让服务供给方更加合理地进行人员安排。

4. 模式启示

可以考虑对所有的涉及老人的服务项目进行等级的划分,从而更好地区分老人的养老服务需求,同时打破服务壁垒,将各种养老服务集成整合为一个分层次、成体系的养老服务套餐,再结合对老人的身体、心理和经济等评估,为老人推荐合适的养老服务包,提升养老服务的性价比,从而使养老服务运营商和老人实现双赢。

2.4.2 加拿大:SIPA 模式

1. 模式简介

整合照料(Integrated Care)也称为整合健康(Integrated Health)、协同照料(Coordinated Care)、综合照料(Comprehensive Care)、无缝照料(Seamless Care)等,是指整合医疗护理服务和生活照料服务。

以社区为基础的整合照料模式在国外很多国家得到推广应用,例如,加拿大的老年人综合护理系统(System of Integrated care for elderly Persons,SIPA)、美国的老年人全面服务项目(Program of All-Inclusive Care for the Elderly,PACE)、加拿大维持自理的整合服务项目(The Program of Research to Integrate the Services for the Maintenance of Autonomy,PRISMA)、意大利 Rovereto 小镇模式等。这几种服务模式均建立在社区治理的基础上,借助专业的养老管家,辅以完善的信息系统和客户分级分类系统,为老人提供全方位的照护服务。本节以加拿大 SIPA 模式为例进行分析。

2. 模式运行框架

SIPA 的整个服务模式以养老管家为基础、以老人作为服务对象,提供基于社区的、全方位、整合的服务。其整体服务模式图如图 2.12 所示。其中,政府机构主要涉及老人的保险金、补贴金等财政问题;社工组织主要包括社区内开展的志愿服务活动;长期照护机构则主要包括长托、短托、日托等形式的照护服务;服务商则泛指第三方的为老服务商,它们可以为老人提供助餐、助洁、助浴等服务;而家庭医师和医院等,则为老人提供医疗保障和专业的医疗康复服务。

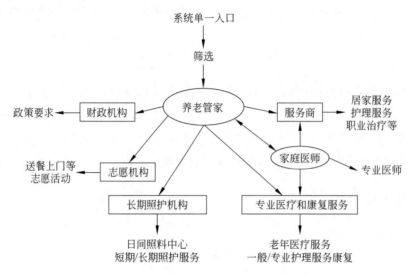

图 2.12 SIPA 服务模式结构图

(图片来源:Hébert R,等,2003)

SIPA 的主要交互方式为人人模式,即老人通过系统筛选出合适的养老管家后,养老管家针对老人需求制订养老服务计划,并匹配相应的服务资源来服务老人,老人能够尽可能地享受到最合适的服务。这种模式要求整个管理团队具备良好的 IT 素养,能够熟练使用系统的管理端和服务端,而老人则不强求能够使用系统。

3. 模式特色

以社区为基础的整合照料模式充分发挥了社区治理的优势,凭借养老管家这一中介,高效整合和匹配社区范围内的各种养老和医护资源,从而不断提高养老资源的利用率,同时给老人提供有针对性的养老服务。

4. 模式启示

针对当前大部分老人不会上网或者操作难等问题,我们应该鼓励人人交互方式,充分发挥养老管家的作用,为老人提供一个接入整合照料平台的媒介,增强老人对平台的信任,使得平台能够发挥好服务老人的作用。

2.5 智慧养老模式的比较与分类

2.5.1 智慧养老模式的比较

我们将国内外与智慧养老相关的典型模式在本章前面各节中分为了基于远程技术的养老模式、基于智能家居的养老模式、基于多方参与的养老模式,以及基于养老管家的养老模式四大类,在此基础上,我们做了汇总,并进行了比较,得到表2.1。要说明的是,上述四类模式是有交叉的,例如,中国北京怡凯智能的无介入照护模式既是基于智能家居的养老模式,又是基于远程技术的养老模式;加拿大的SIPA模式既是基于养老管家的养老模式,又是基于多方参与的养老模式结合。我们分出四类来,是为了抽象出这些模式的典型特征。

2.5.2 智慧养老模式的分类

从表2.1中可以进一步从养老服务的属性角度对这些"智慧养老"相关模式进行分类,如图2.13所示,具体分类维度说明如下。

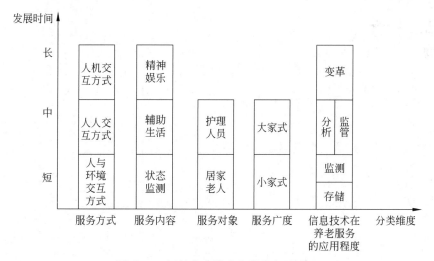

图 2.13 智慧养老模式分类维度汇总图

表 2.1 国内外智慧养老相关模式比较

项目分类	基于远程技术的养老模式		基于智能家居的养老模式			基于多方参与的养老模式				基于养老管家的养老模式	
						模式分类					
项目名称	ACTION模式	e-Link模式	Sweet-Home模式	AAL模式	无介入照护模式	NORC模式	Honor模式	"1+2+1"模式	"北京通"模式	SIPA整合照料模式	差异化服务模式
所在地区	瑞典	中国珠海	法国	德国	中国北京	美国曼哈顿地区	美国加利福尼亚等州	中国乌镇	中国北京	加拿大	美国波士顿
目标用户	养老护理人员	老人、老人的子女	在家中独自居住并能自主生活的老年人	居家养老的老人	自主生活且重视身体健康或存在健康风险的老年人	社区内的老人	养老护理人员和有服务需求的老人	老人	老人	老人	老人
项目目标	缓解人口老龄化问题带来给家庭护理人员的巨大压力和挑战	让老人在家中实时通过智能化终端实现多方面的居家养老需求	使目标用户尽可能以最自然的方式,随时掌控自己生活的环境	运用周边辅助技术,增强老年人的独立生活能力	在不改变生活习惯的条件下,了解老人健康情况,对健康风险提前预警	将社区内不同的参与主体有效地组合在一起,形成社区多中心治理机制	提供一个养老管部门、服务供需匹配的平台	让不同的服务主体、主管部门、志愿者等共同参与养老	整合原本分散在多个部门的功能,方便老人使用	重新分级分类老人服务需求	提高社区内养老资源的利用率

续表

第2章 智慧养老模式：归纳与比较

项目分类	模式分类										
	基于远程技术的养老模式		基于智能家居的养老模式			基于多方参与的养老模式		基于养老管家的模式		
干系人	服务家庭、家庭护理员、老人、平台运营方	老人、第三方代理机构、平台运营方	老人的子女、医养团队	老人、平台运营方	老人、老人亲友、平台运营方监护人员	社会服务提供者、医疗健康服务提供方、房产拥有者或管理者、老人	老人、审核通过的养老护理人员、平台运营方	老人、政府部门、志愿者、服务提供方、第三方中介组织	老人、政府部门、养老服务提供方、平台运营方	老人、平台运营方、服务提供商	老人、养老管家、家庭医师、社区内各类服务提供组织
特色	知识传递模式，辅助教学与展示	实时分析，提前预警和干预		语音识别器与感应装置	集成老人居住环境内的智能设备	非穿戴式、分布式居家行为传感网络	因地制宜开放的环境结构	共享经济机制	数据整合，一站式消费	"推荐"式服务	"人人"交互模式
信息技术的应用	数据存储	状态监测与分析	数据监测与分析	状态监测与分析	状态监测与分析	数据存储	业务变革	数据分析与监管	数据分析与监管	数据存储与分析	数据存储

55

（1）从服务方式来看，可以分为人与环境、人人、人机交互方式，例如，芬兰的远程监测模式、中国北京怡凯智能的无介入照护模式包含了人与环境交互方式；加拿大的 SIPA 等整合照料模式、美国的差异化服务模式则包含了人人交互方式；而中国的 e-Link 模式、美国的 Honor 模式则包含了人机交互方式。

（2）从服务内容来看，可以分为状态监测、辅助生活和精神娱乐，例如，芬兰的远程监测模式和中国北京怡凯智能的无介入照护模式重点突出了状态监测的重要性；中国的乌镇模式、美国的差异化服务模式包含了预约服务功能来"辅助老人生活"；而中国的 e-Link 模式还可以向老人提供人文关怀、文化娱乐等"精神娱乐"服务。

（3）从服务对象来看，可以分为居家老人和护理人员，例如，常规的美国退休社区 NORC 模式、德国环境辅助模式（AAL）、中国北京怡凯智能的无介入照护模式等，其服务对象主要为居家老人；而瑞典 ACTION 模式的服务对象则聚焦到家庭护理人员上。

（4）从服务广度来看，可以分为"小家式"和"大家式"，例如，中国的 e-Link 模式、法国的 Sweet-Home 模式，重点围绕老人的"小家庭"进行服务的设置和支持；而中国的乌镇模式、加拿大的 SIPA 整合照料模式、北京通模式，则重点围绕社区内的服务资源匹配问题，充分发挥社区这样"大家庭"养老的资源优势。

（5）从信息技术在养老服务的应用程度来看，可以分为存储、监测、分析、监管和变革，例如，加拿大的 SIPA 整合照料模式、美国退休社区 NORC 模式等，信息技术在数据层面主要用于存储和记录；芬兰的远程监测模式和中国北京怡凯智能的无介入照护模式中信息技术主要用于监测；德国环境辅助模式（AAL）、中国的 e-Link 模式、北京通模式中，信息技术已经用于数据层面的分析和决策；中国的乌镇模式和北京通模式中，信息技术可以帮助政府部门进行平台的监管；而美国的 Honor 模式中，信息技术已经突破了基础的数据层应用，扩展到了业务层的应用中，改变了传统的养老业务流程，就像电子商务发展中信息技术所扮演的中介平台角色一样，对养老领域传统的业务流程进行了变革。

综合上述分析，可以看到以上各个模式均具有其特殊性和应用场景，各个维度之间互相关联，同时还具备时间发展的先后顺序。针对不同的养老发展阶段，可以采取相适宜的养老服务模式，包括对服务方式、服务内容、服务对象、服务广度、信息技术在养老服务的应用程度等进行整合或选择。

本章参考文献

[1] Azimi I, Rahmani A M, Liljeberg P, et al. Internet of Things for Remote Elderly Monitoring: A Study from User-centered Perspective[J]. Journal of Ambient Intelligence & Humanized Computing, 2017: 1-17.

[2] Hébert R, Durand P J, Dubuc N, et al. Frail Elderly Patients: New Model for Integrated Service Delivery[J]. Canadian Family Physician, 2003, 49(8): 992-997.

[3] 李昂, 李宝琴, 王秋颖, 等. ACTION 和 Sweet-Home 模式对我国智慧居家养老的启示[J]. 医学与哲学, 2017, 38(13): 29-31.

[4] 张强, 张伟琪. 多中心治理框架下的社区养老服务: 美国经验及启示[J]. 国家行政学院学报, 2014(4): 122-127.

第 3 章
智慧养老：顶层设计与实施模式

本章首先介绍智慧养老的顶层设计，给出智慧养老的总体框架，包括线上数据驱动和线下人际驱动两部分。线上数据驱动部分，对其中的养老服务智能代理和需求匹配模型做了简要探讨。然后，我们对城市级智慧养老平台设计了一个分层架构，包括建设一个城市级别的养老大数据中心、建设 Q 个城区养老服务监管平台、建设 J 个街道养老服务监管系统，以及建设 Y 个运营商智慧养老系统。在此基础上，对智慧养老模式进行价值链分析与机制设计。

有了顶层设计，接下来实施就很重要，我们探讨了智慧养老平台的实施模式，包括智慧养老平台的接入模式和智慧养老平台的建设模式两部分。智慧养老平台的接入模式包括线下实体站点模式、电话模式、电视云模式、PC 网页模式、微信模式、手机 App 模式、无介入传感器模式、智能可穿戴设备模式等多种，总体上朝着移动化和智能化方向发展。智慧养老平台的建设模式则是按照独立式、并列式、关联式、统一式和自选式的大方向迈进。

第3章 智慧养老：顶层设计与实施模式

3.1 顶层设计与智慧养老的总体框架

3.1.1 顶层设计的含义

顶层设计（Top-down Design）的概念源于系统工程，其主要思想内涵是利用系统的观点，建立系统设计对象的总体架构，让对象内部的各子对象有着统一标准和架构参照，实现规划与实施一致、结构功能协调、标准规范统一、资源充分共享。

顶层设计最初主要运用在自然科学和大型工程技术工程领域，在不同的领域也有不同的内涵和外延。就信息化领域而言，顶层设计可以理解为自上而下的总体规划，是一项工程"整体理念"的具体化。

城市是在地理上有界的相对独立的中观层次上的社会组织形式。具体到智慧养老来说，城市也是兼具战略性和操作性的组织单元。因此，我们本章的顶层设计就是定位在城市的层次上，运用系统工程的原理和方法，首先给出城市智慧养老的总体框架，然后描述从市政府、区政府、街道办事处[①]、社区以及运营商在智慧养老系统中应该实现的功能，以及各个层次之间的逻辑关系[②]，在此基础上，进行智慧养老的价值链分析与机制设计。

3.1.2 智慧养老模式的总体框架

目前的智慧养老主要表现为互联网环境下的养老实践。基于对智慧养老发展现状的

[①] "区"的层次在有些市中还包含"县"，即区县层次；"街道"的层次在有些市表现为"乡镇"，即街乡镇层次，为了阐述的流畅性，我们以"区"代表区县，"街道"代表街乡镇。

[②] 这部分内容曾经是北京老龄居养老促进中心和中国人民大学智慧养老所共同承担的北京市老龄工作委员会委托课题《"互联网＋养老"北京模式》的结题报告的一部分，我是课题负责人和该报告的主笔，收录本书时再次进行了删改和完善。

把握,我们提出如图 3.1 所示的智慧养老模式的总体框架。图中的新型养老服务模式分线上和线下两个部分,分别从边界跨越载体、边界跨越方式和边界跨越者三方面进行建构。养老服务商要想实现规模经济和集群效益,就需要跨越不同类型养老服务商的边界,这里的边界包括地理边界、组织边界和职能边界(如理发、送餐、助医等不同职能)。

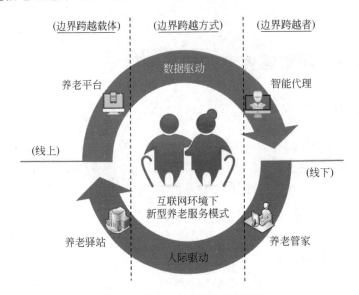

图 3.1 智慧养老模式的总体框架

边界跨越理论认为在实施边界跨越的过程中,需要边界跨越媒介,它分为边界跨越者和边界跨越载体。边界跨越者(Boundary Spanner)是推动边界跨越的主体,承担这一角色的是指定或者非指定的个人或组织(Levina & Vaast,2005),在图 3.1 中,主要指的是线下的养老管家(Care Manager)和线上的智能代理(Intelligent Agent)。边界跨越载体(Boundary Object)是可以被用来推动跨越的客体,如报表、设计图纸、公司邮件系统等常见的实物或信息系统,在图 3.1 中,主要指的是线下的养老驿站和线上的养老服务平台。边界跨越除了需要边界跨越者和边界跨越载体外,还需要边界跨越方式,在图 3.1 中,主要指的是线下的人际驱动方式和线上的数据驱动方式。

图 3.1 下部的线下部分我们用红色表示(注:由于本书是黑白印刷,此处特别说明上下的颜色区别),代表用热情和温暖服务老人,线下的边界跨越方式主要是人际驱动,整合

各类养老服务商的边界跨越者是养老管家。养老管家是国外普遍存在的一种养老模式(如美国波士顿地区 Ankota 公司提供的分级分类差异化服务模式,以及加拿大的老年人综合护理 SIPA 项目),该模式基于以人为本、人人交互的思想,能够个性化、专业化、有交互地为老人提供养老服务。养老管家作为连接老人和各类服务提供商的中介,是整个模式运营的核心,需要具备良好的道德素养和职业技能。

养老管家是养老服务的集成者,他(她)在收到老人需求后根据自己的经验和掌握的信息完成将具体业务(如助洁、助餐、助医等)对专业的养老服务商的派单工作(Egan,等,2009)。养老驿站则是线下的边界跨越载体,是社区居家养老服务的总服务台,目的是整合分散的养老服务商。

图 3.1 上部的线上部分用蓝色表示,代表用冷静和 IT 服务老人,线上的边界跨越方式主要是数据驱动,整合各类养老服务商的边界跨越者是智能代理。养老智能代理是养老服务平台内嵌的智能机器人,它在收到老人需求后根据设定的规则和算法完成将具体业务对专业的养老服务商的派单工作。养老平台则是线上的边界跨越载体,把各类养老服务商整合到养老服务平台上。

在互联网环境下,线下人际驱动的养老服务和线上数据驱动的养老服务应该集成在一起,站在老人前面的是养老驿站的养老管家,养老管家依靠的是背后的养老平台的智能代理。其中的人际驱动方式是指老人通过与养老驿站的养老管家进行人际互动,实现自己的养老服务需求。由于当前的老人计算机和互联网操作能力总体偏低,加上老年人总体上感到寂寞孤单,所以面对面的人际互动非常重要。然而,养老管家如果想高效地服务更多的老人,就必须依靠养老服务平台中的智能代理进行资源匹配。这时,数据驱动就成为养老服务商之间边界跨越的主要方式,数据共享则是数据驱动的前提。

3.1.3 养老服务智能代理和需求匹配模型

1. 养老服务智能代理

图 3.1 所示的智慧养老模式的总体框架中,线上数据驱动的核心是养老服务智能代理[③]。结合相关文献分析,我们把养老服务智能代理分为三类:服务支持代理、服务资源

---

③ 我的合作者王涛博士后、博士生马丹等同学参与了这部分内容的讨论和初稿的写作,收录本书时我再次进行了删改和完善。

代理和服务匹配代理。其中,服务支持代理包括GPS位置代理、用户历史记录代理和个人偏好代理等辅助性智能代理;服务资源代理是养老服务商在平台上拥有的定制化服务代理,可以根据需求在养老服务商内部进一步匹配或分派相应的人员为老人服务。服务匹配代理是智能代理体系架构的核心,它将调用服务支持代理中的GPS位置代理对老人进行定位,调用用户历史记录代理和个人偏好代理来获取老人针对当前服务需求的历史服务信息和个人偏好信息,在此基础上,调用服务资源代理协助服务匹配代理进行具体服务资源与需求的匹配,如图3.2所示。

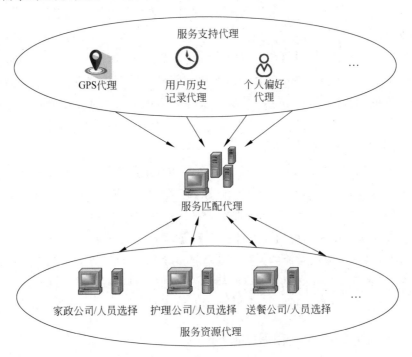

图3.2 养老服务智能代理体系架构模型

2. 养老需求匹配模型

图3.2所示的养老服务智能代理体系架构模型中,核心是服务匹配代理。因此,智能代理如何匹配合适的服务商来满足老人的需求是需要解决的问题。我们构建了养老服务资源匹配的逻辑模型(见图3.3),模型分为需求提出、数据准备和数学模型并求解三大部

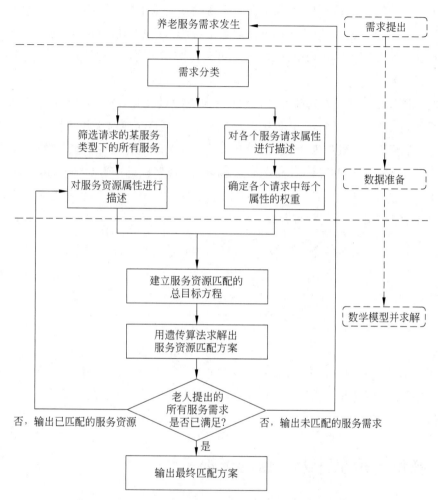

图 3.3 养老服务需求与养老服务资源智能匹配的逻辑模型

分。当智慧养老平台收到服务请求之后,首先会对当前时刻所有的服务请求进行分类,然后筛选出每类服务请求下所对应的服务资源,并对每个服务资源的属性进行描述。同时,平台智能匹配代理会请求其他服务支持代理的数据,确定其需求描述各个属性的优先级和权重(即该次服务请求中老人对各个属性的关注程度,如针对上门理发服务,老人可能对服务人员熟悉程度、服务价格更为关注,但对于服务人员的专业资质并没那么关注),在此基础上,构建该匹配系统中当前所有服务资源对所有请求的总目标方程,利用数学模型(如遗传算法)求解。最后,输出已匹配的服务资源和未匹配的服务请求,将未匹配的服务请求重新加入服务需求的队列中,依次进行重新匹配,直至所有的服务请求得到满足,输出服务匹配方案。

我们可以设定所要针对每类服务请求所需要建立的优化目标为使得服务需求与服务资源匹配的程度最高。例如,设定同一时刻该平台接收到的请求服务类型 A 的服务请求数为 N,A 类服务资源数量为 M,服务需求和服务资源的描述属性数量均为 K,第 i 个服务需求中每个属性的权重为 w_{ik},服务需求与服务资源匹配的函数为 $\text{Match}(X_{ik}, Y_{jk})$,即服务需求 i 与服务资源 j 的第 k 个属性的匹配值,Q_{ij} 取值为 0 或 1,表示是否将该服务资源分配给该服务需求。总目标方程则为

$$\max \sum_{i=1}^{N} \left\{ \sum_{j=1}^{M} \left[\sum_{k=1}^{K} w_{ik} \text{Match}(X_{ik}, Y_{jk}) \right] Q_{ij} \right\}$$

$$\text{s.t.} \sum_{j=1}^{M} Q_{ij} \leqslant 1 \quad (i = 1, 2, 3, \cdots, N)$$

$$\sum_{i=1}^{N} \sum_{j=1}^{M} Q_{ij} \leqslant M$$

在实际的智慧养老平台中,智慧养老系统的研制方应该研究养老服务需求和服务资源的属性,对上述模型和公式进行具体化和完善,以得到一个可以在实际平台中使用的模型和算法。

3.2 城市级智慧养老平台的架构设计

3.2.1 城市级智慧养老平台的分层架构

对于城市级智慧养老服务平台的建设,考虑到政府与市场的关系,以及我们的调研和访谈分析,我们提出(1+Q+J)×Y 的养老服务系统分层架构,如图 3.4 所示。

(1) 1 代表建立城市一级的养老大数据中心。

(2) Q 代表某城市 Q 个区根据各区特点建立各自的区级养老服务监管平台。

(3) J 代表在区级养老服务监管平台基础上,每个基层街道根据自身特点扩展开发相

关的服务监管系统(街道下的社区可以根据社区特点进行模块参数设置)。

(4) Y 代表每个养老服务运营商根据自身特点(如连锁运营)开发各自的养老服务系统直接服务于老人。

(5) × 代表某城市行政体制内的涉老系统($1+Q+J$)与行政体制外的运营商系统 Y 之间的"倍乘效应"。

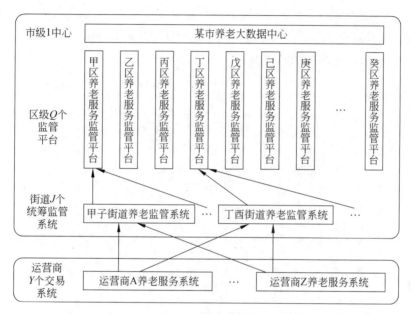

图 3.4　某市($1+Q+J$)×Y 的智慧养老服务系统分层架构

3.2.2　建设一个城市级别的养老大数据中心

市级养老大数据中心的工作重点是实现该市养老服务的数据治理、服务匹配和运行监管等主要功能。其中,养老服务的数据治理包括如下工作:①本市涉老各成员单位之间有关数据共享、数据安全和数据应用的制度安排;②市、区、街道关于数据共享、数据安全和数据应用的制度安排;③数据共享的接口设计和数据共享的协议模板设计;④本市实施重大养老信息化项目及投资安排等。

养老大数据中心的功能如图 3.5 所示,包括但不限于:①养老政策数据中心,本市及各城区的养老政策都可以在这个中心查询到;②养老数据规范中心,各种养老数据标准或规范如(数据交换标准、数据接口规范、数据共享协议等)都可以在这个中心获得;③养老驿站监管中心,全市养老驿站④应该根据要求上传报表、静态照片或动态视频音频;④机构养老监管中心,全市养老院等养老机构应该根据相应资质要求上传报表、静态照片或动态视频音频;⑤养老服务商认证中心,全市养老服务商应该到中心进行资格审查,通过审查的发给相应等级的认证证书;⑥养老信息化测评中心,可以委托社会上的第三方对全市各区、街道的养老信息化工作进行测评;⑦养老在线学习中心,可以建立老人健康管理和老人护理的在线课程;等等。

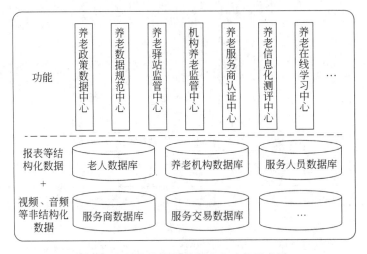

图 3.5　某市养老大数据中心功能示意图

老年人是社会全体人口中的一个层块,对于全市各政府部门工作都有着辐射和渗透作用。因此,该市所有涉老成员单位的涉老数据只有整合起来,才能发挥 1+1＞2 的协同作用。具体的数据包括老人相关数据、养老机构(含养老院、养老照料中心、养老驿站等)数据、养老服务人员相关数据、养老服务运营商相关数据、养老服务交易数据、养老服务过

---

④　驿站是北京市实施社区居家养老的一种具体做法,根据 2016 年北京市民政局印发的《社区养老服务驿站设施设计和服务标准(试行)》规定,社区养老服务驿站是指充分利用社区资源,就近为有需求的居家老年人提供生活照料、陪伴护理、心理支持、社会交流等服务,由法人或具有法人资质的专业团队运营的为老服务机构。在全国其他城市,与驿站具有类似功能的还有托老所、日间照料中心、养老照料中心等多种名称。

程监控数据、养老政策数据、养老规范数据、养老课程数据等。在此基础上,依法对数据进行保护和有条件共享。

对于养老服务运营商来说,养老大数据中心需要在一定程度上负责养老服务匹配的功能。养老服务运营商可以将自己闲置的养老资源信息推送给养老大数据中心,养老大数据中心在后台可以匹配需求尚未得到满足但需要保障的老人的数据,传递给老人所在街道(或社区)养老服务监管系统,让老人从养老大数据中心推荐的服务商中自主选择合意的进行洽商。

建设养老大数据中心,并依托对中心拥有的大数据进行分析,将有助于对全市以及各区的养老工作做出科学的决策,有助于老人在全市范围内跨区流动,有助于区、街道对跨区的老人提供服务和监管,有助于养老服务运营商跨区运营,从而形成有竞争力的养老服务产业,能够形成全市区域内养老服务需求与养老服务资源的有效匹配对接。

3.2.3 建设 Q 个城区养老服务监管平台

该市各城区的资源禀赋不同,在统一执行市一级的养老政策基础上,各城区拥有较大的自主权确定所辖城区内老人的养老补贴政策。并且,各城区由于并不直接面对老人,职责很明确,就是对养老服务进行指导和监管。

区级养老服务监管平台首先需要做好上一级养老大数据中心有关本区数据的采集工作,力争实现从街道一级自动采集。需要采集的数据包括本区老人相关数据(特别是基于老人评估的分级分类数据⑤)、本区养老机构(含养老院、养老照料中心、养老驿站等)数据、本区养老服务人员相关数据、本区养老服务运营商相关数据、本区养老服务交易汇总数据、本区养老政策数据等。

基于我们的调研分析,形成如图 3.6 所示的区级养老服务监管平台功能实现优先顺序图。除了上述的数据采集功能,区级养老服务监管平台还需要监管市一级以及本区养老政策的落实情况,对于需要托底保障等不同类型的老人是否提供到位的服务;平台还要依次监管服务商资质、服务质量、老人需求满足程度、服务人员资质、服务价格、服务态度

---

⑤ 例如,北京市老龄工作委员会 2016 年印发的《关于加强老年人分类保障的指导意见》中,依综合困难程度划分政府保障优先顺序,将老年人划分为四类人群:托底保障群体、困境保障群体、重点保障群体和一般保障群体。

等,以及基于本区独特资源禀赋形成的特色性养老监管模块。图3.6中,优先顺序图是先横再纵,根据该区的财力和智慧养老规划⑥,依次实现本区数据采集、政策落实情况、服务商资质、服务质量、需求满足程度等模块。如果该市有Q个行政城区,那就需要分别建设Q个城区养老服务监管平台。

图3.6 区级养老服务监管平台功能实现优先顺序图

要说明的是,在我们调研过程中发现,当前不少城区准备建设的是养老服务运营系统。但是,由于实际养老服务工作中运营的是养老服务商的系统,根据我们的调研,目前区级政府建设的养老服务系统运营情况都不够理想。因此我们建议各城区应该"有所为有所不为",把建设重点放在监管平台的建设上,而不是服务运营系统的建设。

3.2.4 建设J个街道养老服务监管系统

养老行业与一般的行业不同,除了完全有市场提供的养老服务外,还有政府保底兜底的养老服务,以及各级政府根据自身财力提供的福利和优待性养老服务。街道或社区收集到老人的相关数据后,不但要整合上级各个部门对老人提供的各种资源,还要整合街道管辖范围内的各种养老服务资源,在此基础上,有义务对老人的数据进行保护,有责任对辖区内的老人依法享有必要和合适的养老服务提供保障和监管,因而街道一级的监管系统的功能重点是实现辖区内养老服务资源的整合功能和保底兜底老人合理获得养老服务的保障功能。

与区级养老服务监管平台的功能类似,街道一级监管系统需要监管所在街道的数据

---

⑥ 现在全国各地直接命名为智慧养老规划的很少,有些地方称"互联网+"养老规划,有些地方称养老信息化规划等。

采集情况(有条件的街道可以对于老人的健康数据、出行数据、交易数据等自动监测和采集,实现合格性评估后自动提交区监管平台),监管市、区及本街道养老政策的落实情况,以及收集、分类和评估服务商信息,对服务商的资质、服务质量、老人需求满足程度、服务人员资质、服务价格、服务态度等进行监管。

由于每个街道的财力和老人的特点可能各有不同,因此,每个街道既有按上级部门要求的养老"规定动作",也有自己具体的"自选动作"。体现在养老服务系统上,街道需要在区一级养老服务监管平台的基础上,针对自己街道的特点,建设体现各自"自选动作"的街道养老服务监管系统。由于街道众多,系统不一,因此,用各区街道总计数目 J 来替代。要指出的是,这里的 J 系统应该是在区一级系统基础上添加若干模块组成的统筹监管系统。街道养老服务统筹监管平台功能实现优先顺序图如图3.7所示。

图3.7 街道养老服务统筹监管平台功能实现优先顺序图

不排除,未来有的街道养老服务统筹监管系统成为区级政府的示范系统,在系统拥有足够多的参数设置或考虑系统的可扩展性基础上,推广为所在城区一级的街道养老服务系统。那么,此时街道一级的养老服务监管系统将不再存在,统一为各区的养老服务监管系统,每个街道(或社区)要做的主要是参数的设置或模块的选择工作。

3.2.5 建设 Y 个运营商智慧养老系统

养老服务的提供主体在养老服务运营商,并且运行良好的运营商一般都会进行连锁建设,同一个智慧养老服务运营平台可能服务不同城区(甚至不同城市)的不同街道或社区。由于运营商门类众多,平台或系统不一,因而用可以反映变量取值多的 Y 来替代。这里的养老服务运营平台主要是实现养老服务交易的撮合和跟踪功能。

智慧养老服务运营平台可以采用多种模式,既可以有以养老运营商自身服务资源为平台服务主体的模式,也可以有整合社会上养老服务资源的养老模式。后者可以参考 Honor 应用平台,该平台是由美国 Honor Technology 公司开发的 App 类应用平台,主要服务对象为老人,其整体运营模式类似于"滴滴出行"。任何满足条件(有服务资质、年满 21 岁、提供过至少 6 个月服务等)的人员均可在 Honor 上注册成为一名养老服务的提供人员,并须接受平台的审核。Honor 平台本身不提供线下场所和服务人员的支持,而是通过匹配养老服务提供人员和老人或其子女线上提出的订单,完成养老服务需求的满足。

随着时间的推移,少数能建立良好社会声誉的养老服务品牌运营商将会形成以自己服务内容为特色的智慧养老服务平台(如当今的月嫂、家政平台),整合和分析自身的养老服务大数据,为自己的养老布局和发展进行决策。也不排除阿里、腾讯、京东、百度等互联网巨头进军养老市场,形成以服务匹配为特色的养老服务平台(如当今的淘宝、滴滴、摩拜)。根据调研分析,我们给出了运营商智慧养老服务平台功能实现的优先顺序图(见图 3.8)。

图 3.8 运营商智慧养老服务平台功能实现优先顺序图

如图 3.8 所示,要成为一个当下受老人、社区和街道欢迎的智慧养老服务运营平台,至少要实现"六助"功能,优先顺序依次是助洁、助餐、助医、助急、助浴和助行;在此基础上,如果具有有资质的医护人员和相应检查设备,可以实现日常护理、健康检查的信息管理功能;此后,根据老人对平台接纳度的提高,可以依次实现休闲娱乐、社交、购物、缴费和学习等功能。

综合以上各小节的内容,随着时间的推移和智慧养老的深化和发展,智慧养老服务平台将出现分化,涉及养老服务交易撮合和跟踪的系统将由运营商实现,有可能形成一个城市乃至全国的智慧养老服务交易平台;涉及养老服务交易监管的系统将主要由区政府完成,每个区建立各自的区级养老服务监管系统或平台;涉及上级资源统筹和辖区内资源统筹的系统将主要由街道完成,每个街道建立各自的街道养老服务统筹监管系统或平台;社区则在街道养老服务统筹监管系统基础上进行模块选择和参数设置,得到合用的系统;最后,涉及养老数据(含养老业务管理数据和养老服务监管数据)整合的养老大数据中心将在市一级实现。

3.3 智慧养老的价值链分析与机制设计

3.3.1 智慧养老的价值链分析

根据价值链理论,即美国学者波特对企业内外价值增加活动划分为两大类,基础性和支持性的两类活动,我们可以将图 3.1 中的智慧养老模式采用价值链模型进行对应分析⑦。基础性活动主要包括老人的需求收集、养老服务匹配、养老服务供给以及整体的服务管理等活动。支持性活动主要包括线上、线下的基础设施支持、相关干系人的激励管理,还有提供如精神慰藉类等文化休闲服务等。基础性活动和支持性活动相辅相成才能促成针对老人的整体服务价值增加,如图 3.9 所示。有了价值增加,才有老人的获得感和满意度,从事养老服务的组织才会有合理的赢利。

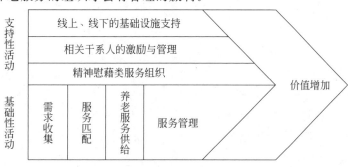

图 3.9 智慧养老模式价值链分析图

---

⑦ 这部分内容曾经是北京市社会科学基金项目《面向北京城乡的线上、线下社区协同养老模式与机制研究》的结题报告的一部分,何迎朝博士在我的指导下对这一节的内容完成了初稿的写作,收录本书时我再次进行了删改和完善。

3.3.2 智慧养老的机制设计

针对图 3.9 中的价值链分析,我们分别对其中基础性活动的每个阶段进行机制设计,参见图 3.10。

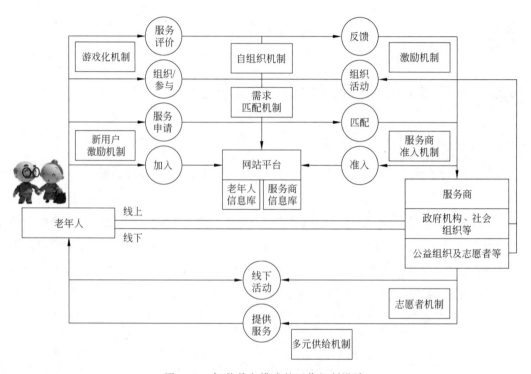

图 3.10 智慧养老模式的运作机制设计

(1)需求收集和匹配阶段要设计好需求匹配机制。目前许多养老服务系统都具备需求收集机制,通过电话呼叫或上门评估获得老年人的养老需求。在此基础上,根据用户提交的服务需求信息和服务时间、服务地点等硬性指标进行匹配,一般还不能满足用户的个性化需求,也不利于服务商发挥服务资源优势。因此,在未来智慧养老系统的运作中,需要增加需求匹配机制,通过建立老年人信息库和服务商的服务资源信息库,在用户提出服务申请时,根据老年人用户的个人基本信息、家庭信息、健康状况、支付能力、服务偏好、历史服务需求与评价信息等,以及服务商的详细资质信息、服务内容、服务评价等信息,进行最优匹配,同时提高用户和服务商的满意度。

(2) 服务供给阶段要用好多元供给机制和志愿者机制。可以参照现有养老服务系统的供给模式,即多元供给机制,通过结合街道、社区、社会组织、公益组织、志愿者以及服务商等多方的力量,共同对老年人提供多层次的、丰富的养老服务。另外,要重点设计好志愿者机制,吸引各方面的人员参加为老服务的志愿工作,除了大学生、在职员工等一般志愿者外,也包括吸引低龄老年人成为服务中高龄老人的志愿者。同时加强志愿者的激励管理,做好老人需求与志愿服务资源的匹配,提高志愿服务的覆盖范围等。

(3) 服务管理阶段,对于老年人,可以设计游戏化机制吸引老年用户参与对所接受服务的评论。在服务管理阶段,要重视老年人的反馈。要引导用户在系统中进行自主评价,并不断提高评价质量,这样一方面有利于获取更多的用户偏好信息,在老人申请服务时可以更好地匹配需求,另一方面获取对服务商的评价,可以对服务商进行监督管理,服务商自身也会不断提高服务质量、改善服务态度等。因此,在老年人用户方面,增加游戏化的机制,鼓励用户进行服务评价。例如,推出评价和转发评价赢红包或中大奖等活动,不仅可以促进更多老人的参与,实现增强老年用户的黏性;而且可以通过微信消息、朋友圈等传播渠道,实现用户自发对智慧养老系统的宣传以及吸引新用户加入等。

(4) 服务管理阶段,针对老年人,还可以增加用户的自组织机制。这样,老年人用户的活动不再拘泥于社区居委会或公益组织、志愿者等组织的知识讲座、节假日为老服务等形式,而是老年人用户自己可以在线上组织活动,征集参与者,然后在线下一同参加的形式。这种自组织的机制,不仅可以激发老年人组织多种多样不限形式的活动,而且可以调动老年人组织和参与的热情,进一步丰富老年人的文化娱乐生活。此外,可以为一些退休老年人提供充分发挥余热的机会,从普通参与者到组织者的身份转化,有利于老年人在工作之外的生活中找到自我实现的机会。真正意义上,达到线上、线下协同的新型养老服务模式的精神慰藉作用。

(5) 服务管理阶段,针对服务商等,增加线上星级反馈激励机制。当前大多数养老服务系统对于服务商的反馈主要是告知电话回访得到的用户评价,在此基础上定期对服务商进行考核,对优秀的服务商进行奖励,对遭受多次投诉或考核不合格的服务商进行摘牌等惩罚。不过,由于奖励和摘牌的服务商占比非常小,大部分服务商的服务质量和总体评价等都处于中流,现有的反馈机制对其尚不能起到很好的激励改进作用,因此,建议增加线上的反馈激励机制,来对所有的服务商进行有效的激励。例如,根据用户的评价,即对服务商的服务质量、服务态度、服务速度、服务规模等各项服务相关指标的打分,将服务商的上述指标转化成星级,展现在服务商名称上,使用户可以一目了然地看到服务商的整体服务状况。实际上,消费者也更倾向于选择整体服务水平高的服务商,因此,服务商会非常重视用户的评价、评分,进而提升服务质量、服务态度和速度等。

(6) 服务管理的其他环节,如用户注册登录、服务商申请加入,可以增加新用户激励机制并改进服务商准入机制。新用户激励机制,是指对于新注册进入平台的老年用户,可以通过积分奖励、服务优惠券等奖励促使用户填写尽量详细的个人基本信息、家庭信息、健康信息以及偏好信息等,便于日后对于服务申请进行资源匹配。另外,对新用户采取力度较大的优惠政策,可以促使新用户真正使用平台申请养老服务,体验服务,也有利于吸引用户加入。服务商准入机制除了智慧养老平台对服务商资质等进行基本的鉴定和考核,还需对平台上已经有的服务资源及所辖区域内的养老需求进行分类和对比分析,对于那些需求已经得到满足的服务类型,对于服务商的管理需要提升服务质量的要求;而对于那些老年人的需求目前还未得到满足的服务类型,则要鼓励并吸引这方面的服务商进入,从而既提高智慧养老平台的服务质量,又提高服务内容的覆盖度。

我们将上述机制放进价值链分析模型中,得到图 3.11。图中,黑色五角星对应机制是我们在调研过程中,发现大多数养老服务系统中已经具有的机制;白色五角星对应的机制是建议智慧养老系统运作中应该新增加的机制。在价值链分析图中,可以看到新增加的机制主要对支撑性活动进行了相关机制设计,对部分基础性活动进行了机制补充。新的机制设计可以促进基础性活动和支持性活动进一步发挥作用,为智慧养老平台增加价值。

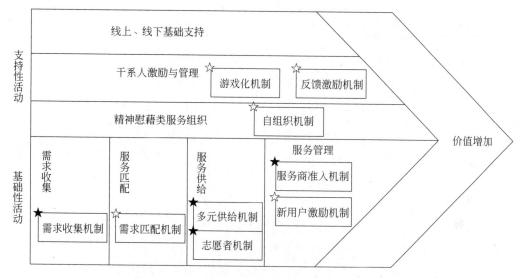

图 3.11　添加运作机制的智慧养老模式价值链分析图

3.4　智慧养老平台的实施模式

我们在对若干街道和社区案例调研的基础上,分析和归纳出了智慧养老平台(也可称为智慧养老服务系统)的实施模式,分为平台接入模式和平台建设模式两个方面⑧。

3.4.1　智慧养老平台的接入模式

我们基于案例调研归纳得到的智慧养老服务平台的接入模式有很多,从几乎没有信息技术采用的线下实体店模式到智能可穿戴设备都有使用,如表 3.1 所示。根据调研可知,每种模式都有成功的应用,都有它的适用领域。总的来说,我们的结论是:适用的就是好的。

---

⑧　我的硕士生关思莹、王蒙等同学在我的指导下对本节的内容完成了案例的调研和初稿的写作工作。本节内容曾经是北京老龄居养老促进中心和中国人民大学智慧养老所共同承担的北京市老龄工作委员会委托课题《"互联网+养老"北京模式》的结题报告的一部分,收录本书时我进行了删改和完善。

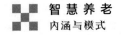

表 3.1　智慧养老平台接入模式一览表

模式	分类	特点
线下实体站点模式		不借助网络，线下直接接入
电话模式	普通电话模式	对老人来说电话方便且熟悉
	三方电话模式	老人、街道、服务商可通过三方电话进行对接
	一键通电话模式	无须拨号一键连接运营商和街道
电视云模式		老人在家观看电视的过程中可以实时动态地查询了解所在社区的便民便老服务信息
PC 网页模式		使用网站获取信息
微信模式	微信群	基于微信可进行社群化管理
	微信订阅号	主要用于推送信息
	微信服务号	可以推送信息，也可以直接通过服务号进行报名
手机 App 模式		使用手机 App 获取信息
无介入传感器模式		不用老人操作，不干扰老人生活，通过传感器自动收集信息
智能可穿戴设备模式		适用于移动端场景，目前主要用于定位和身体功能监测

1. 各种接入模式

1）线下实体站点模式

线下实体站点模式，是指不借助任何信息技术媒介，在线下部署实体服务站点，比如驿站等。也有的线下实体店使用少量计算机，对收集到的涉老数据进行存储。这类模式适合于老人和护理人员的 IT 技能素养和意识都不太高，但是注重人际互动和养老服务质量的服务机构。

在线下实体站点中老人们聚在一起，与护工、养老服务员等人面对面交流，属于人人交互模式。老人可以参与站点中丰富的活动，让生活充满人文关怀，符合老人需求。站点内还可以配套一些服务，如中医理疗、修脚按摩、日常购物等，方便老人消费。

实体站点一般会从老人需求入手，通过前期问卷调查收集老人需求，后期对老人各方面需求进行整合，调整站点服务内容、规划站点空间布局等，让老人在站点可以享受到方方面面的照护，更加贴合老人需求。

有些站点由具有品牌的连锁专业公司运营,公司旗下的连锁站点可以形成规模效应和品牌效应,为老人提供性价比高的丰富服务。

2)电话模式

电话模式是最常见的模式,是指以电话为媒介与老人进行沟通交流的模式。电话模式又分为普通电话模式、三方电话模式和一键通电话模式。其中,三方电话模式可以让老人、街道、养老服务商同时接听电话。一键通电话是指专门为几个特殊按键预先设置好电话号码,老人一键即可接通街道、养老服务商或儿女。老人可以通过这几种电话主动联系街道、养老服务商解决自己的服务需求。

实际上,一键通电话模式已开展多年,目前已经发展得比较成熟。老人依靠一键通呼叫系统可以向街道和社区实时反馈所在环境和家庭的现实情况。有些街道将社区划分为网格,网格信息源甚至可以细化到老人个体及家庭,通过电话可以直接解决老人的现实问题和需求,让老人紧急求助有人管、吃饭有人送上门、看病买药有人陪,切实解决辖区老年人在生活中的诸多不便。

有的街道采用三方电话的形式,老人呼叫街道后,街道方面帮助老人转接到养老服务商,三方可以同时接听电话,方便街道方面对服务上的监管,也可以增强老人对服务商的信任感,促使为老服务交易更好地完成。

3)电视云模式

电视云模式是以电视为媒介,结合云服务平台,老人在家观看电视的过程中可以实时动态地查询了解所在社区的便民便老服务信息。这样,老人可以采用自己熟悉的方式(遥控器操作)了解所在社区的便民便老服务信息。这种模式一般需要街道或社区的有线电视运营商合作才能比较好地运作。

当下老年人日常了解社会信息的主要渠道还是有线电视和广播。由于有线电视可以通过受众简单的操作就可以实现与智慧养老平台的互动,因此,有线电视可以作为老人主动获取外界信息和服务的重要渠道之一。将社区家庭内的有线电视作为信息发布终端和交互终端,老人在家观看电视的过程中可以实时动态地查询了解所在社区的便民便老服务信息,对于中意的服务或日用品可以直接下单购买,上门收货付款,可以省却老人身体不佳出门不便的现实疾苦,也可以让老人比较容易地以自己熟悉的方式接入智慧养老平台。

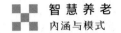

4) PC 网页模式

PC 网页模式是以 PC 网页为媒介,让老人通过计算机就可以浏览养老服务信息并实现服务订阅。目前养老服务商一般都会做网站来推广产品、活动,老人也可以通过相关网页订购养老服务。养老服务网站的好处是屏幕大,可以容纳的信息量大,可以提供多媒体形式(视频、音频等)的资讯,内容丰富。

老人可以在网站上浏览养老服务信息,既可以直接在网页上下单实现 O2O(Online to Offline,线上线下互动)式服务,也可以通过网页上留的电话与街道或服务商进行进一步的沟通和服务定制。这种模式需要老人有一定的计算机操作能力,适合会上网的老人占有较大比例的街道或社区使用。

5) 微信模式

微信是当下最流行的社交网络平台,可以在此基础上建构为老服务的智慧养老平台。微信模式可以分为三种,即微信群模式、微信订阅号模式,以及微信服务号模式。

微信群模式是以微信中的微信群为媒介,通过组建各种兴趣群或职能群对老人进行社群式管理。这样,对老人进行分级分类,不同类型的老人加入不同的微信群,方便养老服务商为老人进行相应的服务,也方便街道或社区进行管理。

例如,有的社区通过微信群对老人进行服务与管理,一般分为两层或三层结构,下层由老人和与老人直接沟通的社区工作者组成,上层是社区工作者组成的群,街道或社区有什么活动首先通知到社区工作者的社群,再由社区工作者转发到相关的老人群中。

有的社区按照老人的收入、年龄等划分社群,可以实现活动等内容的精准推送。同时,社群里老人在某些方面具有相似性,老人之间有共同话题可以交流,增强了社群的活跃度。老人与社区工作者在一个群里直接可以交流,也方便社区工作者为老人答疑解惑,并能做到快速响应。

微信订阅号和微信服务号是微信公众号的两种具体模式。以微信公众号为媒介,其中订阅号主要用于发布信息,服务号可以设置菜单进行一些交互。由于微信的渗透率很高,子女一般也都会主动教父母使用微信,所以,现在微信上手难度相对于计算机操作来说较低,不会操作时获得的支援较多。不少街道或社区都将微信公众号作为一个重要的接入智慧养老平台的模式。

例如,有的街道主张文化养老,街道方面建设了养老服务号,推送文化活动信息,将近期举办的文化活动介绍、安排传递给老人,鼓励老人参与。老人可以通过微信服务号进行课程筛选、课程预约,报名参加心仪的活动。除此之外,为老服务志愿者也可以通过微信服务号,报名参加志愿者资格选拔,包括个人报名、团体报名两种;并且可以通过服务号获知最新活动信息,掌握街道为老服务最新动态。

6) 手机 App 模式

手机 App 模式是以 App(手机上的应用)为媒介,让养老服务资源在移动端能够更加便捷地被触达。通过移动端 App,老人可以随时随地查看浏览养老服务信息,同时可以在线下单、订购服务,是一种非常方便的接入模式,这种模式要求老人有智能手机,且比较熟悉手机的操作,这有一定难度,目前还没有大面积普及开来。

例如,有的街道采用运营商的 App,老人可以通过这个 App 获得送餐补贴、健康指导、生活护理等服务。在手机客户端查看服务商信息、服务内容、价格等,并进行服务的预定。

7) 无介入传感器模式

无介入传感器模式是指不用老人操作,不干扰老人生活,通过传感器自动收集信息的一种接入模式。该模式以智能传感器为基础,通过在家里关键位置(如床、坐便器、客厅、厨房等)安装传感器并上传云平台来全天候监测并分析老人体征,以无人工介入的形式为老人提供照护和预警服务,发生异常后能够及时通知接警中心的监护人员和老人监护人,为老人提供帮助和照护。

8) 智能可穿戴设备模式

智能可穿戴设备模式是以智能可穿戴设备为媒介,老人可以通过智能可穿戴设备获得定位、身体监测等服务。智能可穿戴设备更加智能化,能够在不借助人工的情况下帮助老人监测体征,多用于"助急"服务。

例如,有的街道通过智能可穿戴设备,老人可以方便、快捷地发出需求指令,15分钟内即可使老人获得服务,并可对服务人员和质量进行追踪评价;家人、亲属不必担心老人走失,基于位置定位可以实时获取老人的行动路线,快速找到老人的位置。

2. 智慧养老平台接入模式的演进路径

智慧养老平台接入模式最初只有线下实体站点模式,其后随着互联网技术的发展,接入媒介模式也日益丰富,经过调查发现目前的接入媒介模式包括线下实体站点模式、电话模式、电视云模式、PC 网页模式、微信模式、手机 App 模式、无介入传感器模式、智能可穿戴设备模式等多种,综合为老人提供服务。虽然接入媒介模式繁多,但其总体的演进方向还是有迹可循,可以认为是朝着移动化和智能化方向发展的,如图 3.12 所示。

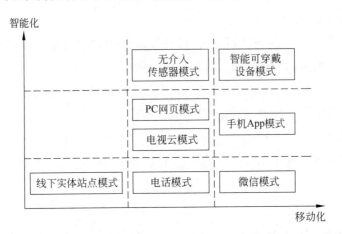

图 3.12　智慧养老平台接入媒介模式演进路径图

1) 移动化

移动化是指接入媒介逐渐更适应移动端场景,让老人能够不受时间和空间限制更方便地接触到养老服务。移动化可以分为三个阶段。

第一个阶段是线下阶段,代表的模式是线下实体站点模式。这个阶段,老人必须前往实体站点接受服务,对不便出行的老人来说线下阶段存在局限性。

第二个阶段是居家阶段,这个阶段的代表模式是电话模式、电视云模式、PC 网页模式和无介入传感器模式。老人不必前往实体站点,直接在家中就可以呼叫服务,或者通过传感器进行体征监测或提供"助急"服务等。

第三个阶段是真正的移动化阶段,这个阶段的代表模式有微信模式、手机 App 模式、智能可穿戴设备模式。这个阶段中,老人可以通过携带的移动设备在任何场景下呼叫服务,而不用局限在线下或者居家场景下,对老人来说更加方便。

2) 智能化

智能化是指接入媒介更加智能,逐渐减少对人工(主要指对养老服务人员)的依赖过程。智能化也可以分为三个阶段。

第一个阶段是在智能化水平较低的阶段,代表模式为线下实体站点模式、电话模式和微信模式。在这个阶段,老人的服务需求需要与养老服务人员进行人人交互,也就是说必须要进行人工回复,虽然这种方式对老人来说可能更加习惯,但是这是对人力资源的一种挑战,特别是养老工作人员紧缺的情况下有可能服务响应较慢。

第二个阶段是在智能化水平中级阶段,包括电视云模式、PC网页模式和手机App模式。这个阶段老人可以直接通过上述三种媒介订购服务,进行人机交互,养老服务人员只需要在收到老人的请求后进行响应即可,老人的需求清晰地用电子化的方式进行了表达,省略了养老服务人员辨析老人需求的过程。

第三个阶段是在智能化水平较高的阶段,借助人工智能技术,发展出了依赖于智能设备(包括无介入传感器和智能可穿戴设备等)的接入媒介模式。这些设备可以自动检测老人的身体特征,老人和老人家属通过反馈的检测结果可以自主地采取一些应对措施,减少了对服务人员介入的需求。未来诸如智能情感音箱等智能设备也会逐渐走入老人家中,在完全无人工接入的情况下陪老人聊天,帮助老人解决一些情感需求等,智能接入媒介技术存在很大的发展空间。

3.4.2 智慧养老平台的建设模式

我们对区级智慧养老平台和街道智慧养老平台进行了案例调研,归纳得到了智慧养老平台的建设模式,如表3.2所示,共有5种模式,分别是独立式、并列式、关联式、统一式和自选式。

表3.2 智慧养老平台的建设模式

模式	关联	区	街道	特点
独立式	×	×	√	区级不做要求,街道自行建设
并列式	×	√	√	各自建设,并列使用
关联式	√	√	√	各自建设,数据连通
统一式	√	√	×	区级建设,全区统一使用
自选式	√	√	×	区级建设,街道根据具体情况选择部分模块使用

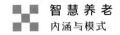

1. 独立式

独立式是指有些城区养老信息化还没有开展起来，区级不做任何要求，也不建设系统，有的街道观念在所在城区相对超前，根据自身需求建设系统，这种方式下街道也无须向城区发送街道的信息。随着时间的推移，这种模式应该会越来越少。

2. 并列式

并列式是指城区和街道各自根据自己的目标自主建设相应的系统，老人可以根据自己的需求选择需要的系统。这是因为，有的街道在养老信息化方面先行一步，或者除了区里统一规划的功能之外还有一些其他的需求，因而自主建设了系统。这时城区和街道的系统都是分别建设的，功能有重叠的部分，也有不一样的部分，因而分别吸引了一些老人使用。

3. 关联式

关联式是指街道自主建设一套系统，并与区级的系统进行对接，让数据能够连通。这时因为有些城区目前还没有覆盖全区的系统，或者城区的系统还未建立起足够的权威（比如明显的好用易用），因此，街道根据自身的特色或需求，先期建设了系统，后期如果区里统一建设了系统或者对某些数据有统一的要求，那么街道系统适当改造后可以与其进行数据上的连通，保证区里和街道的系统既能互联互通，又都能满足各自的需求。

4. 统一式

统一式是指区里统一建设系统，所有街道都采用区里建设的系统。这种模式比较适合该城区的各街道没有明显的差异存在，需求整体上比较统一，这种情况下直接使用区里的系统对于街道来说最省时省力。

5. 自选式

自选式是指城区经过对全区的情况调研，建设一个统一的养老服务系统，同时研制出尽可能全的功能模块，分为必选模块和自选模块两类。必选模块是体现全区统一特色和要求的，街道上线系统时默认选择，而对于自选模块则可以根据自身特点选择需要的功能上线。由于城区和街道一个很重要的功能是监管，有一个统一的监管平台有助于统一规划和管理。当然,街道还有一些对辖区内资源的统筹功能或特色功能,可以通过自选模块完成。

总的来说,随着养老信息化逐渐成熟,应该总体上按照独立式、并列式、关联式、统一式和自选式的大方向迈进。或者说,未来越来越多的城区会采用自选式建设智慧养老平台,城区建设一个统一的智慧养老平台,街道在默认选择必选模块的同时,可以根据自己的资源禀赋和特色选择自选模块,街道和城区的数据可以顺畅地互联互通。

具体到老人家中,智慧养老平台的智能设备接入模式又可以分为基于 WiFi 或移动数据网络模式和基于发射器的局域联网模式,如表 3.3 所示。前者需要老人家中有 WiFi,或者有能上网的手机,后者老人不需要具备任何特殊条件即可使用。基于发射器的局域联网模式,一般是在每栋楼里统一安装接收器,老人家中的设备信号统一集中到楼内接收器上,再由有联网功能的接收器向外发送。这种模式下,老人无须改变生活习惯,对老人的影响可以降到最小,是一种无介入的照护模式。

表 3.3 智能设备接入所需网络条件一览表

模 式	分 类	特 点
基于 WiFi 或移动数据网络模式	通过 WiFi 直接联网	需要家里有 WiFi,可以支持一定数据量的上下行
	通过蓝牙连接手机进而联网	需要与手机配套
	通过移动数据联网(插 SIM 卡,与手机一样)	单独即可上网,需要能插卡的智能设备
基于发射器的局域联网模式	要有物联网终端	老人不需要具备特殊条件,可以直接使用

智慧养老平台建设时,要考虑系统对老人的需求获得方式。一般分为订阅式和推荐式两种,如表 3.4 所示。订阅式是指老人主动发起服务请求,推荐式是指平台运营方挖掘老人的潜在需求并进行服务推荐。

(1)订阅式。老人主动向智慧养老平台发起需求,服务方接收到信息后帮助老人完成指定的需求。其优点是能较好地保护老人隐私,缺点是可能有些潜在需求无法发掘。该模式适用于老人比较独立、排斥别人干涉的情况。

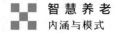

表 3.4　老人需求的获得模式

模　式	特　点	分　类	适　用
订阅式	老人主动发起服务请求		老人有主动请求服务的意愿
推荐式	挖掘老人的潜在需求并进行服务推荐	志愿者	有服务老人的志愿者团队
		大数据	已经积累了数据基础

（2）推荐式。平台运营方借助志愿者或智能设备收集和挖掘老人的需求，想老人之所想及未想，把服务推荐给老人，老人再决定是否接受这项服务。其优点是服务方能够获得更多潜在获利机会，老人也可以实现自己潜在的需求。其缺点是在推荐不精准的情况下可能会造成老人的负担，并且存在隐私泄露的风险。该模式适用于思想比较开放、愿意提供部分信息、不排斥服务方推荐的老人，同时平台运营方能做好对老人隐私的保护工作。

本章参考文献

[1] Levina N, Vaast E. The Emergence of Boundary Spanning Competence in Practice：Implications for Implementation and Use of Information Systems [J]. MIS Quarterly, 2005, 29(2)：335-363.

[2] Egan M, Wells J, Byrne K, et al. The Process of Decision-making in Home-care Case Management：Implications for The Introduction of Universal Assessment and Information Technology[J]. Health & Social Care in the Community, 2009, 17(4)：371-378.

第 4 章
智慧助老及其产品的采纳与使用

　　我们在第 1 章中提出,智慧养老包括三方面的含义,分别是智慧助老、智慧用老和智慧孝老。其中,智慧助老是指用信息技术等现代科技帮助老年人。本章先从智慧助老的主战场,即智能家居产品开始介绍,然后指出,现在智慧助老产品已经多种多样,关键的问题是这些产品如何能被老年人采纳和持续使用。4.2 节探讨了影响智慧助老产品采纳的因素,4.3 节以互联网应用这一典型的智慧助老产品为例,探讨了持续使用的影响因素,并检验了相应的模型。在此基础上,介绍对促进智慧助老产品的采纳和持续使用非常有用的设计思想,即最近这几年非常流行的游戏化设计理念,探讨这种设计思想在基于马斯洛需求理论的智慧助老不同层次产品的示例应用。

4.1 智慧助老：智能家居产品分析

4.1.1 老人美好的生活画像

读者朋友，您憧憬过您的老年生活吗？如果看到以下老王的生活，您欣喜吗？

早晨的太阳格外好[①]，小鸟在窗外的树枝上吱吱呀呀地叫……

老王和老伴从床上起来，抬抬手，墙上的电视播放着昨晚夫妻俩的睡眠数据：一切正常。老王去洗手间，完事后抬抬手，墙上的屏幕显示出老王体内的各项生理数据：一切正常。老王夫妇做完晨练回家，腕表展示各项运动数据。很快，签约的保健大夫根据上述信息发回当天的建议事项。

老王夫妇去餐厅，餐厅墙上屏幕点亮，给出当天的推荐食谱，显示今天各自需要做的工作。老伴向温柔的人形家务机器人交代完要做的家务，参与到老年人远程角色扮演的情景游戏中，他们（她们），一个个按照自己的选择和设计回到了从前的孩提时代、青春时代，或者就在幸福的当下，去他们（她们）从没去过或还想再去的那些地方……

老王打开大屏幕计算机：首先登录企业的退休"校友"（Alumni）页面，退休前的企业发来一些疑难问题，老王一一给予线上的指导；然后进入老友帮（www.rd1860.com）这个老年人情感交流和经验分享的线上平台，和对面小区

[①] 这篇老年生活画像是我在 2014 年元旦为中国人民大学智慧养老研究所出版的内部刊物《智慧养老研究动态》（每月 1 期，至今已经四年多，累计出版 50 余期）创刊写的发刊词《今天的智慧，明天的美好》，今天读来感觉离文章里边的生活又近了一步。

的老李约了一些线下活动,如夕阳下在颐和园摄影、晚上一起去老年大学练歌,然后作为技术召集人,利用众包(Crowdsourcing)模式凝聚了全国各地的10个化工方面专家,在老友帮平台上为某化工企业研讨一个技术难题的攻克……

下午老王夫妇从虚拟回到现实,两人手牵手一起去各种实体体验店逛街,内嵌可穿戴设备的衣物自动地为两位老人调节体温和舒适度,回程时两人唱了一首又一首歌曲,最重要的两句歌词是"让我们一起慢慢变老""我真的好想再活五百年"。共同的隐形耳麦给两位老人提供伴奏……

晚上十点,一天的所有活动记录都自动从可穿戴设备转移到个人生命历程数据库中,老王夫妇分别点选若干内容,发给自己的儿子和朋友圈……看到开心的父母,儿子笑了。

夜色宁静,月光静好。一对安详的老人已然熟睡……

上面这些美好的画面是老王的幸福一天。这一天从现在算起,还需要三年、五年还是十年?我们不得而知。我们要做的是努力行动,让这一天尽快到来。在以上描述中,既有聪明的信息技术为老年人的生活、健康提供智能支持,也有老友帮这样的社交网站为老年人提供精神愉悦的平台,还有众包等模式让老年人的经验和智慧得以施展。在这样的一个情境中,智慧老人与智慧科技相得益彰,老年人过得很有价值、很有尊严,很幸福!

在国家推行的9073养老格局中,90%的老年人要居家养老,7%的老年人在社区养老,3%的老年人在养老机构养老。显然,要使90%的老年人过得幸福,居家养老是一个非常重要的模式。近年来,随着智慧城市建设的推进,人们对住宅的要求越来越高,智能化、安全、舒适的智能家居为人们带来全新的生活体验。以前说起智能,人们想到的往往都是年轻人,然而随着社会人口老龄化的加剧、智慧养老概念的提出和推广,老年人将成为智能家居的一个重要的消费群体,如何能将智能家居应用于改善老年人生活是一个值得我们思考的问题,智能家居也成为智慧助老的一个重要的应用领域。

4.1.2 智能家居系统的一般构成及老人的特点

通过手机远程遥控家里的一切,室内所有照明、温湿度、音响、防盗等系统可根据需要进行调节,厨房有全自动烹调设备,阳台、花园有异常报警系统……微软公司创始人比尔·盖茨的"未来之屋"②满足了人们对"数字家庭"的一切幻想,它引领着智能家居,走进人们的视野。

智能家居是以住宅为平台,利用综合布线技术、网络通信技术、安全防范技术、自动控制技术、音视频技术等将与家居生活有关的设施集成,构建高效的住宅设施与家庭日程事务的管理系统,提升家居安全性、便利性、舒适性、艺术性,并实现环保节能的居住环境。

目前市场上主流的智能家居系统如图4.1所示,主要分为智能灯光控制、智能电器控制、安防监控系统、中心控制系统等几大功能③。

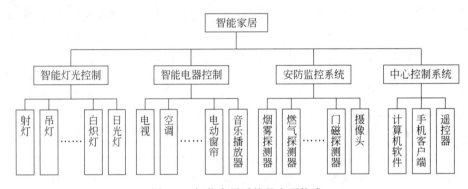

图4.1 智能家居系统的主要构成

智能家居系统对于老年人来说,非常有帮助,可以说是智慧助老的典型应用。这是因为老年人具有如下生理和心理特点。

(1)感知能力弱化。由于老年人各器官功能逐渐走向衰弱,老年人对周围环境的感知能力日益减弱,主要表现在视力、听力、触觉、味觉、嗅觉等方面。在视力上,主要表现为老年人视力逐渐模糊,辨色能力下降,即使很鲜艳的色彩在老年人眼中也会逐渐变得灰

---

② "未来之屋"是微软(Microsoft)公司创始人比尔·盖茨及家人的住所,位于美国西北部华盛顿州,依山面湖,是结合美丽的自然环境与先进的信息技术构建的一处面向未来的示范性建筑。以下是一些具体功能的描述:主人在回家途中,浴缸已经自动放水调温;厕所里安装了一套身体监测系统,如发现主人身体状态异常,计算机会发出警报;车道旁有一棵老枫树,主人可以对它进行24小时全方位监控,一旦监视系统发现它"渴"了,将喷淋适量的水来为它"解渴"。

③ 本部分的内容曾发表在《中国信息界》(2014年4月)的两篇文章上,收录本书时,我对原文进行了删改完善。参见《智能家居,让生活更美好》(左美云、李杨梦羽);《SMART智慧居家养老新模式》(左美云、陈洁)。

暗；老年人听力上的衰退主要是老年人对周围声音不敏感，如听不到水开的声音、门铃的声音等；而嗅觉功能的减弱，使老年人对空气中的异味不敏感；触觉的减弱则容易让他们烫伤或灼伤。

（2）神经功能老化。老年人神经系统退化主要是由于脑细胞减少引起的反应迟钝，这使得老年人思考能力降低，记忆力衰退，对外界信息的认知能力减弱，从而也导致了他们适应新环境能力的下降，迷路、转向在老年人中经常发生。

（3）运动能力退化。研究表明，一般人的肌肉在 20～30 岁达到最高峰，之后呈现下降趋势，70 岁时其强度一般只相当于 30 岁的一半。所以大多数老年人都会感觉自己灵活程度下降，肌肉的强度和控制能力也不断下降。与此同时，骨骼也随着年龄的增长而逐渐变脆，骨骼再生能力逐渐降低。这也是老年人容易摔倒及摔倒后易骨折且不易恢复的重要原因。

（4）抗病能力退化。随着年龄的增长，人体的免疫功能下降和机体衰老呈平行发展趋势，表现在老年人常患有各种慢性疾病，且往往一些不起眼的小病可能就会导致这些疾病的复发甚至失去自理能力。

（5）孤独失落增加。老年人心理的主要变化就是容易产生孤独、失落感。老年人生理机能的变化和衰退让他们与外界的沟通交流变少，再加上儿女工作繁忙，无人陪同，这种心理失落感的无法排遣又会进一步促进衰退老化，会对老人的健康造成严重的影响。

4.1.3　面向老年人的智能家居产品

上面我们分析了老年人心理和生理的种种特点，显然，把老年人与一般成年人同等对待的想法是不科学的。我们必须充分考虑老年人这个群体的特殊性，针对他们自身的特点为他们设计舒适、便利、安全、健康的智能居住环境。与此同时，由于老年人器官功能退化等原因，对智能产品的操作会存在一定的困难，因此我们所有针对老年人的智能产品的设计最基本的原则就是在操作界面的设计上应该做到最简约——使用尽可能大的功能按钮，按钮之间的颜色区分度要鲜明，尽可能多地采用声音控制、手势控制等简单易懂的操作方法等。下面我们结合房间的布局来介绍老年人在智能住宅中可能用到的智能家居产品。

1. 智能客厅

老人回到家门口，无须担心忘记携带钥匙，住宅的虹膜识别门将扫描老人的虹膜，将其与控制中心存储的虹膜进行匹配，如果匹配成功，门自动打开。

进门后，门口的触摸式控制面板自动亮屏，点击控制面板的"回家模式"，智能客厅（参见图4.2）的感应灯缓缓打开，让老人的眼睛慢慢适应室内亮度的变化，客厅中间的智能茶几进入烧水模式，窗外的气象感知器将室外温度、湿度、风速等数据传到控制中心，门口上方的红外线摄像头扫描到进入门口的人数，门口左侧的智能推送鞋柜自动推送相应数量的室内拖鞋，让老人无须弯腰即可换上合适的鞋子。

图 4.2　老年人智能住宅客厅示意图

此时，老人已经适应了室内的光线，感应灯慢慢关闭，电动窗帘打开，控制中心根据气象感知器的数据判断今天室外温度、风速适宜，电动窗开启。

老人走向客厅的沙发，地板上安装的防跌倒传感器自动感知老人步速、姿态的变化，如有异常，自动报警，控制中心也将及时向设定的手机发送警示信息或拨打电话，让突然摔倒的老人得到及时的救助。

老人在沙发坐下，电视机开启，沙发自动获取老人身体上可穿戴设备中各项指标数据，存入控制中心的健康档案，控制中心根据健康档案中的数据，在设定的时段向智能茶

第 4 章 智慧助老及其产品的采纳与使用

几发出指令,智能茶几根据指令弹出茶几表面指定格子中的药物,提醒老人及时吃药。

在外上班的儿女通过手机或计算机与电视机自动对接和老人进行视频通话,缓解老人内心的孤独、失落感。

2. 智能厨房

老人离开客厅,进入厨房准备做饭,厨房墙壁上安装的烟雾探测器、燃气探测器将时刻监控厨房内空气的变化,如有异常,立即报警,控制中心控制厨房电动窗开启,厨房空调启动,保证厨房内温度适宜。

厨房内的智能冰箱门显示出冰箱内所有食品的存放时间和数量,发现存放时间临近保质期的提醒老人尽快食用,超过保质期的食物将语音提示老人将其丢弃,对于存量不足的食品显示器会显示"订货"按钮,轻按"订货"按钮,与此住宅绑定的超市将自动送货上门;此外,冰箱侧面是一面电子显示屏,老人可以在做饭过程中收看电视或收听广播。

做好的饭菜将被拿到厨房门口的智能保温餐桌,餐桌表面的温度传感器感应到温热食品,自动开启保温功能。

厨房的地板传感器感应到老人离开厨房超过15min,给老人发出提示检查的声音。如果检测到不是煲汤煮饭,且老人没有响应,那么厨房内的燃气、水龙头、油烟机等将自动关闭。

3. 智能卫浴

老人打算去洗个澡,选择卫生间门口触摸式控制面板的"洗澡模式",窗边的空气循环器开启,墙壁的供暖片加热,将卫生间温度默认控制在28℃,老人也可根据自己的舒适温度自行调整设定。地板传感器全程监控老人的姿态变化,一旦发生跌倒晕厥等异常情况,自动报警。

如果老人如厕,智能马桶将会自动收集和分析老人的排泄数据,上传健康监控中心。卫生间的门框上红外线传感器感应到老人进入卫生间的时间,如果离开时间超过平常设定时间,将会启动警示模式,老人子女可以接收到相关信息后远程打开视频监控,了解老人是否出现异常。

4. 智能卧室

老人进入卧室时,卧室门口的传感器感知到老人的靠近,卧室内感应灯缓缓亮起,我们首先可以看到的是位于墙边的智能气象衣柜,衣柜实时接收气象感知器的数据,如果老人准备换衣服出去散步或锻炼,轻按衣柜表面的"出行"按钮,衣柜可以根据室外天气情况自动推送合适的衣物并给出出行建议。

如果老人准备休息,慢慢走向卧室内的智能感知床,轻轻点击床边触摸式控制面板的"休息模式",卧室电动窗帘关闭,住宅内除床头灯以外所有电器也自动关闭,床上的智能感知器感应到老人躺下,床头灯将慢慢关闭,同时卧室响起一段老人预先设定的定时舒缓音乐。

在老人睡觉过程中,智能床上的健康监测器将全程监控老人身体各项指标情况,如果发现异常,将立即报警。

睡眠过程中,床上的感应器感应到老人从床上坐起,根据预先设定,卧室、走廊、卫生间的感应灯慢慢亮起,确保老人午休起来或夜起安全。

凌晨时分,窗外的气象感知器能够感应到气温下降,数据传到控制中心,控制中心控制电动窗关闭,空调开启,将卧室温度控制在老人适宜温度(如 26℃),同时空气加湿器开始工作,将空气湿度控制在适宜水平,为老人提供舒适的睡眠环境。

以上智能家居住宅,集成了市场上现有的各种在销产品以及概念产品,参见图 4.3,每种设备的介绍参加表 4.1。

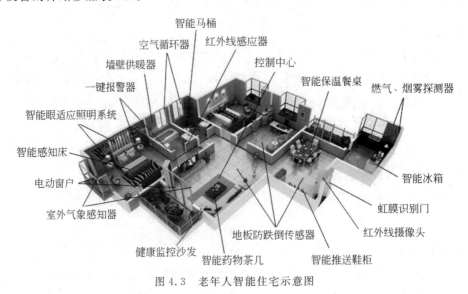

图 4.3 老年人智能住宅示意图

第4章 智慧助老及其产品的采纳与使用

表 4.1 智能居家养老用品举例

位置	设备名称	设备功能
客厅	控制中心	对住宅内的所有设备进行监控和指挥,接收和存储住宅内设备发来的数据,对紧急情况做出判断和处理
	虹膜识别门	采用人体独一无二的虹膜进行匹配识别,方便、准确、安全,让记忆力衰退的老人免除忘带钥匙的烦恼
	红外线摄像头	对进入住宅的人和住宅内情况进行实时监控,有异常情况及时报警,子女也可通过摄像头随时了解老人家中的情况
	健康监控沙发	沙发可通过老人身上的可穿戴设备对坐在上面的老人身体各项指标进行监控,数据记录在控制中心的健康档案,及时发现老人身体变化,为老人的健康提供实时保障
	智能药物茶几	可自动对水进行加热,且可根据控制中心的指令将茶几表面的指定药物格中的药物推送给老人,提醒老人按时服药,避免患病老人因忘记服药耽误治疗
	智能保温餐桌	自动对餐桌表面温热物体加热保温,让老人随时吃上温热的饭菜
	智能推送鞋柜	根据进入室内人数自动推送相应数量的鞋子,让老人无须弯腰即可换上合适的鞋子
厨房	烟雾探测器	监测空气中烟雾浓度变化,对火灾报警,为嗅觉不敏感的老人提供安全保障
	燃气探测器	监测空气中可燃性气体浓度,发生异常自动报警,为嗅觉不敏感的老人提供安全保障
	智能冰箱	冰箱门能显示冰箱内食物的放置时间和存放量,能自动订货,老人足不出户即可获取新鲜食材,冰箱侧面电子显示屏可在做饭过程中播放电视或收听广播,丰富老人的厨房生活
卫生间	空气循环器	监测卫生间中氧气的浓度,通过与室外空气交换控制卫生间氧气的浓度在适宜水平,避免老人在洗澡过程中没有及时感知到缺氧而发生危险
	墙壁供暖器	安装在墙体内的供暖系统能将卫生间温度控制在设定水平,防止老人在洗澡过程中因动作迟缓而生病着凉
	智能马桶	自动收集和分析老人的排泄数据,数据存入控制中心健康档案,协助监控老人健康
	红外线感知器	感应老人出入卫生间的时间,如果离开时间超过平常设定时间,将会启动警示模式

续表

位置	设备名称	设备功能
卧室	智能感知床	床上的感知器能感应到老人躺下或坐起,床上的健康监测系统能监控老人睡眠过程中各项身体指标的变化情况,数据记入控制中心的健康档案,监控老人健康
	智能气象衣柜	可根据室外气象情况推送合适衣物并给出出行建议,为对外界环境感知不敏感的老人提供安全出行保障
	智能音乐安眠系统	根据感知床数据判断老人的睡眠情况,自动播放舒缓的音乐,让老人身心放松,帮助老人进入深度睡眠
	空气加湿器	实时监控卧室空气湿度,将卧室空气湿度控制在适宜水平
整个住宅	一键报警器	当老人感觉身体不适时按下,控制中心会向设定的号码拨打电话报警,让老人得到及时救助
	电动窗户、电动窗帘	根据控制中心指令自动开合
	智能眼适应照明系统	可根据不同模式亮起不同的灯,且能根据老人眼睛适应情况设定不同亮度,灯缓慢亮起过程给予老人眼睛充分的适应过程
	地板防跌倒传感器	防跌倒传感器能监控走在地板上老人的步速、节奏、姿态等的变化,发现异常情况及时报警,让摔倒的老人得到及时救助
	触摸式控制面板	根据不同模式控制住宅内不同设备的开关,面板上不同功能的按钮采用区分度明显的颜色,按钮上显示的文字字数少、字号大,并配备语音提示
窗外	室外气象感知器	实时感知室外温度、湿度、光照、风速等数据

智能家居产品是实现智慧助老的具体实现方式。表 4.1 中是老人在智能住宅中可能用到的智能用品例子,未来可能会有更多适合老人的智能家居产品开发出来。将智能家居引进老年人住宅,让老年人也能享受科技带来的便利,对于提高居家养老的服务质量、促进社会和谐有着积极意义。

4.2 智慧助老产品采纳的影响因素

4.2.1 林林总总的智慧助老产品

近些年来,随着智能家居及可穿戴设备等信息技术的大力发展,智慧助老产品也层出不穷:各种电子血压计、电子血糖仪、电子血脂仪、电子血氧仪、电子心率带、跌倒报警器等单项健康指标监测设备;智能手环、智能手表、智能眼镜、智能皮肤贴、智能鞋垫、智能运动服、脑电波头戴、脑电头盔等多项健康指标监测设备;智能药盒、智能保温桌、智能轮椅、智能马桶、智能床垫等智能家居产品;以及养老呼叫中心、养老服务系统、健康监测云平台、医养结合平台、老年在线社交平台等智慧助老系统。可以这么说,只要想得到的功能,现在几乎都有相关的智慧助老产品。但是,问题的关键是,这么多智慧助老产品,真正受到老人欢迎并持续使用的有哪些呢?大家可以回想下智能手环的例子,推广时红遍大江南北,但是时间不长,很多人就卸下了这些智能腕带、智能手环。这是需要我们认真思考的原因。

我们采访过很多老年人,大家提及不用智能助老产品的原因,其中三个重要原因分别是"异物感""义务感"和"标签感"。第一个"异物感"大家都很容易理解,这些产品如果穿戴在身上,感觉不舒服;第二个"义务感"的意思是老人认为戴这些产品成为他们的义务,而不是权利。例如,跌倒报警器老人戴一千天,可能就用那么一天,但老人要有天天戴的义务。又例如,老人使用一些智能助老产品,数据结果传给子女监测,老人觉得他没感觉有什么用,只是子女对老人的健康放心了,甚至以此为借口更不来看他们了;第三个"标签感",是指老人认为带上这些智慧助老产品,给其他人的感觉是,这个老人身体不健康或有病,好像贴了标签一样,因而不想带。除此之外,使用复杂,需要经常充电、忘记充电、得不到及时反馈、家中不能联网、月租太贵、性价比不高等也是老人不使用智慧助老产品的原因。

4.2.2 老年人采纳信息技术或信息系统的元分析

智慧养老产品在信息系统学科中属于信息技术或信息系统的使用,因而我们对影响老年人采纳信息技术或信息系统(Information Technology/Information System,IT/IS)的因素进行了元分析①。我们从 EBSCO、ProQuest、Web of Science 等数据库搜集了相关文献。因为老年人使用 IT/IS 是一个跨学科的主题,所以我们同时也搜索了心理学

---

① 本节的内容我的学生孙凯博士在我的指导下完成了元分析过程并撰写了初稿,收入本书时我进行了删改和完善。

(PsychINFO)、教育学(ERIC)、医疗保健(MedLine)等数据库,我们对检索到的所有相关文献进行了元分析。

学者们除发现人口统计特征(年龄)、社会经济地位(教育背景、年收入)等因素对老年人采纳IT/IS有一定影响外(如低龄更容易采纳、教育程度高或收入高的更容易采纳),还发现了一些影响老年人采纳IT/IS的其他重要因素,如表4.2所示。在以往的研究中,许多构念虽然名称不同,但是含义相近,所以我们参考Venkatesh等学者(2003)在研究中将多个模型中意义相近构念进行合并的研究方法,将相近构念进行了合并。最终,我们将影响老年人采纳IT/IS的因素归纳为**感知有用性、感知易用性、感知愉悦性、自我效能、社会影响、兼容性、促成因素、态度、信任、健康、经验**等。

表4.2 影响老年人采纳IT/IS的重要因素

构　　念	原　始　构　念
感知有用性(Perceived Usefulness)	感知有用性、绩效期望(Performance Expectancy)、感知收益(Perceived Benefit)、结果期望(Outcome Expectation)、资源节省(Resource Saving)、减少成本(Declining Cost)、身份提升(Status Gains)、功利信念(Utilitarian Beliefs)、感知可用性(Perceived Usability)
感知易用性(Perceived Ease of Use)	感知易用性、感知网络易用性(Perceived Ease of Internet Use)、努力期望(Effort Expectancy)
感知愉悦性(Perceived Enjoyment)	享乐信念(Hedonic Beliefs)、感知愉悦性、享乐应用(Applications for Fun)
自我效能(Self-Efficacy)	自我效能、互联网自我效能(Internet Self-Efficacy)、感知用户胜任性(Perceived User Competence)
社会影响(Social Influence)	社会影响、主观规范(Subjective Norms)
兼容性(Compatibility)	兼容性
促成因素(Facilitating Condition)	促成因素、感知用户资源(Perceived User Resources)、计算机支持(Computer Support)
态度(Attitude)	互联网使用态度(Attitude toward Internet Use)
信任(Trust)	信任

第 4 章
智慧助老及其产品的采纳与使用

续表

构　　念	原　始　构　念
健康（Health）	心理健康（Psychological Health）、生理健康（Physical Health）、感知生理状况（Perceived Physical Condition）
经验（Experience）	过去计算机和互联网的使用经验（Past Experience of Computer and Internet Use）、互联网经验（Internet Experience）

我们首先按照元分析的分析步骤，计算上述各因素的效应值（Effect Size）。然后，将得到的效应值与其他以一般人群为研究对象的元分析研究结果进行对比。按照Cohen's d的对比标准[5]，我们将所有因素分成大差异、中差异、小差异、只针对老年人四类。同时，按照因素的重要性，再将各组分成对老年人更重要和对一般人群更重要两个子类别，结论如图4.4所示。

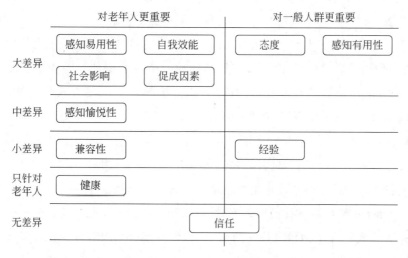

图4.4　老年人与一般人群之间采纳IT/IS影响因素之间的差异

从图4.4中可见，感知易用性、自我效能、社会影响、促成因素、态度和感知有用性等

---

[5]　效应值是指由于因素引起的差别，是衡量处理效应大小的指标。与显著性检验不同，这些指标不受样本容量影响。它表示不同处理下的总体均值之间差异的大小，可以在不同研究之间进行比较。Cohen's d 是用来比较两个平均数间标准差异的效应值。

因素,在老年人和一般人群之间存在较大差异。老年人更加关注他们是否能够成功使用 IT/IS(感知易用性、自我效能、促成因素),而一般人群用户更关注使用 IT/IS 所带来的好处(感知有用性)和他们对 IT/IS 的感觉(态度)。具体来说,老年人需要 IT/IS 简单易用(感知易用性),同时他们需要有更多的能力(自我效能)和外在支持(促成因素)来帮助他们使用 IT/IS。除此之外,老年人也更容易受他们的朋友和家人的影响(社会影响)。但是,对于一般人群来说,他们采纳 IT/IS,主要是追求 IT/IS 所能带给他们的好处(感知有用性)。

感知愉悦性在老年人和一般人群之间存在中等程度的差异。相对于一般人群,老年人更容易受情感体验的影响。老年人一般都追求天天有一个喜乐的心情,更希望使用 IT/IS 是一件令人愉悦的事情(感知愉悦性)。但是,对于一般人群来说,他们具有更多的 IT/IS 使用经验,他们"见多识广"。因此,他们不会像老年人一样对 IT/IS 所引发的情感体验那么敏感。所以,一般人群较少受愉悦等情感体验的影响。

兼容性和经验在老年人和一般人群之间存在较小程度的差异。老年人更加关注使用 IT/IS 是否与他们的需求相互一致(兼容性),然而一般人群更加容易受之前使用经验的影响。新技术,尤其是信息沟通技术,有时会与传统的需求满足方式相互冲突。例如,Ruppel 和 Burke(2015)的研究发现,社交网络的使用减少了面对面交流的频率。然而根据连续性理论,老年人更愿意与家人朋友通过面对面交流进行深入的互动。如果 IT/IS 提供了一种与需求不兼容的新型沟通方式,老年人则不愿意去使用。对于一般人群用户,他们更加依赖于过去的经验来决定是否使用 IT/IS。这可能是由于一般人群用户有更多的使用 IT/IS 的经验,所以在他们做决策时,可以参考过去的使用经验。

健康是影响老年人采纳信息技术的重要因素,但是这个因素较少在一般人群的研究中出现。除此之外,我们发现信任在老年人和一般人群中的作用没有差异。这说明,信任是影响采纳的重要因素,无论老年人还是一般人群都很在意信任的作用。

我们通过对上述老年人与一般人群采纳 IT/IS 影响因素的研究进行对比,发现相比一般人群来说,老年人采纳一个智慧助老产品所要考虑的因素更多。因此,智慧助老产品运营商在推广这些产品时需要注意到应该尽可能创造条件使这些因素得到满足,从而有利于老人的采纳和使用。

4.2.3 人人交互与人机交互养老服务平台采纳分析

图 4.4 中左上角的第一项就是感知易用性,说明容易使用是老年人非常关注的因素。养老服务系统、医养结合平台等系统一般都是针对所有老人的,考虑有些老年人并不会上网,为了促进更多的老年人采纳这些系统,需要考虑老人不同的接入方式。

我们借鉴 Froehle 等学者(2004)对顾客与服务代表之间关系分类的方法,将养老服务平台的接入方式分成人人交互方式和人机交互方式。

Froehle 等学者(2004)将顾客与服务代表之间的联系(Contact)分成"面对面的顾客联系"和"面对屏幕的顾客联系"。"面对面的顾客联系"是指顾客通过与服务代表进行面对面的交流,向他们表达自己的需求;服务代表通过操作公司内部的信息系统实现顾客的需求。"面对屏幕的顾客联系"是指顾客与服务代表通过信息系统进行联系,他们之间并不进行面对面的交流。在 Froehle 等人的研究中,他们主要关注顾客与服务代表之间的联系和沟通。

在养老服务平台的使用过程中,老年用户通过平台订购相关的服务,然后服务代表上门进行服务。因此,我们借鉴 Froehle 等学者的分类方法和思路,按照老年用户订购服务的方式,将养老服务平台系统的运作分成人人交互方式和人机交互方式(见图 4.5)⑥。

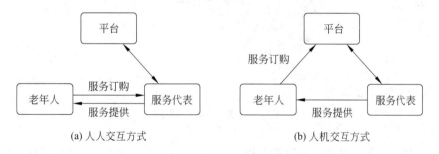

图 4.5　老人采纳养老服务平台的两种类型

人人交互方式是指老年人通过与服务代表直接进行互动(无论是通过面对面、电话,还是即时通信工具),然后由服务代表操作养老服务平台系统帮助老年人完成业务(见

---

⑥ 我的学生孙凯博士在我的指导下完成了该图的绘制并撰写了说明,收入本书时我进行了丰富和完善。

图 4.5(a));人机交互方式是指老年人通过自己操作养老服务平台系统直接完成服务订购,在服务订购过程中不需要与服务代表进行互动(见图 4.5(b))。

基于连续性理论,老人会基于自己的过往生活习惯和目前具备的能力和资源选择适合自己与养老服务平台的交互方式,参见图 4.6[7]。具体来说,老年人会根据自己的信息技术能力(IT Capability)、自己是否有促成条件(Facilitating Condition),如家中是否有支持平台运行的设备,或碰到问题能获得家人的支持,以及健康状况(Health)选择到底采用哪一种类型。信息技术能力弱,或者家中缺乏支持,或者健康状况不足以支持自己直接操作平台的老人会选择人人交互方式;反之,信息技术能力强、家中有比较好的支持、健康状况好的老人会选择人机交互方式,自己直接操作养老服务平台。

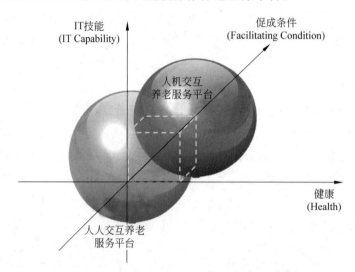

图 4.6　老人采纳养老服务平台考虑的三方面因素

因此,为了让更多的老人采纳养老服务平台,有些系统需要考虑两种并行的方式。实际上,有些地区养老服务系统应用得比较成功,并不一定是该地区能上网的老人占的比例就一定多,有些会上网的老人占所有老人比例低的街道或社区养老服务系统也用得好,就是因为同时采纳了两种类型平台,或者干脆只采用人人交互平台。我们在对北京市全体

---

[7] 我的学生刘莹在我的指导下完成了该图的绘制,收入本书时我添加了说明。

街道养老服务系统使用调查中也发现,会上网的老人占所有老人比例的高低与养老服务系统的使用没有显著关系。

4.2.4 城市老人的网民角色模型及上网影响因素

根据 2017 年 12 月份中国互联网络信息中心(CNNIC)发布的第 41 次中国互联网发展状况统计报告可知,截至 2017 年 12 月,中国网民规模达 7.53 亿,其中 60 岁以上网民 3916 万,占 60 岁以上老年人口的比例为 16.3%;相比较 2014 年 6 月 6.6%的比例有了很大增长。

2014 年 4 月份皮尤研究中心(Pew Research Center)的一项研究报告显示,美国 65 岁以上人群中有 59%的老年人表示会上网(Pew Research Center,2014)。美国 65 岁以上的网民比例接近 60%,而中国 60 岁以上的网民不到 20%,显然中美老年人上网比例相差非常大,我们还有很大的发展潜力。由于 19 世纪 50 年代、60 年代出生的不少人中工作时就接触到或使用了计算机,随着这两个年代出生的人相继退休(1960 年生人在 2020 年就逐渐退休了),中国老年人上网比例应该会有一个较大的增长。

上网是老人跟上互联网时代、与时俱进的一个重要方式,互联网应用也是老年人采纳智慧助老产品的一种典型示例或一个重要基础。因此,本节以中国城市老年人为调查对象⑧,通过问卷调查的方式对我国城市老年网民的一般特征、影响城市老年人上网状态(是否上网)以及上网频率(多长时间上一次网)的关键因素进行了分析。

1. 城市老人的网民角色模型

人物角色(Personas)方法是目前人机交互领域比较流行的一种方法,是采用用户模型来代表的具体个体,人物角色的用户模型不是真实的人群,但他们是基于人们真实的行为和动机构建的,并且在整个设计过程中代表着真实的人群。人物角色是在收集到的实际用户行为数据的基础上形成的综合原型(Composite Archetype),概括描述了用户研究

---

⑧ 本节内容曾经以《城市老人的网民角色模型及上网影响因素》(左美云、汪长玉、张建)一文收入进《信息经济——中国转型新思维》(信息社会 50 人论坛编著,上海远东出版社,2014)一书中,收入本书时我进行了删改和完善。这次调查是 2014 年 6 月在山东省济南市进行的,收回城镇老年人有效问卷 286 份。济南市统计年鉴报告显示,该市已进入老龄化社会,并且一定程度上济南市城镇居民能够代表我国中高收入水平居民的一般情况,因此,研究济南市老年人上网问题具有一定的代表性。

的成果。通过刻画人物角色,设计师及研究者可以理解在特定场景下的用户目标。为了对城市上网的老年人特征有一个清晰的了解,我们构建了一个"城市老人的网民角色模型"。

参照 Silver(2014)的研究,我们使用卡方(χ^2)检验来判断上网老人和不上网老人在各特征的比例分布上是否有显著差异。在卡方(χ^2)检验结果中上网老人在某变量某个取值分布上显著高于不上网老人时,这个变量的该取值才被认为是上网老人的显著特征,基于此我们可以找到城市老年网民的所有人物角色特征;另外,由于我们还调查了上网老人对网络使用情况的一些问题,因而上网老人网络使用情况中比例高的项目也纳入到城市老年网民的特征中。综合上述原则,建立了如图 4.7 所示的城市老人的网民角色模型。

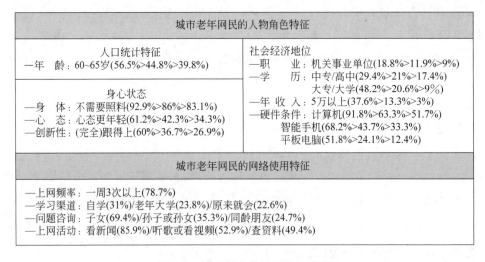

图 4.7 城市老人的网民角色模型

注:百分比依次表示的是上网老人的比例＞所有老人比例＞不上网老人的比例,例如,年龄 60～65 岁(56.5%＞44.8%＞39.8%)表示上网老人中 60～65 岁的老人占 56.5%,总体样本中 60～65 岁的老人占 44.8%,不上网老人中 60～65 岁的老人占 39.8%;网络使用情况的特征是利用百分比的高低得到的,而其他特征是通过卡方检验得到的。

根据卡方(χ^2)检验的结果我们发现,上网老人和不上网老人在性别、独居状态的取值分布上没有显著差异(p＞0.05),而在其他特征的取值分布上具有显著差异(p＞0.05)。图 4.7 中的数据显示,城市老年网民具有如下特征:年龄在 60～65 岁、曾经的职业是机关事业单位、学历在中专或高中以上、年收入在 5 万元以上、拥有计算机(或智能手机、平板电脑)、不需要照料、心态比较年轻、能够跟得上或完全跟得上时代的发展。根据上述数据可以推知,如果我们要在老年人群中推广互联网,具有上述特征的老人是优先考虑的对象。

我们还发现城市老年网民的上网频率较高(一周3次以上),学会上网的渠道以自学、老年大学和原来就会为主,上网遇到问题时主要向子女、孙子或孙女、同龄朋友咨询,上网的主要活动是看新闻、听歌或看视频、查资料。

从城市老年网民的网络使用特征可知,在继续保证老年大学进行网络培训工作的同时,首先,需要加大家人、朋友、志愿者和社区对老年人上网行为的社会支持。数据显示,目前由志愿者、家人和朋友教会上网的老年人并不是很多,这可能是由于传统观念的养老还是以吃穿住行为主,较少关注老年人的心理需求,帮助老年人学习新技术的观念还是比较薄弱。因此,应该向全社会倡导帮助老年人学习新技术、新知识,让老年人能够真正实现老有所为、老有所乐。

其次,在给老年人培训时,应从基本功能开始,之后再慢慢增加复杂功能的学习。数据显示,上网老人主要的应用是上网看新闻、听歌或看视频、查资料,因而在引导其他老人上网时,应该先通过上述基本网络功能的学习来消除他们对互联网的焦虑感和恐惧感,之后再逐渐培训老人学习发帖聊天、买卖股票、玩游戏、上网购物等更复杂一些的功能,遵循由易到难的规则。

最后,需要提高老年网民自主利用互联网解决问题的能力。数据显示,当老年人上网遇到问题时,向子女、孙子或孙女、同龄朋友咨询的居多,通过上网发帖或搜索来解决问题的居少,说明老年人利用网络解决问题的能力较低,今后应加强该能力的培训。

2. 城市老人上网状态和上网频率的影响因素模型

在对已有文献回顾的基础上,我们选取了人口统计特征(性别、年龄、独居状态)、社会经济地位(曾经职业、教育背景、年收入、硬件条件)、身心状态(身体条件、心态、时尚性)作为自变量,选取上网状态(是否上网)、上网频率(多长时间上一次网)作为因变量进行回归分析。

在二元逻辑回归分析和多元线性回归分析的基础上,本文得到如图4.8所示的老年人上网状态和上网频率的影响因素模型。对于上网状态和上网频率,数据表明,本文得到的影响因素及其作用机制相同。

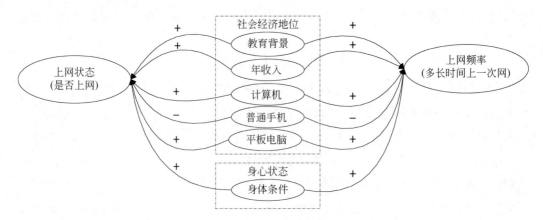

图 4.8　老年人上网状态和上网频率的影响因素模型

1）社会经济地位

我们发现教育背景、年收入、硬件条件对老年人上网状态和上网频率具有显著影响。教育背景对老年人上网状态和上网频率均具有显著正向影响。教育背景越高的老年人学习新知识的能力越强,且原来会上网的可能性也比较高。

年收入对老年人上网状态和上网频率均具有显著正向影响。年收入较高的老年人可能休闲时间较多,有能力支付上网的各种费用,从而更可能经常上网。

拥有计算机或平板电脑对老年人上网状态和上网频率均具有显著正向影响。这主要是因为拥有上网设备使得老年人接触网络的机会更多,从而使得老年人上网的可能性和上网频率增加。

拥有普通手机对老年人的上网状态和上网频率均具有显著负向影响,这可能是因为普通手机是较难上网的,而拥有普通手机的老人可能觉得有手机进行沟通就可以了,不需要上网或花太多时间上网。

2）身体条件

老年期的身体条件与上网状态和上网频率均显著正相关。这是因为身体条件越好的老年人越有精力学习新技术,越有可能经常上网。

除图 4.8 中的上述因素外,假设中的人口统计特征（性别、年龄、独居状态）、社会经济地位(曾经职业)、身心状态(心态、时尚性)这些因素对于上网状态和上网频率的显著关系没有得到验证。从上面的分析可知,在选择老年人群进行推广时,社会经济地位(教育背景、年收入、硬件条件)和身体条件是很重要的考虑因素。那些身体好、教育程度高、年收入高、拥有计算机或平板电脑的老人应优先作为推广对象,而使用普通手机的则应谨慎推广。

4.3 老年人互联网应用持续使用的实证分析

4.3.1 基于期望确认理论的信息系统持续使用模型

智慧助老产品的采纳只是第一步,能够被老人持续使用才是该产品成功的关键。我们通过整理老年用户持续使用信息技术的相关研究,发现以往的研究主要应用期望确认模型分析老年用户的持续使用行为。

期望确认理论(Expectation-Confirmation Theory)最早由 Oliver(1980)提出,并被广泛应用在消费行为研究领域,用于研究产品再消费和服务续约问题。Bhattacherjee(2001)根据期望确认理论提出的信息系统持续使用模型(Expectation-Confirmation Model of Information System Continuance,ECM-ISC)是最受关注的持续使用模型,参见图 4.9,该模型提出的依据是期望确认—满意—意图这个范式。

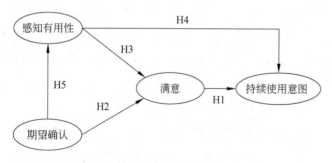

图 4.9 信息系统持续使用的期望确认模型

该模型认为用户对系统的使用同样也是对之前期望的一种确认过程。如果当前的使用体验与期望相一致或者优于期望,则用户会对系统感到满意并且认为系统有较高的有用性,进而满意和感知有用性能够影响用户今后的持续使用意图。ECM-ISC 对信息系统持续使用研究的贡献是它将满意这种基于用户主观感受的构念引入到行为意图产生原因中。

总的来说,现有的研究中将老年人作为研究对象,研究信息系统等智慧助老产品的持续使用问题的文献还比较少。然而,我们可以结合老年人的身体机能、认知能力和社会心理等角度,借鉴 ECM-ISC 模型,来研究老年人智慧助老产品的持续使用问题。

4.3.2 老年人持续使用互联网的影响因素探索

类似前面的智慧养老产品采纳问题,持续使用互联网是使老人跨越数字鸿沟、与时俱进的一个重要方式,也是老年人持续使用智慧助老产品的一种典型示例或一个重要基础。因此,本节以老年人持续使用互联网为研究对象,探讨影响老年人互联网持续使用的影响因素⑨。

事实上,老年人已经成为互联网的重要用户群体之一。在实践调查中我们发现,曾经接触过计算机或互联网的老年人并不在少数,但是其中的许多老年人都在初次尝试计算机或互联网之后,就不再继续使用了,能够坚持使用计算机和互联网丰富自己生活的老年人还不算特别多。这样的现状引发了我们的思考:是什么原因让这些愿意尝试(即采纳了)互联网应用的老年人放弃了继续使用的想法呢?

持续使用意图(Continuance Intention)属于一种行为意图(Behavior Intention)。人们对某一行为的意图越强烈,其真正付诸行动的可能就越高。行为意图和具体行为之间存在着非常高的相关性。在很多研究中,对实际行为的衡量都是以对行为意图的测量来代替。因此,若要研究持续使用的行为,可以将持续使用意图作为考察对象。

对于目前国内大部分老年人而言,互联网是在他们进入中老年时期才出现的新鲜事物,与他们前面几十年人生中的任何一种事物都很难类比。在面对互联网这一新鲜事物时,老年人较难将自己一辈子积攒下来的经验应用于其中,关于互联网的大部分知识,需

---

⑨ 4.3.2 节和 4.3.3 节的内容是我带领的团队合作完成的成果,曾经以《基于期望确认理论的老年人互联网应用持续使用实证分析》(刘勍勍,左美云,刘满成)发表在《管理评论》(2012,第 5 期)上,我的同事李倩老师参与了前期的研究设计和数据分析,收入本书时我进行了删改和完善。

要他们重新学习。因此,绝大多数老年人对于使用互联网有焦虑的心态。另外,老年人随着年龄的增长,人的身体机能(如视力)会出现不同程度的衰退,从而导致老年人在身体机能上与青壮年有一些不同,并且在对互联网使用的能力上也会有所差异。除上述与老年人紧密相关的因素外,感知易用性、感知愉悦性、期望不确认、感知有用性、满意也都可能是老年人持续使用意图的影响因素,下面一一进行分析。

1. 计算机焦虑

计算机焦虑(Computer Anxiety)指的是当人们面对不得不使用计算机的状况时感觉到的恐惧。由于计算机焦虑会让用户认为互联网难于使用,因此,会降低他们对互联网易用性的评估。计算机焦虑在某些老年用户群体中是比较普遍存在的,在我国现阶段,这种心理障碍已经成为老年人接触网络的主要障碍之一。因为他们会对自己的互联网操作能力产生怀疑,经常会产生"我学不会""太难了""不适合我"等想法。产生计算机焦虑的原因有很多,有的老年人是在学习失败后失去信心而产生了焦虑;也有一些老年人是从一些道听途说的消息中得知计算机是一门高科技的学问,因此产生了畏惧的心理,并慢慢转变为焦虑的心情。

2. 身体机能的下降

身体机能的下降(Declining Physiological Conditions)表示个体身体各个器官机能的衰退,如听力、视力、表达能力、记忆力、反应能力、操作灵敏度等的下降。我们在对老年互联网用户的访谈中发现,对于老年人而言,身体机能的下降确实会给他们使用互联网带来很大困难。具体地,长期使用计算机会导致老年人腰酸背痛,甚至引起骨质疏松等症状,这会导致他们不再使用互联网;有些老年人则反映屏幕上的字太小,让他们难以辨认;有些老年人反映自己不擅长使用鼠标,经常误点按钮和链接;有些老年人反映自己总是记不住操作的顺序。出于对老年人群特征的考虑,我们将身体机能的下降作为感知易用性的前置因素进行考察。

3. 感知易用性

感知易用性用来表示人们认为在使用信息系统时的难易程度。如果用户认为一个信息系统操作繁杂、难于理解,那么他会降低使用该系统的意愿,相反,如果用户认为一个信息系统操作非常简便、易于理解,那么会加强他使用该系统的意愿。年龄越大,人们在操作复杂信息系统时越难集中精力。在访谈中我们了解到,许多老年人在学习互联网的过程中存在一边学一边忘的现象。许多老年人往往就是在这一过程中感觉他们所遇到的困难不能克服,从而做出放弃使用的决定。基于以上分析,我们认为感知易用性对于老年用户持续使用的影响非常重要,应当将其作为重要的影响因素进行考察。

4. 感知愉悦性

感知愉悦性来自于沉浸理论(Flow Theory),也翻译为"心流理论"。"沉浸"的感受被描述为"人们全心全意地投入到某一活动中的感受"。当人们沉浸在某一状态时,他们会全神贯注于这个活动,并且忽略环境中发生的变化。沉浸是一个复杂的构念,研究者们通常通过维度来衡量,这其中包括愉悦(Enjoyment)。愉悦性是一个重要的情绪指标,当使用某一信息系统可以让用户感觉到有趣并愉悦时,他从情绪上会更愿意接受使用这一系统。老年人在退休之后,单调而简单的生活使得他们对于各种活动的趣味性更加关注。例如,许多老年人经常会参加一些以兴趣为主导的活动组织,如老年秧歌队、老年书画班、老年论坛等。很多老年人上网是为了听评书、逛论坛,这些显然都是以兴趣为主导的互联网应用,这说明,感知愉悦性也是应该重点考察的一个影响因素。

5. 期望不确认

期望不确认(Disconfirmation)是形成满意度感知的重要因素。确认是由将期望与绩效相比较而得出的一种结果,它表示的是期望与绩效之间的差距,当两者之间出现差距时,就发生了不确认的情况,因此,有时学者们采用不确认(Disconfirmation)来代表这种差距。当正向的不确认发生时,会提高用户的满意度;当负向的不确认发生时,用户的满意度就会降低。具体地,在老年人互联网产品持续使用研究中,期望不确认表示老年人在使用互联网产品后,感知到的产品的表现与其在使用前对产品期望的差异。

6. 感知有用性

感知有用性用来表示人们感知到的使用信息系统可以帮助工作的程度。在访谈中,我们通过与一些老年人交谈了解到,他们中的一些人使用互联网是具有很强的目的性的。一些老年人通过电子邮件和即时通信工具与远在海外旅居的子女们保持联系;一些老年人通过互联网工具炒股,以增加他们退休后的经济来源;还有一些老人年通过网络查找合适的目的地和旅行社,并在一些专题查询"旅游攻略"。因此,对于互联网的老年用户而言,有用性也应该是他们选择某一网络服务并持续使用下去的重要影响因素。

7. 满意

满意的构念用来表示顾客期望与产品实际表现之间的差距。Oliver(1980)在提出期望确认理论时,对满意的定义为"感知绩效(Perceived Performance)与用户之前的期望(Expectation)相一致的心理状态"。老年人是否持续使用某一种互联网产品也会受他对该产品满意度的影响。由于老年人退休后没有工作单位,受组织影响较小,自主性较大。另外,大多数互联网产品并非老年人生活的必需品。因此,在互联网产品的选用上,对于老年用户而言,满意度是持续使用互联网的一个重要的衡量因素。

4.3.3 老年人持续使用互联网的影响因素检验

在探索得到以上七个影响老年人持续使用互联网的影响因素后,以信息系统领域中期望确认理论模型为基础,构建了老年人互联网应用的持续使用模型(见图4.10),选定有过互联网使用经历的老年群体作为调查对象,获得有效问卷98份。

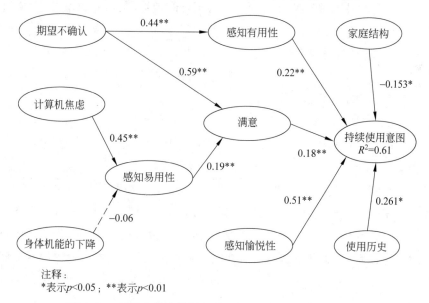

注释:
*表示$p<0.05$;**表示$p<0.01$

图4.10 老年人持续使用互联网的影响因素模型验证结果

我们采用结构方程模型的方法对模型进行检验。研究模型共涉及一个因变量(持续使用意图)、四个自变量(计算机焦虑、身体机能的下降、感知愉悦性、期望不确认)、三个中介变量(感知有用性、感知易用性、满意)和六个控制变量(家庭收入、文化程度、使用历史、家庭结构、性别和年龄)。控制变量中只有家庭结构和使用历史对持续使用意图的影响具有显著性。图 4.10 是模型的验证结果,其中,ECM-ISC 模型中的用后感受与之前期望的期望确认度、用户对产品或服务的满意度,以及感知有用性对老年用户互联网持续使用意图的影响都得到了检验,具有显著关系。此外,在我们提出的其他因素中,除身体机能的下降外,其余因素的显著性也都得到了检验。下面分别对 ECM-ISC 模型之外的因素以及两个显著性得到检验的控制变量进行分析。

1. 计算机焦虑和身体机能的下降

图 4.10 模型中,最具有老年用户群体特色的构念是计算机焦虑和身体机能的下降这两个构念。其中,由于大多数老年人是在步入中年之后才开始学习互联网的,因此,计算机焦虑在这个时代老年人身上有着明显的体现。另一方面,身体机能的下降一般被认为是造成老年人与年轻人区别的重要方面。随着年龄的增长,老年人的视力、听力、表达、行动和体力上的障碍会越来越明显,这可能会给他们的日常生活造成不便,并影响他们使用互联网。通过模型的实证检验,计算机焦虑是影响老年人对互联网易用性感知的重要因素,即计算机焦虑会影响感知易用性。当老年人心中存在这种害怕使用计算机的感觉时,他会认为互联网是很难操作的。

我们在 4.3.2 节影响因素的探索性研究中认为,身体机能的下降是影响老年人采纳互联网的影响因素。但是模型的数据表明,身体机能的下降与老年人感知易用性并不显著相关。在实地调研和访谈中我们发现,目前上网的老年人群体多为身体较为健康、心态较为年轻化的老年人。这些老年人的理解能力、视力和听力衰退不明显。一些老年人也可以借助眼镜来克服这些身体机能上的障碍。经过深入分析,我们认为,能够坚持使用一段时间互联网的老年人一般都能够通过各种方式来克服身体机能上的障碍。一些确实无法克服身体障碍的老年人在采纳阶段就会放弃使用互联网。因此,我们可以推断,身体机能的下降是影响老年人互联网采纳的影响因素,却不是老年人持续使用互联网的影响因素。

2. 感知易用性

在模型的验证中,感知易用性被证实通过满意这个中介构念影响老年用户的持续使用。通过与一些老年人深入访谈,我们了解到,不少老年人在互联网使用上会感觉到困难。他们在填写问卷时,会一再强调"使用互联网是不简单的",自己在使用互联网时"感到有些费劲"。收集的实验数据也证明,老年人在互联网易用性方面打分较低。数据证实,感知易用性对于满意度有正向的显著影响,这一关系的证实对于互联网应用的设计具有指导性意义,作为互联网应用的设计方,应该尽可能让老人方便操作,易于上手。

3. 感知愉悦性

在我们所调研的对象群体中,多数为城市退休职工,也有少部分农村老年人追随儿女进入城市居住。他们现在大多数没有工作的需要,也没有经济上的压力。如何打发退休之后的时间,如何快乐地度过晚年成为他们生活中最重要的内容。在实地调研过程中,确实有不少老年人坦然地承认使用互联网是"上网比较好玩",甚至是"为了玩游戏"。模型检验的数据也表明,感知愉悦性的确是影响老年人持续使用互联网的重要影响因素。从模型拟合结果上分析,其对于持续使用意图的影响系数(0.51)远远高于满意(0.18)和感知有用性(0.22)的影响系数,是最重要的一个影响因子。这一结论启发互联网应用的设计者,应当在针对老年人的互联网服务中,更多地侧重于加强用户趣味性的体验,以此吸引老年人更长久地使用该网络应用。

4. 使用历史

数据表明,使用历史对于老年用户持续使用互联网也有重要的影响作用。在深入的访谈中,我们发现老年用户在进行互联网操作时会遇到许多操作上的困难,并且有许多老年人还对使用计算机存在一定程度上的心理焦虑。这都给老年人使用计算机造成极大的障碍。长期的互联网使用历史则有助于提高老年人对于互联网的了解和互联网操作的熟练程度。较高的操作熟练程度可以大幅度地降低老年人对于使用计算机的焦虑并减少在使用过程中感觉到的不方便。因此,对于那些使用历史较长的老年用户而言,使用互联网是一件更容易坚持下去的事情。

5. 家庭结构

据我们对于本领域的研究所知,家庭结构对于老年人持续使用互联网的影响在其他的文献中并没有被作为研究的课题。在幼儿教育领域中曾有人讨论过同伴学习方式,即通过幼儿之间的友谊在同一组群的儿童中传播知识。因此,我们曾经也设想通过同伴学习的方式指导老年计算机教育。首先想到的是,老年人在家时间较长,受家人的影响较大。良好的家庭氛围应该有利于促进老年人使用互联网。

但是数据表明,与子女生活在一起对老年人学习和使用互联网并不是绝对有利的(图 4.10 中的系数为-0.153)。老年人的家庭结构是这样测量的:家中代际人口越多,得分越高。独自居住的老年人在此项上得分为 0 分。经过数据分析,我们发现家庭结构上的得分对持续使用意图有反向的作用。这说明,家庭成员越多,尤其是那些与子女、孙子、孙女同住的老年人,他们持续使用互联网的意图越弱。虽然,从积极的一方面讲,子女确实会给老年人许多帮助。大多数老年人在如何学会使用互联网的选项上,都选择了从子女那学习。可见子女对于老年人学习互联网是有积极影响的。但是,我们在深入的访谈中了解到,许多老年人不敢使用互联网的原因是"担心把儿女的文件弄丢了""怕影响孩子们工作"。另外一些老年人则表示,自己也经常想玩会计算机,但要替子女带孩子,又要负担许多家务,因此,也没有时间上网。由此,我们可以推断,与子女同住对于老年人学习使用互联网是有帮助的,但对于他们持续地使用互联网却起到反向的作用。

4.4 游戏化在智慧助老产品设计中的应用

科技对于智慧助老的实现固然重要,然而,如何能智慧地设计助老产品,使得这些产品更容易被采纳和持续使用也同样重要。作为当今最热的话题之一,游戏化被广泛应用于各种非游戏化情境以促进或改变用户的行为动机来达到某种既定的目标。著名管理学家马斯洛提出,人的需求从低到高有五个层次,分别是生理需求、安全需求、社交需求、尊重需求和自我实现需求。本节将以马斯洛需求层次理论为基础,以游戏化的视角,对游戏化在智慧助老产品设计中的应用情况进行介绍和分析[①]。

4.4.1 游戏化概念及应用实例

游戏化(Gamification)是当今产品设计的一个重要方向。目前,对于游戏化最权威的定义是将游戏的设计因素应用到非游戏化的情境中(Deterding 等,2011)。游戏化是指在非游戏的情境下应用游戏元素,来提高用户的体验和参与程度。游戏化的主要目的并不

---

① 本部分内容曾发表在《中国信息界》(2014 年 6 月)上,收录本书时,我对原文进行了删改和完善。参见《基于需求层次理论的智慧养老产品游戏化设计》(左美云、薄夷帆)。

是建立一个完备的游戏系统,而是通过应用游戏元素使系统的使用过程更加有趣和吸引人(De-Marcos 等,2014)。游戏化的设计方法借鉴了许多游戏中的元素,例如徽章、故事、排行榜、积分等。

在游戏化的应用中,用户会为了得到游戏化设计的外部奖励从而达到设计者期望的目标,因此,游戏化应用能促使人们接受并激励他们使用这些应用,改变其行为,同时激励使用者沉浸于与此应用相关的行为当中。

现在许多公司已经开始践行游戏化的理念。例如,专注于制鞋的耐克公司将一种能够记录用户跑步信息(跑步距离、速度、时间)的传感器放入鞋内,当用户回去打开计算机登录系统"耐克+(Nike+)",便可以查询到自己以及好友的跑步信息记录。这一游戏化的设计不仅提高了用户参与度,还使得耐克公司销量再创新高。又例如,星巴克咖啡店有一个游戏化的奖励系统机制——"我的星巴克嘉奖(My Starbucks Rewards)",客户每一次使用星巴克会员卡消费都会得到星星奖励,当星星达到一定数目后将可用来兑换免费的星巴克产品。另外一个非常典型的例子是瑞典的地铁公司,他们在地铁站的楼梯上铺了钢琴键盘作为地垫,致使许多人更愿意选择爬楼梯而非坐电梯了。实际上,这些年来,许多网站、手机上的 App,以及微信小程序都运用了游戏化的理念设计产品,从而激发更多的人使用他们的产品。

在第 1 章中,我们基于马斯洛需求层次理论提出老人信息需求层次模型。马斯洛把人的需求分成生理需求、安全需求、情感需求、尊重需求和自我实现需求五类,我们以此理论为指导,接下来分别探讨游戏化在五类不同需求对应的智慧养老产品设计上的应用。

4.4.2 面向生理需求的游戏化设计

生理需求就是对衣食住行等方面的需求。现在越来越多的老人将行走或跑步作为锻炼身体的好方法。跑步有助于身体健康,然而拥有坚持的动力却不容易。前面讲过的"耐克+"(Nike+)的设计为人们提供了一款既有趣又有益于身体的产品模式。大部分标准耐克运动鞋的鞋底,都装有一种比扑克牌筹码还要小的廉价传感器。传感器内置了加速器,可以靠运动激活,通过无线发射器与用户的 iPod(或者智能手机)通信,告诉老年人现在跑了多远,速度有多快,如果跑步的时候老年人还用 iPod 播放自己喜欢的歌曲,iPod 的屏幕上便会显示相应的跑步数据。这样的实时反馈能激励老年人跑得更远。

回到家中时,老年人可以将 iPod 连上计算机,系统会自动把数据上传,添加到用户的跑步资料库中。这时会出现在线奖励,每跑一千米就能够挣到 1 点,当挣到足够的点数后,就能升级。Nike＋一共有 6 个级别。同时,他的好友(比如老赵、老李也是 Nike＋的用户)的跑步数据和等级也会显示在界面中。积分奖励、级别以及好友排行榜这三个游戏化设计元素,将能有效地刺激老年人跑步以锻炼身体的内在动机。

尽管"耐克＋"(Nike＋)不是专门为老年人设计的,但是从事智慧养老产品研发的企业可从中获得启示,从生理需求的层面考虑老年人的特殊需求,比如不一定是跑,可能是走或慢走,通过游戏化元素的应用使老年人感到快乐,更愿意锻炼身体,使生理需求得到更充分的满足。

4.4.3　面向安全需求的游戏化设计

安全需求,包括对人身安全、生活稳定以及免遭痛苦、威胁或疾病等的需求。老年人对医疗的需求属于安全需求。美国游戏化专家 Nicholson(2012)提出了物理治疗可视化工具的概念。通过这款可视化工具,病人可以看到自己的身体是如何随着理疗方案的重复进行相应变化的,便于用户能将理疗与自身锻炼的目标联系起来。在这样形象生动的体会下,病人能自觉完成指定的物理理疗方案,尽管没有理疗师的监督和陪同。

老年人在进行理疗时,偶尔会抱有消极、被动的态度,通过游戏化了的物理治疗可视化工具,老年人能真实地感受到进行这套理疗方案的益处和必要性,因此会更加积极配合理疗方案的进行。目前有一些研制康复器材或系统的公司,把游戏化引入到老人中风或患轻度老年痴呆症后的康复训练过程中,就是很好的实践。

4.4.4　面向情感需求的游戏化设计

情感需求也被称为社交需求,属于较高层次的需求,如对友谊、爱情以及隶属关系的需求。目前,有关老年人健康保健的机构已有许多,但老年人的情感需求同样需要被关注。

作为智慧助老的实践之一,老友帮网站由作者本人创办于 2012 年 6 月 1 日,是国内第一个专门面向老年人的社会公益型社交网络平台,旨在为老年人提供一个交流与分享的天地,促进年轻人与老年人、老年人与老年人之间的情感交流与经验分享,使老年人焕发第二次青春。图 4.11 是该网站 3 周年时的纪念版首页,那时每天都有许多老人活跃在网站里。

图 4.11 老友帮网站三周年纪念版首页

老友帮网站创立之初,就考虑了游戏化机制的引入。老年人可以在老友帮平台上发表状态、发布只言(类似于微博)、篇语(类似于博客)、写回忆录、上传照片、分享经验、在论坛中讨论、为热门话题投票等(见图 4.12),在平台上认识与自己兴趣相投的同龄人,进行线上线下互动。通过广泛采用游戏化元素中的积分(如对评论、转发等知识、经验分享行为进行积分奖励)、勋章、每月之星等机制,有效地促进了老年人进行线上交流活动和经验分享。丰富了老年人的社交生活。尤其对于子女在外工作的老年人,老友帮有效地减轻了老年人的孤独感,满足老年人的情感需求。遗憾的是,由于各种应用朝移动终端发展,而本人所带团队精力限制,该网站没有及时制作可以便捷使用的移动版(如在手机上使用),导致该网站虽然仍然在持续运作,但影响力在逐渐下降。但是客观地说,PC 端的老友帮网站引入游戏化的理念至今依然是先进的。

图 4.12 老友帮网站应用中心展示的主要功能

另外一个游戏化的例子是美国加州大学一个由计算机专家和艺术家组成的 4 人团队共同设计的一款旨在支持跨代社交互动的一款电话交谈游戏——《活力》。由于退休中心、老人院和长期护理安老院经常处于社交隔绝的状态,没有太多的人可以交流,他们对这样的游戏有莫大需求。

《活力》的规则是,每轮游戏只有 2 名玩家,且两者的年龄相差至少相隔 20 岁。双方都应在电话连线上,由于相比年轻人,老年人连续使用个人计算机的可能性较小,所以两名玩家只需有一方在计算机前,该玩家将登录到游戏网站,接着给对方打电话。网站会向玩家弹出一些需要通过合作才能完成的问题,例如,你们都曾在什么地方游泳?游戏的挑战是给每个问题找出适用于双方的答案,当找到相同答案时,其中一个玩家就把它输入数据库。10min 内需要回答 10 个问题,游戏网站会倒计时,游戏结束时会显示得分,同时会把玩家的答案变成一首简单的现代诗。

这款游戏非常成功,每一名参与的老年人都说,游戏让他们情绪高涨。游戏中,老年人被称为"资深经验代理(Senior Experience Agents)",这让参与的老年人十分开心,它不仅奠定了游戏的基调,而且给予他们参与的信心。《活力》通过交流,快速而轻松地激发了双方分享各自的生命历程故事。可以想象,老年人第一次在电话里意识到与对方竟然拥有这么多的共同点时会是多么激动。

4.4.5 面向尊重需求的游戏化设计

尊重需求属于较高层次的需求,如对成就、名声、地位和晋升机会等的追求。尊重需求既包括对成就或自我价值的个人感觉,也包括他人对自己的认可与尊重。在前面提到的老友帮平台中,就有很好的针对尊重需求进行游戏化设计的例子。

由于老年人可以在老友帮网站平台上写回忆录、分享生活和经验,其中不乏一些非常精彩的文章,老友帮的团队就从老年人的发帖中精选部分发帖,编辑成会员们的内部杂志《老友帮精华文摘》(见图4.13)。《老友帮精华文摘》每月一期,每一期都经过用心排版,电子版可以免费公开在网站上下载,纸介质免费寄送到有文章被收录的老年人手中。

(a)《老友帮精华文摘》杂志编辑委员会(一)　　(b)《老友帮精华文摘》杂志编辑委员会(二)

图4.13 《老友帮精华文摘》封面示例

通过这种方式，老年人看到自己写的文章被刊载出来，自己拍摄的照片（也可能照片中的人物就是自己）登上了杂志的封面，感受到尽管年届古稀或耄耋也能备受肯定和尊重，尊重需求得到很好满足。如图 4.13(a)所示的封面是网名叫"仙人掌"的老友帮成员拍摄的集体旅游照片，图 4.13(b)的封面是网名叫"彩虹于心"的老友帮成员专程到我们智慧养老研究所赠送剪纸的照片，两期杂志发表后，封面中的帮友都非常高兴，戏称"老了老了，我们还上杂志封面了"，受尊重的需求得到很好的激发和满足。

4.4.6　面向自我实现需求的游戏化设计

自我实现需求是最高层次的需求，主要是不断突破自己，挑战当前的能力，实现自己的人生理想和规划的需求。对于老年人来说，自我实现的需求可能表现为再就业工作或能够做到一些以前做不到的事情的需求。

随着老年人年纪的增大，身体机能和反应能力的下降，使得老年人更容易犯一些简单的错误，对退休后再从事的工作也容易失去兴趣和动力。利用经典俄罗斯方块游戏的思想，Korn(2012)设计了一种能激励老年人愿意继续从事工作、不断挑战自我的软件。通过动作识别，将工作过程透明化、可视化，并进行实时分析，由于实际产品装配工作的步骤已事先决定(见图 4.14(a))，每一个工作流程都能通过界面中的一个方块来代表(见图 4.14(b))。

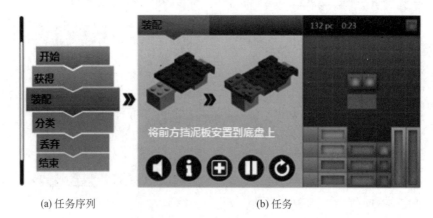

(a) 任务序列　　　　　　　　　　(b) 任务

图 4.14　工作任务游戏化示意图

第 4 章
智慧助老及其产品的采纳与使用

在工作过程中,方块的颜色由绿到红逐渐变化。方块的颜色取决于任务完成的情况。例如,完成方块所代表的工作所需的平均时间是 10s,如果这项工作在 8s 内就完成了,那么方块将变成深绿色;反之,若需要 14s 才能完成,方块则为黄色。

当一系列任务下的子任务都被较好地完成(一条绿色的俄罗斯方块),将会发生"爆破"效应,从而达到升级的效果。升级后,子任务的平均完成时间则又降低了一些,即任务要求难度有所提升。任务的组织者可根据老年员工的"等级"给予金钱上的奖励和补偿。在这样的界面下参加产品的装配工作显得不再那么单调乏味,相反地,更能激发老年人的兴趣和追求更高成绩的动力,不断发现自我潜能。

激发老年人去做一些原来不好意思做但实际上想做的事情,这类自我实现需求的一个经典的游戏化例子是《绝密舞蹈》(*Top Secret Dance-off*)。一般来说,跳舞是一种特殊幸福的可靠来源,即舞者快感(Dancer's High),这是一种充满兴奋、心流涌动和喜爱之情的复杂感觉,很难通过其他途径体验到。现在,跳舞已是许多老年人的一大兴趣,然而,老年人首先需要跳舞的欲望和勇气,若能有办法让性格内向、害羞、宁可待在身边看的老年人参与进来,或者让本来就愿意跟人一起跳舞的人得到更多的跳舞机会,那将会是一个重要的突破。

经过游戏化设计的《绝密舞蹈》第一项任务就是伪装自己,可以通过把脸遮住一部分,如戴口罩、面具或者假发等,将自己的身份伪装起来,这样就不会害羞或者觉得因为跳得不好而感到丢脸。并且,《绝密舞蹈》不需要舞蹈技能或天赋,跳得蹩脚有时反而能带来更多奖励。用户需要通过完成舞蹈任务,参加舞蹈角逐来获得点数,随着点数的积累会升级。

大多数舞蹈任务都是一个人跳,然后把视频上传到《绝密舞蹈》社交网站上,当其他人看到该舞者的舞蹈视频并觉得不错时,可以通过点赞的方式留下积极反馈。这样当老年人看到自己的舞蹈视频受到大家的认可和称赞时,感觉更加有信心了,自我价值感不断增强,兴趣也被激发出来。面具从来就是说服人们放下戒备、参与并表演的重要环节,因此,面具有助于老年人跳出自己的惯常定位和行事方式,尤其是对那些不觉得自己有什么舞蹈天赋的人而言,他们在《绝密舞蹈》中的伪装让他们从自我身份的限制中获得了自由,进一步实现自我。

综上所述,游戏化的设计理念可以让智慧助老产品更容易被老年人采纳和持续使用,有助于老年人各个层次的需求都得到更好的满足。实际上，老年人是一个极具智慧与经验的群体，若能利用好老年人的智慧、经验和体验，甚至是让老年人参与游戏化设计，将会为老年人带来巨大的满足感、成就感。当然，面向智慧助老的游戏化设计还是"小荷才露尖尖角"的领域，需要理论界和产业界共同去探索、去实践。

本章参考文献

[1] Bhattacherjee A. Understanding Information Systems Continuance：An Expectation-Confirmation Model[J]. Management Information Systems Quarterly, 2001, 25(3)：351-364.

[2] Deterding, S. Sicart, M. Nacke, L. et al. Gamification：Using Game Design Elements in Non-Gaming Contexts. Proceedings of the 2011 Annual Conference on Human Factors in Computing Systems, ACM, New York, USA, 2011.

[3] De-Marcos L, Domínguez A, Saenz-De-Navarrete J. An Empirical Study Comparing Gamification and Social Networking on E-Learning[J]. Computers & Education, 2014, 75(C)：82-91.

[4] Froehle C M, Roth A V. New Measurement Scales for Evaluating Perceptions of the Technology-mediated Customer Service Experience[J]. Journal of Operations Management, 2004, 22(1)：1-21.

[5] Korn O. Industrial Playgrounds：How Gamification Helps to Enrich Work for Elderly or Impaired Persons in Production[C]//Proceedings of the 4th ACM SIGCHI Symposium on Engineering Interactive Computing Systems. ACM, 2012, 313-316.

[6] Nicholson S. A User-centered Theoretical Framework for Meaningful Gamification[J]. Games＋Learning＋Society, 2012, 8.

[7] Oliver R L. A Cognitive Model of the Antecedents and Consequences of Satisfaction Decisions[J]. Journal of Marketing Research, 1980, 17(4)：460-469.

[8] Pew Research Center. Older Adults and Technology Use [DB/OL]. http：//www. pewinternet. org/files/2014/04/PIP_Seniors-and-Tech-Use_040314. pdf, 2014-04-03.

[9] Ruppel E K, Burke T J. Complementary Channel Use and the Role of Social Competence[J]. Mediated Communication, 2015, 20(1)：37-51.

[10] Silver M P. Socio-economic Status over the Lifecourse and Internet Use in Older Adulthood[J]. Ageing and Society, 2014, 34(06)：1019-1034.

[11] Venkatesh V, Morri M G, Davis G B, et al. User Acceptance of Information Technology：Toward a Unified View[J]. MIS Quarterly, 2003, 27(3)：425-478.

第 5 章
智慧用老与退休人员知识管理

　　我们在第 1 章中提出,智慧助老、智慧用老和智慧孝老是智慧养老的三个维度。其中,智慧用老是指用信息技术等现代科技用好老年人的经验、技能和知识,帮助老年人老有所为,充分发挥自己的价值和余热,最终实现自己的成功老化。因此,5.1 节我们介绍了成功老化的理论,提出一个集成的成功老化模型。社会参与是老年人发挥作用的重要方式,智慧用老就是要用信息技术支持老年人的各种社会参与,使他们愿意参与,在不同的老年期采用合适的方式参与。因此,5.2 节我们给出信息技术作用下的社会参与分类模型以及不同老年期的社会参与模式。老年人的知识和经验很重要,5.3 节我们重点关注老年人在退休前后的知识管理问题,主要阐述了退休员工需要保留的知识内容以及保留退休员工知识的方法。在此基础上,我们对年长员工转移知识给年轻员工(即代际知识转移)的影响因素和转移带来的效果进行了分析,形成 5.4 节。

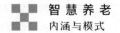

5.1 智慧用老与成功老化

智慧用老,表面指的是借助信息技术等现代科技用好老年人的经验、技能和知识,从深层含义上说,是帮助老年人老有所为,充分发挥自己的价值和余热,最终实现自己的成功老化。

Aging(欧洲学者一般用 Ageing)可以译为"老化",也可译作"老龄化"。一般称为老龄化的时候通常是从社会的层面研究老龄问题,而称为老化时更多是从个人的层面研究老龄问题,本节主要关注老年人个人层面的社会参与和智慧用老如何影响成功老化问题,因此,我们采用"老化"的译法。

目前,在学术界,研究老化问题时,经常讨论的主要有四种老化的概念,它们分别是健康老化(Healthy Aging)、生产性老化(Productive Aging)、积极老化(Active Aging)和成功老化(Successful Aging),这四种老化虽然各有侧重点,但通过概念的梳理我们认为它们之间存在着很强的相关性。在老龄化问题突出的今天,一个统一的、能够引导个人和社会共同为成功老化的实现积极努力的行动框架变得非常必要。因此,本节在现有的四种老化理论基础上,通过梳理四种理论的内涵和各自的侧重点,构建了一个既强调个体的身心健康,又强调个体的参与和社会保障功能的成功老化框架[1],希望能够为成功老化的实现提供一定的借鉴和理论参考。

---

[1] 这部分内容是我的多位博士生在读期间和我反复讨论形成的,包括何迎朝博士、李秋迪博士、柴雯博士、汪长玉博士、孙凯博士和孔栋博士,其中的一部分以文章《四种常用人口老化理论的集成研究》(何迎朝,左美云,王丹丹)发表在 2016 年第 6 期的《中国老年学杂志》上。

5.1.1 成功老化理论

成功老化(Successful Aging,SA)的概念虽然早在20世纪30年代就有学者提出,然而,直到1987年Rowe和Kahn在《科学》(Science)上的文章发表,才引起学者们的广泛关注。Rowe和Kahn认为,以往的研究根据老化是否是由病理变化引起的,将老化的结果划分为与疾病相关的病态老化(Diseased Aging)和年龄决定的正常老化(Normal Aging)两种类型,有着严重的不足。这是因为在正常老化的人群中,人们在生理和认知特征上也存在着异质性,正常老化又可以分成平常老化(Usual Aging)和成功老化(Successful Aging)两种。成功老化者是指在老化过程中,外在因素只起中性作用甚至于抵消内在老化进程的作用,从而使老年人的各方面功能没有下降或只有很少下降(杜鹏等,2003)。

然而,按照Rowe和Kahn的成功老化概念,只有极少数人能够实现成功老化,因为人们在老化的过程中很难避免由于年龄的增加而产生的一些慢性疾病,而且由于成功老化的前提是身体健康,也在一定程度上排除了残疾人实现成功老化的可能。还有研究将基于主观评价进行自我报告的成功老化人群比率与用Rowe和Kahn标准区分出的成功老化人群比率比较后,发现50.3%的老人自我报告是成功老化,但是按照Rowe和Kahn的标准,只有18.8%的老人可以算是成功老化(Strawbridge et al.,1996)。

这是因为,在现实中,很多具有生理功能缺陷的老年人也可以很好地进行社会参与,实现成功老化。例如,当老年人生理功能发生损失后,他们一方面可以选择参与一些对生理功能要求较低的社会活动,以此来实现成功老化;另一方面可以利用一些辅助的资源或手段(如IT设备)来维持自己进行社会活动的能力,以此来实现成功老化。

一种被当前学者普遍认同的观点是,成功老化就是通过对资源(自身资源和环境资源)的有效管理,达到最大化获得(期望的目标或结果)和最小化丧失(不期望的目标或结果)(Baltes et al.,1990)。在这种视角下,每位老年人,无论其身体是否健康都有可能在个体和环境互动的过程中持续地达到最大化获得和最小化丧失,而实现成功老化。我们赞成这种观点,认为成功老化就是在个体和环境互动的过程中,实现的自身生理、心理、认知等方面客观功能没有下降或下降很少,主观幸福度较高的状况。无论身体健康与否,每个老年人都可以根据自己的身心状况,实现自身的成功老化。

通过梳理成功老化测量的研究历程,我们发现学者们对成功老化的测评从单一维度扩展到多个维度,如从生理扩展到生理、心理、社会相结合;从客观指标扩展到主、客观指标相结合,即客观成功老化(Objective Successful Aging)和主观成功老化(Subjective Successful Aging)。图5.1给出了成功老化的综合测量指标体系。

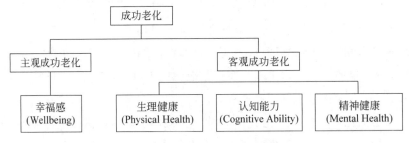

图5.1 成功老化的综合测评体系

客观成功老化(Objective Successful Aging)在以往研究中,多使用生理健康状态、认知能力状态、精神健康状态等客观测评指标来反映老人当前的生理和心理状态(Chou & Chi,2002)。其中生理健康指标可主要依据日常生活能力量表(Activity of Daily Living Scale,ADL)进行测量,认知能力指标可主要依据简易精神状态量表(the Mini-Mental State Examination,MMSE)进行测量,精神健康指标可主要依据抑郁自评量表(Center for Epidemiological Survey-Depression Scale,CES-D)进行测量,以上三方面的测量量表在实际测量时需要针对我国老人实际情况做相应的修改和完善。

主观成功老化是指老年人主观感受的成功老化,一般将主观幸福感作为成功老化的测量指标,认为主观幸福感强的老年人对生活的满意度高,其老化也就较为成功。幸福感指标量表可在纽芬兰纪念大学幸福度量表(Memorial University of Newfoundland Scale of Happiness,MUNSH)基础上,针对我国老人实际情况修改形成。

有了图5.1的指标体系,在此基础上,可以研究具体指标的权重,然后分别通过加权得到客观成功老化得分(Objective Successful Aging,OSA)和主观成功老化得分(Subjective Successful Aging,SSA)。不同阶段如低龄老人、中龄老人和高龄老人的成功老化判断标准应该不一致。我们应该根据不同年龄阶段老人的情况,选取客观成功老化得分和主观成功老化得分的某个统计量(如中位数或第三个四分位数)作为标准进行客观成功老化和主观成功老化的判定。具体公式如下:

$$OSA = \alpha \times PH + \beta \times CA + \gamma \times MH$$
$$SSA = WB$$

其中，PH 代表生理健康（Physical Health）指标得分，CA 代表认知能力（Cognitive Ability）指标得分，MH 代表精神健康（Mental Health）指标得分，WB 代表幸福感（Well-being）得分，α 为生理健康指标权重，β 为认知能力指标权重，γ 为精神健康指标权重。

之后，就可以按照不同阶段老人的不同情况，选取 OSA 和 SSA 的某个统计量（如中位数或第三个四分位数）作为标准进行客观成功老化和主观成功老化的判定。进一步，可以计算得到成功老化综合得分 SA，以此作为老人在某个年龄阶段的成功老化综合得分：

$$SA = \lambda_1 \times OSA + \lambda_2 \times SSA$$

其中，λ_1 为客观成功老化的权重，λ_2 为主观成功老化的权重，对于低龄老人、中龄老人和高龄老人三个不同阶段可以有所不同。

根据老人在客观和主观这两个维度上的得分我们可以将其分为四种类型：主客观都成功老化的老人、客观成功但主观没有成功老化的老人、主观成功但客观没有成功老化的老人、主客观都没有成功老化的老人。

5.1.2 健康老化理论

健康老化（Healthy Aging，HA）最早是由世界卫生组织（WHO）于 1987 年 5 月召开的世界卫生大会上提出的。之后，世界各国均采取了一系列推动健康老化实施的政策。根据 WHO 的定义"健康是由生理、心理和社会适应组成的一个整体，而不仅仅是没有疾病"。一般认为，健康老化是指在人口老化社会中，多数老年人处于生理、心理和社会功能的健康状态，同时也指社会发展不受过度人口老化的影响（邬沧萍等，1996）。

健康老化的含义应该包括以下几个方面的内容：①进入老龄阶段的老年人自身能维持良好的生理、心理和社会适应功能，拥有幸福的人生和较高的生活质量，身体功能障碍只在生命最后阶段很短暂的时间里发生，老年人以"无疾而终"为目标；②在老年群体中，健康、幸福、长寿的老年人占总体大多数，且所占比重不断增加。在中国，老年人以实现"老有所养、老有所医、老有所学、老有所为、老有所乐"为目标；③进入老化的社会能够克服人口老化所产生的不利影响，保持持续、健康、稳定的发展，为生活在其中的所有人（包括老年人）的健康、富足、幸福的生活提供物质基础和保证（陈小月，1998）。不过，健康老龄化的概念中也暗含着老年人的不健康是一种社会负担,通过健康老化可以克服和减少负担的思想。

研究发现,影响健康的因素包括个人的健康行为(如体育锻炼)、个人处理压力的技巧、社会环境、生态环境、医疗保健服务等。学者们研究发现人们50岁以前的行为习惯会对他们65岁以后的生理和心理健康产生持续的影响。在生命的早期阶段有着诸如规律的锻炼、灵活的处理压力状态等好习惯的人,在他们的老年阶段将会更健康和快乐(Bower,2001)。

5.1.3 生产性老化理论

生产性老化(Productive Aging,PA)是指老年人从事的任何生产物品或提供服务以及开发他们生产能力的活动(无论个人在这项活动中是否获得了报酬)(Bass,et al.,1993)。Productive Aging(生产性老化)在国内经常被译为"老有所为",并将"老有所为"定义为老年人自愿参与社会发展,为社会所做的力所能及的有益贡献(邬沧萍等,1991)。

早在1983年,为了提醒人们关注老年人的能力和他们对家庭、社区做出的宝贵贡献,Robert Butler在萨尔茨堡举行的学术会议上提出了生产性老化这一概念(Butler,1985)。随后,Butler对这一概念做了进一步的拓展和阐述。2001年,Howell等进一步将老龄生产活动限定为工作、志愿服务和照顾三种(Howell,et al.,2001)。

生产性老化是一个与老年人的社会参与紧密相关的概念。从各学者对生产性老化的定义中可以看出,老年人要想实现生产性老化,就必须参与社会活动,这些活动可能是社会角色的活动(工作、志愿活动),也可能是家庭角色的活动(照顾)。参与活动的类型既受年龄、性别、教育程度等人口学因素和健康状况的影响,也受经济收入和社会支持的影响。学者们研究发现老年人的社会参与,在生理层面,能够显著地影响老年人的生理机能,提高老年人的感知运动功能等,降低老年人患病和死亡的概率。在心理层面,积极开展社会参与的老年人具有更好的认知机能、更高的幸福感,以及更少的抑郁症状等。在社会层面,老年人的社会参与不仅有利于消除社会对人口老化的偏见,而且有助于老年人力资源开发,能够有效缓解社会结构性人力资源短缺,促进社会经济增长,降低社会养老成本负担。因此,社会参与是影响老年人成功老化的重要因素,适当的社会参与有助于老年人的成功老化。

5.1.4 积极老化理论

积极老化(Active Aging, AA)是 WHO 于 2002 年,基于对老年人的人权和联合国独立、参与、尊严、关怀和自我实现的基础上提出的,是为了提高老年人的生活质量而优化其健康、参与及保障的机会的过程。它既适用于个体又适用于群体。积极老化的观点认为老化的状态是人的整个生命期的行为、习惯等共同作用的结果(WHO, 2002)。

之后学者们根据各国的国情及自身的理解对其进行相应的解读和解释。例如,有学者将积极老化的概念进行了拓展,认为积极老化是针对个人、家庭成员和社会三个层面而言的,对于不同的层面积极老化有不同的概念和内容(王树新,2003)。对于个人来说,积极老化是指进入老年状态的人应该享有充实的生活,能够按照自己的需要和能力继续学习,参与各种活动,使其宝贵才能和经验得到充分运用,较长时间保持健康,对社会做出有益的贡献。对于家庭和社会来说,积极老化是指为老年人创造参与活动和学习的一切可能机会和条件,帮助老年人尽可能延长其余寿的健康期和自立期。在老年人失去部分或全部自理能力需要帮助时,保证能获得各方面的保护和照料,消除各种对老年人的歧视、怠慢、虐待和暴力行为。让越来越多进入老年的人能够享有健康的生命质量和良好的生活质量。

积极老化的观点认为,老化的状态是人的整个生命期的行为、习惯等共同作用的结果。积极老化是一个以健康为基础,以参与为主导,以社会保障为支持,以提高老年人的生活质量为目标的过程(WHO, 2002)。影响积极老化的因素包括:①个人因素,如文化、性别、基因、心理素质、受教育程度等;②行为因素,如是否有不良生活习惯(吸烟、酗酒等),是否有健康的生活习惯(饮食健康、个人卫生等)、药物治疗历史等;③健康和照料因素,如疾病预防、医疗服务、生活照料、精神慰藉等;④经济因素,如收入、工作等因素;⑤社会环境因素,如文化、社会支持、社会保障等;⑥物理环境因素,如安全的住宅,防跌倒设施,新鲜的水、空气和安全的食品等。因此,积极老化的政策和规划应该关注人的整个生命期的各个阶段而不仅仅是 60(或 65)岁以后的阶段。为保障老年人生活质量的提高,老年人本身要养成健康的生活习惯,树立积极乐观的生活态度;家庭要提供必要的经济支持和照料服务;社会要为老年人提供经济保障、服务照料保障、精神文化生活保障、权益保障等。生活质量的提高往往表现为老年人生理、心理和认知的健康及幸福度方面,而这些方面正是成功老化的本质所在。

5.1.5 集成的成功老化模型

对于上述四种理论之间关系的研究只有少数的几篇论文。例如，穆光宗教授（2002）提出了应对多样化老龄问题的系统化战略，即成功老龄化战略，并认为该框架包含健康老化战略、生产性老化战略、积极老化战略三个相互支持、互相配套的子战略，并指出这三个子战略是相辅相成的。不过，对于这些子战略究竟是如何相辅相成的并没有明确分析。有学者较全面地比较了健康老化和积极老化这两个 WHO 提出的理论框架后，认为健康老化和积极老化理论是人类面对人口老化问题在不同历史时期的理论应对，反映了应对人口老化问题的不同理论水准；积极老化理论是一个较之健康老化理论内容更广泛的理论等（宋全成等，2013）。为了构建一个集成的成功老化模型，我们对四者之间的关系做如下分析。

1. 健康老化、生产性老化的关系

从这两个概念的提出时间上来看，健康老化的提出时间是 1987 年，生产性老化的提出时间是 1983 年，即都是 20 世纪 80 年代。

从两个概念的提出主体来看，健康老化由世界卫生组织提出，它关注更多的是整个人类或社会的福祉问题，强调老年人的身心健康和对社会的适应。生产性老化是由 Butler 等学者提出，他们关心更多的是个体如何消除老化的消极影响的问题，多强调老年人参与工作、志愿活动、照料他人等对社会的贡献。身心健康的老年人更有可能参与生产性的活动，而这些活动的参与又会促进老年人的身心健康。因此，这两种老化呈现出一种互相促进的关系。

2. 积极老化与健康老化、生产性老化的关系

积极老化的概念不仅包括健康老化的含义，还包括支持老年人根据其自身的基本权利、能力、需要和偏好，参与社会经济、文化和精神活动，为社会做出生产性的贡献（生产性老化），以及由社会为老年人提供满足老年人需求的社会、经济和物质等保障。因此，积极老化中虽然没有明确地提出生产性老化的概念，但实际已经包含生产性老化的内涵。因此，积极老化是包含健康老化和生产性老化的含义在内的一个更广泛的概念。

3. 健康老化、生产性老化、积极老化与成功老化的关系

积极老化表现为通过为老年人提供健康、参与和社会保障的机会而提高老年人生活质量的过程,生活质量的提高往往表现为老年人生理、心理和认知的健康及幸福度方面,而这些方面正是成功老化的本质所在。因此,根据上面各老化理论概念及其相互关系的解读,我们提出一个成功老化导向集成模型(Integrated Model of Successful Ageing),如图5.2所示。

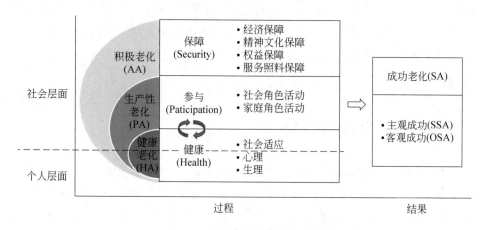

图 5.2 成功老化导向集成模型

注:HA——Healthy Aging(健康老化);PA——Productive Aging(生产性老化);AA——Active Aging(积极老化);SA——Successful Aging(成功老化);SSA——Subjective Successful Aging(主观成功老化);OSA——Objective Successful Aging(客观成功老化)。

在图5.2所示的集成成功老化模型中,纵坐标由关注老化的层面(即个人层面和社会层面)组成。横坐标代表老化的机理,体现了从过程到结果的发展历程。整个老化的过程包含健康、参与和保障三个要素,而结果是成功老化。

在老化的过程中,维持和提高老年人的身心健康状况是首要目标,也是健康老化的主要内容。除保持身心健康外,还应鼓励老年人积极地参与社会活动,包括社会角色活动和家庭角色活动,这是生产性老化关注的重点。身心健康的老年人更有可能参与生产性的活动,而这些活动的参与又会促进老年人的身心健康。因此,这两种老化呈现出一种互相促进的关系,参见图5.2的左下部分及其中的双向环状箭头。为了保障老年人实现健康

老化和生产性老化，社会必须提供经济、精神文化、权益和服务照料等方面的保障，从社会层面促进成功老化，即通过包含健康、参与和保障三方面内容的积极老化过程，最终实现成功老化。

从老化的结果来看，成功老化既包括老年人生理、心理、认知等客观状况的成功，即客观成功老化；也包括老年人感知的幸福感等主观方面的成功，即主观成功老化。

图 5.2 的模型将老化当作一个过程，该过程中既强调个体的身心健康，也强调个体参与社会活动及社会对个体的保障等因素，通过健康、参与、保障三个因素为基础的积极老化过程，最终实现老年人客观的身心状态和主观的幸福度方面的成功老化。该模型不仅有助于我们全面认识老化的相关理论，也为有效地应对老化问题、引导人们实现成功老化提供了一个理论框架。

5.2 智慧用老与社会参与

2015 年修订后的《中华人民共和国老年人权益保障法》中第七章《参与社会发展》的第六十五条明确提出："国家和社会应当重视、珍惜老年人的知识、技能、经验和优良品德，发挥老年人的专长和作用，保障老年人参与经济、政治、文化和社会生活。"老年人不仅会消耗社会资源，在参与社会活动过程中还能够通过分享技能和知识资源促进社会发展。智慧用老，就是通过计算机、互联网、移动计算等信息技术用好老年人的经验、技能和知识，支持老年人的社会参与。

5.2.1 社会参与的概念与理论

究竟什么是老年人社会参与？这个问题一直都是学者们讨论的焦点。目前，国内外学者多从角色(Role)、资源(Resource)和目标(Goal)等视角对老年人社会参与进行定义。

有些学者按照参与者的社会角色不同，将社会参与分为正式角色社会参与和非正式角色社会参与。一些学者从资源视角将老年人社会参与定义为老年人向社会分享技能和知识资源的过程。还有一些学者从目标视角将社会参与定义为一种通过社会互动实现个人价值和社会价值的行为模式。

综合以上观点，我们发现学者们普遍认为社会参与是一种社会互动的过程，但是在进行定义时,又各自有不同的侧重点。因此,单一视角的定义不能全面地概括老年人的社会参与,而且也不利于对老年人社会参与的活动进行分类。例如,当按照角色视角对社会参与进行分类后,各子类依然可以按照目标视角继续进行分类。

因此,我们采用角色、资源和目标的综合视角,将老年人社会参与定义为:老年人社会参与是指老年人在社会互动过程中,通过对家庭和社会角色的扮演,获取或贡献资源,实现自身价值和社会价值的过程。

社会参与的相关理论很多,如社会交换理论(Social Exchange Theory)、社会资本理论(Social Capital Theory)、年龄分层理论(Age Stratification)等。为节省篇幅,仅根据是否主张老年人进行社会参与,将相关理论划分为三个阵营(谭咏风,2011)。第一阵营主要强调老年期要退出和撤退,称为退出阵营,以撤退理论(Disengagement Theory)为代表;第二阵营主要强调老年期要保持活跃,强调老年人积极参加活动以及维持角色的重要性,称为活动阵营,主要包括活动理论(Activity Theory)和连续性理论(Continuity Theory),后者表明老年人退休后的活动类型选择会尽量保持和退休前活动的一致性;第三个理论阵营主要强调老年人应该在退出与活动之间取得平衡,强调老年期要根据自己感受到的"余寿"或"健康余寿"主动选择,保持一种也许数量上减少但是质量上维持甚至上升的活动和社会交往,称之为选择阵营,代表性理论有社会情绪选择理论(Socioemotional Selectivity Theory)。

应该说,上述理论的提出都受到所处时代的影响。撤退理论于20世纪50～60年代提出,受到当时经济、医疗条件限制,人们在老年早期就会受到各种疾病和功能丧失的威胁,体力工作较多,社会上较少存在老年活动组织,撤退和脱离是老年群体表现出的主要特征;20世纪60～70年代后,随着老年政策出台,老年中心和老年休闲设施不断投入使用,活动理论被提出以解释老年人的当时现状;20世纪80～90年代,随着社会和个人财富积累、弹性退休政策提出,个体能够更自由地选择自己的生活,相应地选择性理论被提出来更好地解释老化过程。这些理论虽然都带有各自所处时代的烙印,但都从不同侧面帮助课题组全面思考老化过程。

进入21世纪,互联网、物联网、社交网等新型网络环境为老年人的社会参与提供了更多的可能,关于社会参与的研究进一步走向深入。显然,退出阵营的理论和活动阵营的理论都太绝对,这两类理论没有考虑社会参与的活动类型具有多样性,一个老年人在健康的不同阶段可能参与不同形式的活动,在老化过程中老年人可能在一些类型的活动上表现出撤退和脱离,而在另一些活动上保持活跃。当老年人生理功能发生损失后,老年人一方面可以选择一些对生理功能要求较低的社会参与活动(如视频聊天),实现成功老化;另一方面可以利用一些辅助的资源或手段(如IT设备)来维持自己进行社会参与活动的能力,实现成功老化。在现实中,很多具有生理功能缺陷的老年人也可以借助辅具和信息技术实现很好的社会参与度,有较高的主观幸福感。

5.2.2 信息技术作用下的社会参与分类模型

为了更好地研究新型网络环境下的社会参与,很有必要给出一个清晰的分类体系。根据上述对老年人社会参与的定义,采用角色、目标、资源以及信息技术渗透的综合视角,我们建立了社会参与分类体系[②],如图5.3所示。

在图5.3中,先采用角色视角,将社会参与分为家庭角色活动和社会角色活动。由于社会角色活动包含的内容十分丰富,因此进一步采用目标视角,将社会角色活动分为实现个人价值的利己活动和实现社会价值的利他活动。利己活动包括文娱活动和经济活动,利他活动包括志愿活动和政治活动(王莉莉,2011)。至此,我们得到了五类老年人社会参与活动:家庭角色活动、文娱活动、经济活动、志愿活动和政治活动。不难发现,这五类活动依然可以按照老年人在参与过程中贡献或获取的资源进行分类。因此,我们采用资源视角(Bukov et al.,2002),将上述五类社会参与按照是否需要分享时间、技能和知识,再进一步细分。最终综合角色、目标和资源视角的三维度分类方法,得到老年人社会参与的若干具体活动。

虽然以上分类方法具有比较清晰的内在逻辑,但是由于社会活动的复杂性,有些具体活动存在跨界的情况。例如,有些购物活动可能只需要老年人的时间,而有些购物活动还需要老年人的技能。因此,这些活动将被放置在分界线上。

在目前的新型网络环境中,信息技术已经越来越多地渗透到老年人的日常生活中。所以,按照目前常用信息技术对社会参与活动的渗透程度,采用虚实背景将图5.3中的社会参与活动进一步区分为:①信息技术很少渗透的活动;②信息技术部分渗透的活动;③信息技术广泛渗透的活动。

---

② 这部分的内容主要是孙凯博士在攻读博士学位期间和我讨论形成的,图形由孙凯绘制。

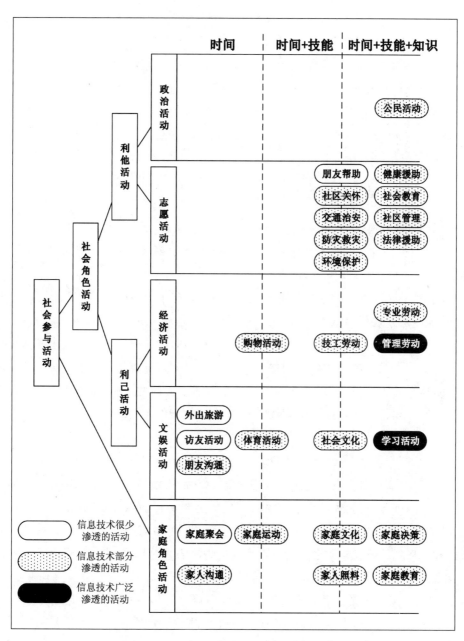

图 5.3 信息技术作用下的社会参与分类模型

虽然我们只按照现阶段常用信息技术的渗透程度对社会参与进行分类,但是不可否认的是,在未来随着新型信息技术的出现和普及,信息技术广泛渗透的活动将会越来越多。例如,在现阶段家庭聚会很少受到信息技术的渗透,但是随着虚拟现实(Virtual Reality,VR)技术的发展,也许老年人在未来可以足不出户,通过网络在虚拟世界中与家人聚会。又例如,对于一部分老人来说,已经会用手机上的地图软件制订出行计划和宾馆预订软件预定旅程中的住宿了。最后,这个图中应该逐渐都会变成黑色背景了,换句话说,全部被信息技术渗透了。

5.2.3 不同老年期的社会参与模式

为了研究不同阶段老人的社会参与问题,首先应该对老人的不同阶段进行界定。也就是说,要解决进入老年期后,随着时间的积累老年人会经历哪些健康状态的转变,应该如何对老年期阶段进行细分?

现有学者一般按年龄对老年期阶段进行细分,如有学者将 60~69 岁、70~79 岁、80 岁以上的老年人分别称为低龄老人(Young-old)、中龄老人(Old)以及高龄老人(Oldest-old)(Jo & Lee,2009)。实际上,老年人社会参与模式的选择很大程度上受老年人的健康状况影响,而不仅是年龄的影响。例如,一个 75 岁的老人尽管从年龄上划分已经是中龄老人,但是他身体很好,还可以参加很多户外旅游活动。因此,使用健康程度比使用年龄分层来对老年人的社会参与进行阶段划分更加合理。当然,一般来说,随着年龄增长老年人的身体健康程度整体上会表现出下降的趋势。

日常生活能力量表(Activity of Daily Living Scale,ADL)一般用来测量老年人的健康程度。日常生活能力量表主要用于评定被试的日常生活能力。ADL 共有 14 项,包括两部分内容:一是躯体生活自理量表,共 6 项,即上厕所、进食、穿衣、梳洗、行走和洗澡;二是工具性日常生活能力量表,共 8 项,即打电话、购物、备餐、做家务、洗衣、使用交通工具、服药和自理经济。在得到老人的日常活动能力量表得分后,我们可以分为高、中、低三档,结合老人的年龄,将老年期分为三个阶段。

(1) 活力老人。日常活动能力很高、能够无障碍地开展各种日常生活活动的老人,以 70 岁以下的低龄老人为主,但不排除年龄更大但日常活动能力很高的少数老人存在。

(2) 自理老人。日常活动能力一般,虽然有些困难但还可以进行基本的日常生活活动的老人，以 70~79 岁的中龄老人为主，但不排除一些年龄更大或更小但日常活动能力一般的老人存在。

（3）非自理老人。日常活动能力差、需要在外部帮助下进行日常生活活动或完全不能进行日常生活活动的老人，以 80 岁及以上的高龄老人为主，但不排除一些日常活动能力非常低但年纪较小的老人存在。

对于活力老人、自理老人和非自理老人这样三个阶段的老人来说，不同类型的老年人情况不同，适合采取的社会参与活动组合也不同。某一阶段的最佳社会参与模式应该适应该阶段老人的特点，并有助于达到该阶段的成功老化。

根据访谈和观察，以及图 5.3 中对社会参与活动的归纳，我们将不同阶段老人经常参与的社会活动进行了划分（见图 5.4）。需要说明的是，这个图只是一个框架示意图[3]，最佳的社会参与模式还需要通过更多的实证分析得到。

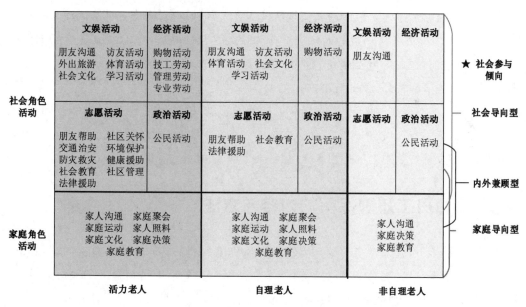

图 5.4　不同阶段老年人经常参与的社会活动框架示意图

---

[3]　这部分的内容主要是何迎朝博士在攻读博士学位期间和我讨论形成的，图形由何迎朝绘制。

图 5.4 中纵坐标代表两种社会参与活动的分类,即社会角色活动和家庭角色活动。横坐标为三种老年人的类型。横坐标和纵坐标交叉的每一个方格内代表了该类老年人可以参与的社会活动类型,如非自理老人因为其自身的健康状况较差,因此,能够参与的家庭角色活动仅限于少数对身体条件要求不高的活动,如家人沟通、家庭决策、家庭教育等;社会活动也仅限于朋友沟通、公民活动等基本的活动。

根据老年人参与社会活动的主要倾向,可以将社会参与的类型分为社会导向型、家庭导向型和内外兼顾型三种。

(1) 社会导向型参与是指老人更喜欢接触家庭外部的人,参与容易获得新的人际关系的社会活动。例如,喜欢参加文娱活动和志愿活动的老人,他们将群体活动当作自己快乐的源泉。

(2) 家庭导向型参与是指老人更喜欢接触家庭内部的人,在比较固定的家庭圈中活动。例如,喜欢参加家庭角色活动和文娱活动的老人,他们将家庭作为自己活动的中心。

(3) 内外兼顾型参与是指老人将家庭作为社会参与的基础,愿意尝试探索新的外部社会活动。例如,喜欢参与家庭角色活动和志愿活动的老人,他们在照顾好家庭的基础上,愿意更多地了解社会,尝试新事物。

基于图 5.4 的分类框架,在了解老年人所处的阶段以及社会参与的倾向的基础上,我们可以考虑合适的信息技术来支持老人的社会参与,使得老人的经验、技能和知识得到更好的使用,即发挥智慧用老的作用。

5.3 退休员工知识保留的内容与方法

老龄化趋势下,越来越多的员工将步入退休阶段。员工退休带来的直接问题是人员流失以及与该人员相关的知识流失[①],如图 5.5 所示。如果该人员是企业的关键人员,后期可能较难招募到合适的替补人员,该人员的退休就会给企业带来较严重的人力短缺问题;如果该人员掌握的是企业关键知识,且后继人员很难在短时间内获得这些知识,该人

---

① 本部分内容曾经以《退休员工知识保留的内容和方式研究》(汪长玉、左美云)为题于 2014 年 6 月发表在《中国人力资源开发》,收入本书时进行了删改。

员的退休就会给企业带来知识流失问题。因此,员工退休带来人力资源和知识管理方面的问题,这些影响是员工退休带来的最直接影响。一些关键人员流失和关键知识流失可能会导致企业创新能力降低,追求增加战略的能力受威胁,给竞争对手机会,增加组织的易受攻击性,运作效率降低等问题,这些问题是战略管理和运作管理方面的问题。

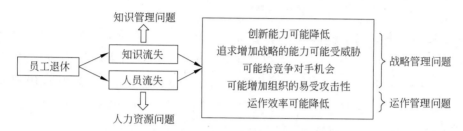

图 5.5 员工退休对企业管理的影响过程

由于员工退休会影响企业的人力、知识、运作以及战略等多个方面,因此,保留退休员工知识的工作需要提升到战略高度。总体来讲,退休员工知识保留战略包括确定退休员工知识保留内容(从战略管理、知识管理和运作管理角度确定需要保留的关键知识)、退休员工知识保留的方式(从知识管理、人力资源管理、运作管理角度确定保留的过程、活动和手段)。

5.3.1 退休员工需要保留的知识内容

退休员工所掌握的知识涉及多个方面的内容,并非所有知识都需要保留,要想成功地留住退休员工知识,有必要先识别需要保留知识的内容,明确知识保留的范围。

1. 退休员工知识保留内容与知识类型的关系

老年员工一般都掌握了大量的知识。在他们掌握的知识中,有些可能已经存在于组织,如工作文档等显性知识;有些实践知识却难以被获取和替代,如技术诀窍等隐性知识,这部分知识可能会随着员工的退休而流失。我们认为可能会随着老年员工退休而流失的那部分知识是保留退休员工知识工作的初步范围,即企业未保留的退休员工知识。为了识别这部分知识的范围,需要在知识分类的基础上建立识别框架。

现有学者从不同角度对知识进行了分类,如从显(隐)性角度将知识分为显性和隐性知识,隐性知识又被细分为隐式规则、隐式 know-how(简称 k-h)、缄默式 know-how、深度缄默知识(DeLong,2004);从层次角度将知识分为人力资本、结构资本、关系资本知识(Stewart,1994)。不同类别的知识其保留的必要性和难易程度不一样。相对于隐性知识而言,显性知识更容易转移且更容易防止流失,因此,一般情况下显性知识已被企业所掌握。

我们综合采用显(隐)性和知识层次这两种分类角度构建了如图 5.6 所示的未保留退休员工知识内容示意图。横轴是对知识的显隐性分类,将知识分为显性、隐性(隐式规则、隐式 know-how、缄默式 know-how、深度缄默),知识的保留难度随着隐性程度加强而逐渐增大;纵轴采纳 Stewart(1994)对知识的分类,将知识分为个体资本知识(如技能、经验)、结构资本知识(如企业制度、流程、文化)和关系资本知识(如客户关系)三个层次,其中,个体知识会随着老员工的退休而直接流失,而结构知识和关系知识会因员工退休而间接流失。图 5.6 中灰色框所表示的部分为组织可能尚未清晰保留的退休员工知识内容,即个体知识、结构知识、关系知识的隐性部分,这部分知识可能还未被企业完全掌握或显性化,可能会受员工退休的影响。

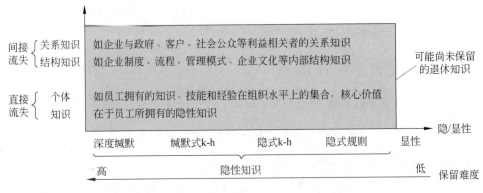

图 5.6 未保留的退休员工知识内容示意图

2. 退休员工知识保留内容与企业战略的关系

要强调的是,处于未保留状态的退休员工知识也并不是全部有用的,例如,一些保守文化知识或过去指导事情如何处理的知识,老年员工的离开反倒带来一个处理这些过时的或不再需要的知识的机会,提供一个新知识和观点引进的机会。

只有那部分影响企业绩效和战略发展的关键知识才需要投入精力进行保留,而阻碍企业发展的知识或不再需要的知识应该趁此机会进行处理。在确定企业需要保留哪些退休员工知识时,需要考虑企业的战略发展情况,对比现有战略下的已有知识和未来战略发展需要的知识,决定哪些未保留的退休员工知识是企业关键知识,对于那些对企业战略发展无用甚至阻碍企业发展的知识应果断抛弃。因此,那些符合企业战略发展的尚未保留的退休员工知识才是企业需要重点保留的知识。

3. 退休员工知识保留内容与保留成本的关系

保留退休员工知识并不是不需要代价的,在实施退休员工知识保留战略时需要各方面的投资。当该投资的成本高于知识流失带来的成本时,组织就需要考虑是否有必要投资保留这些知识,也许知识流失给企业带来的损失不大或可通过其他方式(如外包等)低成本获得。原则上,那些保留成本低于流失成本的那部分尚未保留的关键退休员工知识才是企业需要重点保留的知识,如图5.7灰色部分所示。因此,组织在选择要保留的退休员工知识内容时需要进行成本收益分析,当然,保留收益和流失成本包含的内容比较复杂,且影响具有长远性,所以,在分析时要充分考虑各方面的因素。

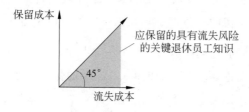

图 5.7　退休员工知识保留内容与保留成本的关系

4. 退休员工知识保留内容的识别框架

在综合分析退休员工知识保留内容与知识类型、企业战略、保留成本之间关系的基础上,我们建立了如图5.8所示的退休员工知识保留内容识别框架。在制定退休员工知识保留战略之前,首先需要确定组织中哪些退休员工知识处于未保留状态;这些未保留的退休员工知识哪些对企业有关键作用,是否符合企业战略发展方向;在符合企业战略发展且处于未保留状态的退休员工知识中,哪些保留成本较低,通过保留退休员工知识的方式来避免知识流失所需要的成本是否比在这些知识流失后再采取其他方式处理的成本更低。

企业应该重点保留那些处于尚未保留状态的且符合企业战略发展的保留成本低的退休员工知识,如图5.8中灰色部分所示。

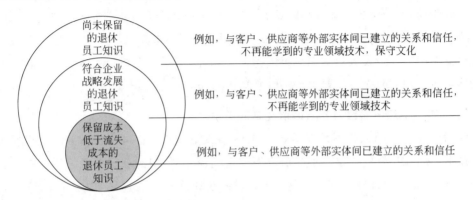

图 5.8　退休员工知识保留内容识别框架

5.3.2　保留退休员工知识的方法

明确了退休员工知识保留的内容范围,接下来要做的就是确定保留退休员工知识的方式。下面主要从知识保留的过程框架和知识保留的具体手段两方面进行阐述。

1. 退休员工知识保留的过程框架

借鉴波特的价值链理论,我们提出如图5.9所示的保留退休员工知识的价值链模型,以此作为保留退休员工知识的过程框架,作为具体工作的实施指南。

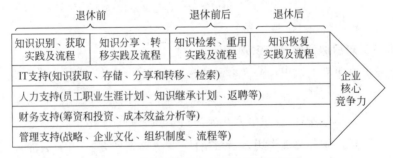

图 5.9　保留退休员工知识的价值链模型

如图 5.9 所示,退休员工知识保留的核心流程是在员工职业生涯过程中(退休前和退休后)采取一些实践及流程对员工的关键知识进行识别、获取、分享和转移、恢复、检索及重用。员工退休前,主要是识别和获取员工知识;员工退休后,需要恢复那些未保留的退休员工知识,而知识检索和重用活动在退休前后都应该包含。在保留退休员工知识的价值链模型中,除了知识保留的核心活动外,还需要得到 IT、人力、财务以及企业其他管理活动的支持,才能保障退休员工知识保留工作得到有效实施,最终共同实现保持和增加企业核心竞争力的目的。

2. 退休员工知识保留的具体手段

我们对学者们提到的保留退休员工知识的手段进行了分类整理,得到如表 5.1 所示的保留退休员工知识的手段选择列表。组织可以根据退休员工知识保留的阶段以及相应阶段目的选择对应的保留手段。退休前的目的是保留知识,企业可以根据需要保留的知识类型来确定选择保留到知识库(知识显性化)的手段或保留到人(知识社会化)的手段。退休后的目的是恢复知识,组织可以从使用退休员工、外包、再造三方面选择对应的手段。不管是退休前还是退休后,组织都要对知识进行存储和检索,不同知识载体可选择不同的手段。

表 5.1 保留退休员工知识的手段选择列表

阶 段	具 体 手 段
退休前	保留到知识库:例如,业务剧本、日常工作说明、年度调查问卷、经验总结、问答系统、视频记录、回忆录、临退休专家报告等
	保留到人:例如,行动学习小组、实践社区、午餐和学习活动、工作轮换、多年龄团队、旁观工作、导师项目、老年员工领导的课程培训等
退休前后	人为载体:例如,知识地图、社会网络分析、专家定位系统等
	物为载体:例如,基于网络的知识库、内容管理系统、经验教训数据库、电子文档等
退休后	使用退休员工:例如,返聘(临时任务聘用、咨询顾问、导师项目等)、保持关系(鼓励退休员工成为志愿者或保持通话、社会网络分析、创造企业校友等)
	外包:例如,任务外包、聘请外部有经验人员等
	再造:例如,外部专家培训等

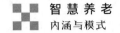

本节我们建立了退休员工知识保留内容的识别框架和知识保留的过程框架,未来还可以建立分行业的退休员工知识体系,为各行业明确需要保留的退休员工知识内容提供范围参考。

5.4 代际知识转移的前因和效果

在图5.9所示的保留退休员工知识的价值链模型中,我们看到退休前的员工可以有一个明确的知识转移流程,即将临退休员工的知识转移给年轻员工。员工退休以后,实际上,也可以采用知识转移的流程将知识保留下来,这时,一般来说,就不一定转移给原企业的年轻员工了。在不违反知识产权相关法律的前提下,退休后的员工可以将知识转移给社会上所有需要知识的年轻人。这些老人如果能把知识在代际之间传承下去,将能实现社会人力资本的代际积累和延续,最终实现社会、经济的可持续发展。代际知识转移这样一种典型的社会参与方式,既有助于老人实现老有所为,也有助于他们的成功老化。

代际知识转移的发生并不是理所当然的,年长员工和年轻员工都愿意参与同种类型的代际知识转移活动,才能保证其顺利开展。什么因素会促进年长员工和年轻员工参与不同类型代际知识转移活动?不同类型代际知识转移活动能给个体(贡献者和参与者)和组织带来一些什么样的有利影响?本节主要阐述代际知识转移为什么会发生(前因),以及进行代际知识转移有什么样的效果,至于代际知识转移可以采取的方法或手段,与表5.1中所列的退休员工知识保留手段类似,本节就不再赘述。

5.4.1 代际知识转移的分析框架

Joshi等(2010)学者在对已有"代"的概念化文献进行回顾的基础上指出,目前存在三类"代"的定义和划分方式:一类基于群体的身份,如可以根据进入组织先后顺序划分代(资深一代和资浅一代);第二类基于年龄的身份,如老年群体和年轻群体;第三类按照职位任职身份,过去、现在和未来的一代在任者,即通常所说的前任、现任和候任。本书中主要是参考第二类代的定义和划分方式:基于年龄的身份,将组织员工划分成年长一代和年轻一代。

成功地将年长员工的经验和知识传递给年轻员工(即代际知识转移)是防止组织遗

忘、实现新知识创造和组织知识持续性的重要手段。而受限制的代际知识转移会阻碍组织的发展,美国航天业就曾因代际知识转移问题,而陷入战略性困境;中国航天业的代际知识转移也曾一度遭遇战略性挑战,20世纪80年代末90年代初就出现了人才队伍青黄不接的严峻问题(王馨,2013)。

Noethen(2011)认为代际知识转移(Inter Generational Knowledge Transfer,IGKT)是年龄相差较大的群体之间的知识转移,可以是年长者到年轻者的向下代际知识转移(如组织中老年员工向中年和青年员工转移知识,中年员工向青年员工转移知识),也可以是年轻者到年长者的向上代际知识转移(如中年和青年员工向老年员工转移知识,青年员工向中年和老年员工转移知识),具体如图5.10所示⑤。本节重点分析年长到年轻员工的向下代际知识转移问题,即图5.10中的粗黑线部分。

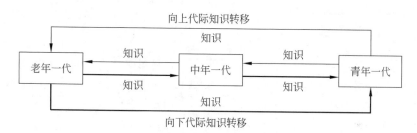

图 5.10　代际知识转移的概念模型

需要注意的是,除了代际知识转移,还有很多与之相类似的概念被广泛使用,如代际学习、代际知识传承等。其中,代际知识传承这一具有较强东方特色的概念在知识管理领域也得到广泛的应用,如在中医领域中,中医知识传承指的是老中医药专家向年轻医生的纵向知识转移,且转移的知识多为隐性知识;又如在家族企业中,企业家知识的代际传承指的是家族企业家(上一代创业者)将知识转移给下一代继承者(一般是子女)的行为。

从现有研究关注的行业来看,现有研究主要关注传统的、发展比较稳定的行业,如学校、政府管理部门、航天航空业、制造业、公共事业等,在这些行业知识更新速度相对较慢,

---

⑤　本部分内容的详细分析细节请参见我们的文章《代际知识转移研究:前因及效果》(汪长玉、左美云)。该文首先在第四届智慧养老与智慧医疗论坛上宣读,2018年被以书代刊的《信息系统学报》(即信息系统协会中国分会会刊)收录,收进本书时有较大删减。

知识能够随着时间积累,因此,年长员工尤其是快退休的专家的知识值得保留和传承。

在知识转移理论的基础上,我们建立了如图 5.11 所示的代际知识转移的基本分析框架。现有研究将影响知识转移的因素分为四类:知识特征、个体特征、个体间特征和环境特征(Argote 等,2003)。这些因素会对个体参与知识转移的行为、方式产生影响。从效果来说,知识转移首先会影响知识转移的直接参与者(包括年轻人和年长者),最终还会使得发起代际知识转移的组织受益。在组织内部,根据自己的知识战略导向,知识转移的方式可能表现为编码化策略(Codification Strategy)和个人化策略(Personalization Strategy)两种类型(Hansen 等,1999),不同前提条件下,知识转移的参与者会采取不同策略,而不同策略也会产生不同效果;根据媒介丰富度理论,不同 IT 支持程度的知识转移方式也受不同前因的影响,同时也会对不同利益相关者产生不同的效果。

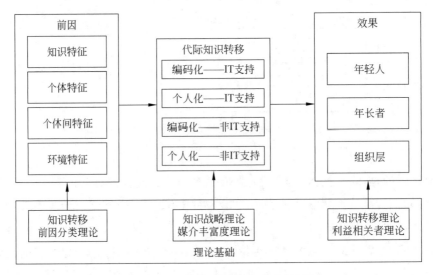

图 5.11　代际知识转移的基本分析框架

5.4.2　代际知识转移的前因

我们对截至 2017 年 7 月研究代际知识转移的中英文文献进行了全景式回顾,发现研究影响代际知识转移因素的文献有 22 篇。我们从知识特征、个体特征、个体间特征、环境特征(组织特征)这四个方面对影响代际知识转移行为因素的关键研究成果及理论进行分析和总结,并建立如图 5.12 所示的代际知识转移行为的前因模型。

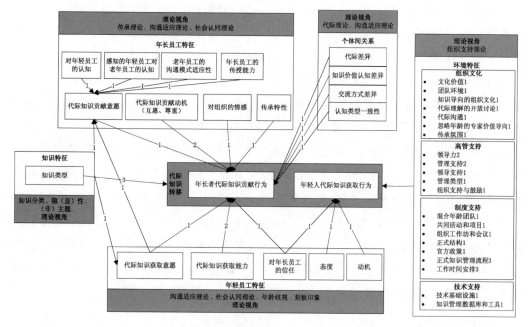

图 5.12 代际知识转移行为的前因模型

注释:虚线表示定性研究,实线表示定量研究,数字表示支持该关系的文献数。

1. 知识特征

根据已有研究可以发现,知识类型是代际知识转移的重要前因,知识分类的相关理论如显性/隐性知识、非主题/主题知识都可以用来分析知识特征对代际知识转移的影响。具体来说,个别定性研究通过案例或者访谈的方式发现,知识类型会影响年长员工参与代际知识转移的行为,例如,显性知识更易于通过编码化的方式存储,没有编码存储的隐性知识更值得进行转移;非主题知识和主题知识在代际知识转移的过程中起到不同作用,主题知识是转移的主体,非主题知识是辅助主题知识有效转移的保障、促进代际合作创新的基础(王馨,2011)。

2. 个体特征

个体特征包括年长员工特征和年轻员工特征两个方面。现有研究基于传承理论

（Generativity Theory）、社会认同理论（Social Identity Theory）、沟通适应理论（Communication Accommodation Theory）等对影响代际知识转移的个体特征进行了分析。例如，一些研究结合访谈数据和动机理论提出，年长者的代际知识贡献意愿、动机（互惠、尊重）、对组织的情感、传承特性⑥是年长员工代际知识转移参与意愿和行为的重要前因。此外，年轻员工的代际知识获取意愿和能力也会对年长员工知识贡献行为产生影响。

有些学者采用社会认同理论和沟通适应理论，对年长员工代际知识转移意愿的前因进行分析，发现老年员工对年轻员工的认知、老年员工感知到的年轻员工对老年员工的认知、老年员工的沟通模式适应性、老年员工的传授能力，会对老年员工知识转移意愿产生显著影响；而年轻员工对年长员工的信任度也会对年轻员工感知到的代际知识传承行为产生正向影响。在个体特征方面，现有研究更多关注转移双方特征对年长员工的代际知识转移行为的影响（提供知识给年轻员工）；但较少研究关注它们对年轻员工的代际知识转移行为的影响（获取年长员工的知识）。另外，现有研究主要关注一般的认知因素（如互惠、尊重等动机）对年长员工代际知识转移行为的影响，缺少研究对年长员工独特性认知因素与其代际知识转移行为的关系进行分析和验证。

3. 个体间特征

代际知识转移与一般知识转移最大的差异在于参与双方的年龄差，这种年龄差异会导致一些代际差异。通过代际理论、沟通适应理论，已有研究对个体间差异与代际知识转移的关系进行了分析。例如，有的研究指出，转移双方的代际差异、知识价值认知差异和交流方式差异会对年长员工代际知识转移意愿产生影响；也有研究证明导师和学徒之间认知类型的一致性能够对他们之间的隐性知识转移效果产生积极影响。

4. 环境特征

代际知识转移活动的开展，除了受上面三方因素的影响外，还需要环境的支持。一些研究发现了如下环境对代际知识转移的影响。

---

⑥ 传承特性包括很多，如"被需感（Need to Be Needed）""人生意义（Meaning in Life）"，以及"印记感"等。"印记感"的英文原文为 Symbolic Immortality，直译为"象征性不朽"，为了容易理解，我们将其翻译为"印记感"。"印记感"需求指的是人们具有开发并维持一个能够延续和永存的个人形象的基本心理需求。参见我们的文章《从传承理论视角看年长员工代际知识转移意愿》（汪长玉、左美云，《科研管理》，2017，38（8）：134-142）。

（1）组织文化，如文化价值、团队环境、知识导向的组织文化、代际理解的开放讨论、代际沟通、忽略年龄的专家价值导向、传承氛围等都是影响代际知识转移的文化环境因素。

（2）高管支持，如领导力、管理支持、领导支持、管理类型、组织支持与鼓励都是影响代际知识转移的高管支持环境。

（3）制度支持，如混合年龄团队、共同活动和项目、组织工作坊和会议、正式结构、官方政策、正式知识管理流程、工作时间安排等是影响代际知识转移的制度环境。

（4）技术支持，如技术基础设施、知识管理数据库和工具的可获得性都是影响代际知识转移的技术支持环境。

在上面四方面的环境支持（即组织文化、高管支持、制度支持、技术支持）的后面列举的具体支持，都是现有文献中分析过的因素。例如，在技术支持方面，有研究发现年长员工一般比较重视面对面交流关系的开发，更愿意采用面对面交流（如导师制、边干边学）的方式转移知识，而年轻员工更依赖于计算机等技术进行交流和获取知识。

5.4.3 代际知识转移的效果

我们对截至 2017 年 7 月研究代际知识转移的中英文文献进行了全景式回顾，发现研究影响代际知识转移效果的文献有 8 篇。我们将这些文献的结论从代际知识转移行为对个体（年长者和年轻者）和组织的影响分别进行描述，建立了代际知识转移行为的效果模型（见图 5.13）。

如图 5.13 所示，现有代际知识转移研究更多通过案例或访谈的方式了解代际知识转移的效果，例如，对年长者来说，代际知识转移可以使得他们感觉更加年轻，但是也会担忧知识被接受者错误使用；对年轻一代来说，参与代际知识转移使得他们更加尊重年长员工、获得更宽阔的眼界、提高专业知识水平，他们的工作效率和工作质量也会提高；对组织来说，代际知识转移可以促进组织工作的有效完成、实现知识创造、节约成本、保持核心竞争力。

有些学者采用定量研究证明分享知识或担任导师会增加年长者的基于组织的自尊（Organization-based Self-esteem）(Dunham & Burt, 2011)，年轻人获取代际知识后会对传承绩效(年轻员工的专业知识水平增加、工作效率和质量、竞争力)产生正向影响,代际知识转移行为会对组织创新能力产生正向影响。

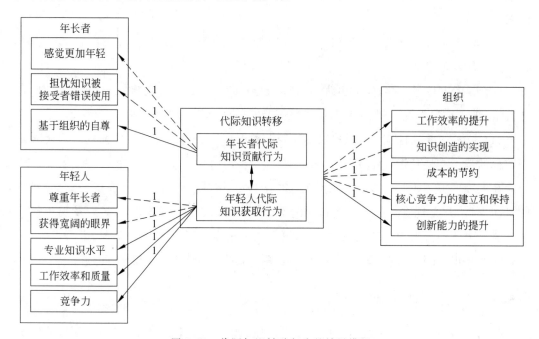

图 5.13　代际知识转移行为的效果模型

注释：虚线表示定性研究,实线表示定量研究,数字表示支持该关系的文献数。

由于篇幅限制,本节仅从前因及效果两方面对代际知识转移研究进行了较为系统的回顾和分析,而代际知识转移的内容、方式、过程等问题也是代际知识转移领域需要认真考虑的问题。在本节中,我们主要分析了年长员工到年轻员工的向下代际知识转移,未来还可以对年轻员工到年长员工的向上代际知识转移进行研究。此外,在本节中,向下代际知识转移被笼统地定义为年长员工向年轻员工的知识转移行为(包括老年员工到中年员工、老年员工到青年员工、中年员工到青年员工的知识转移行为);然而不同类型的代际知识转移行为可能会存在差异,未来还可以对老年员工到中年员工、老年员工到青年员工、中年员工到青年员工这三种不同类型的向下代际知识转移行为进行区分。

本章参考文献

[1] Argote L,McEvily B,Reagans R. Managing Knowledge in Organizations:An Integrative Framework and Review of Emerging Themes[J]. Management Science,2003,49(4):571-582.

[2] Baltes P B,Baltes M M. Psychological Perspectives on Successful Aging:The Model of Selective Optimization with Compensation. Successful Aging:Perspectives from the Behavioral Sciences,Cambridge University Press,1990,1:1-34.

[3] Bass S A,Caro F G,Chen Y P. Achieving a Productive Aging Society. Westport:Auburn House,1993.

[4] Bower B. Healthy Aging May Depend on Past Habits. Science News,2001,159(24):373.

[5] Bukov A,Maas I,Lampert T. Social Participation in Very Old Age:Cross-sectional and Longitudinal Findings from BASE[J]. Journal of Gerontology,2002,57(6):510-517.

[6] Butler R N,Gleason H P. Productive Aging. New York:Springer,1985.

[7] Chou K L,Chi I. Successful Aging among the Young-Old,Old-Old,and Oldest-old Chinese[J]. International Journal of Aging & Human Development,2002,54(1):1-14.

[8] DeLong D W. Lost Knowledge:Confronting the Threat of an Ageing Workforce[M]. Oxford:Oxford University Press,2004.

[9] Dunham A H,Burt C D. OrganizationalMemory and Empowerment[J]. Journal of Knowledge Management,2011,15(5):851-868.

[10] Hansen M T,Nohria N,Tierney T. What's Your Strategy for Managing Knowledge?[J]. Harvard Business Review,1999,77(77):106-116,187.

[11] Sherrade M,Morrow-Howell N,Hinterlong J,et al. Productive Aging:Theoretical Choices and direction[M]//Morrow-Howell N,Hinterlong J,Sherrade M,et al. Productive Aging:Theoretical Choices and directions. Johns Hopkins University Press,2001,260-284.

[12] Jo K H,Lee,H J. FactorsRelated to Life Satisfaction in Young-old,Old,and Oldest-old Women[J]. Journal of Korean Academy of Nursing,2009,39(01):21-32.

[13] Joshi A,Dencker J C,Fran Z G. Unpacking Generational Identities in Organizations. Academy of Management Review,2010,35(3):392-414.

[14] Noethen D. Knowledge Transfer in Teams and Its Role for the Prevention of Knowledge Loss

[D]. Bremen：Jacobs University,2011.

[15] Rowe J W,Kahn R. Human Aging：Usual and Successful[J]. Science,1987,4811(237)：143-149.

[16] Stewart T A. Your Company's Most Valuable Asset：Intellectual Capital [J]. Foaune,1994,130(7)：68-74.

[17] Strawbridge W,Cohen R D,Shema S J,et al,Successful Aging：Predictors and Associated Activities [J]. American Journal of Epidemiology,1996,144(2)：135-141.

[18] WHO. Active Ageing：A Policy Framework[R]. World Health Organization,2002.

[19] 陈小月."健康老龄化"社会评价指标的探索[J]. 中国人口科学,1998(03)：51-56.

[20] 杜鹏,加里·安德鲁斯. 成功老龄化研究——以北京老年人为例[J]. 人口研究,2003(03)：4-11.

[21] 穆光宗. 老年发展论——21世纪成功老龄化战略的基本框架[J]. 人口研究,2002,(6)：29-37.

[22] 宋全成,崔瑞宁. 人口高速老龄化的理论应对——从健康老龄化到积极老龄化[J]. 山东社会科学,2013(4)：35-41.

[23] 谭咏风. 老年人日常活动对成功老龄化的影响. 华东师范大学,2011.

[24] 王莉莉. 中国老年人社会参与的理论、实证与政策研究综述[J]. 人口与发展,2011,(3)：35-43.

[25] 王树新. 北京市人口老龄化与积极老龄化[J]. 人口与经济,2003(4)：1-7,13.

[26] 王馨. 代际知识转移的方法和机制研究——以中国航天业为例[D]. 北京：北京大学,2011.

[27] 王馨,周丽霞,刘佳. 代际知识转移研究述评——一个新兴领域的现状和走向[J]. 情报科学,2013,(1)：142-147.

[28] 邬沧萍,王高. 论"老有所为"问题及其研究方法[J]. 老龄问题研究,1991(6).

[29] 邬沧萍,姜向群."健康老龄化"战略刍议[J]. 中国社会科学,1996(5)：52-64.

第 6 章
智慧孝老与在线社交网络

如前所述,智慧养老包括三个方面的含义,分别是智慧助老、智慧用老和智慧孝老。智慧孝老是指用信息技术等现代科技孝敬老年人。智慧孝老有明显的中国特色,是未来我们可以进行文化输出的领域。6.1 节首先介绍了孝的内涵及其发展,分析了现代对于孝的九方面含义,建立包括九个模块的智慧孝老模型,并阐述每个智慧孝老支持模块的功能。

客观地说,关于智慧孝老的研究我们做得还很不够,九个模块的内容还值得深入探索。其中,"伴老"在互联网环境下含义比较广泛,既包括子女的陪伴,也包括老年人之间的互相陪伴。老年人利用在线社交网络(Social Networking Sites, SNS,如国外的 Facebook、Twitter 等,国内的 QQ 空间、微博、微信等)或虚拟社区就可以和其他老年人一起分享情感经历或者人生经验。6.2~6.4 节我们专门讨论老年人在虚拟社区和在线社交网络中的行为。

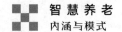

6.1 智慧孝老模型及 IT 实现

6.1.1 孝的内涵及其发展

A 市一患高血压、心脏病的独居老人在家中死亡。发病前觉得胸闷曾打电话向在外地工作的儿子求助,但因儿子鞭长莫及,邻居朋友也没有老人家门钥匙无法进门施救。当儿子从外地赶回时老人早已过世。

B 市 71 岁的赵大爷独自居住,爱喝酒的他常常酒后拨打 110 报警电话,有时是说没带钥匙,有时是说摔倒了,其实他是不堪寂寞,就想找民警以便说话。经统计,在过去的一年中,赵大爷竟然累计拨打了 1483 次 110 报警电话。

C 市一小伙在公交车上坐着,到站后,一位 60 余岁的老大爷上车,站在小伙边上,要求小伙让座。小伙不吭声,也不让座。老人生气,开始骂小伙。小伙依然不吭声,老人越骂越来气,挥手打了小伙脸上一巴掌。小伙躲闪,依然不吭声。车辆到站后,小伙摸着脸默默下车。老人一屁股坐下,气得呼呼喘气,口中连说"哼,他还不理我"。一分钟不到,突然,老人头一歪,没声音了。旅客急忙叫停车,打 120 求救电话。120 救护车到达时,老人瞳孔放大、心跳停止,老人已经死亡。医生诊断老人死于脑溢血。家人到达后,说老人有高血压病史,回家就快到服药时间了,这期间不能过于激动。

D 市一女孩抱着宠物狗上了公交车,并为其买票占座,自称帮途中上车的朋友占座。站立的六旬老太要求女孩把宠物狗占的座位让给她,不料却遭到女孩的谩骂。老太站立着到了终点站,而女孩的朋友一直未出现。

看到这些各种类型的不孝社会新闻,不禁唏嘘。每个人的一生,都要经历幼儿、少年、中年、壮年,最后步入老年。对老人尽孝,是尊重人生和社会发展规律的表现,也符合每一个人的长远利益和要求。因为关心今天的老人,就是关心明天的自己。

在中国传统伦理道德体系中,孝是最基本、最重要的道德。中国很早就有"孝悌为仁之本""百善孝为先"的说法。很多中国学者甚至将孝视为我国的根本文化,它反映了中国人特有的代际情感模式,是西方社会不具备的文化积淀。在党的十九大报告中明确指出,要"积极应对人口老龄化,构建养老、孝老、敬老政策体系和社会环境",第一次在党的最高文件中提出要"孝老"。

传统孝文化的起源可以追溯到夏、商、周时代,经过儒家学派的不断扩充,主要内涵如下。

(1) 供养父母:今之孝者,是谓能养(参见《论语》)。

(2) 陪伴父母:父母在,不远游,游必有方(参见《论语》)。

(3) 顺从长辈:不顺乎亲,不可以为子(参见《孟子》)。

(4) 尊敬长辈:孝有三:大孝尊亲,其次弗辱,其下能养(参见《礼记》)。

(5) 爱惜自身:身体发肤,受之父母,不敢毁伤,孝之始也(参见《孝经》)。

(6) 传宗接代:不孝有三,无后为大(参见《孟子》)。

(7) 光宗耀祖:立身行道,扬名于后世,以显父母,孝之终也(参见《孝经》)。

(8) 丧礼祭奠:惟送死可以当大事(参见《孟子》)。

当然,传统孝文化还被延伸到社会和国家层面,演化出孝悌和孝治的概念,属于广义的孝道,我们不做深入探讨。

随着时代的发展,现代中国人对传统孝文化进行了扬弃,并为"孝"赋予了新的含义。北京大学老年学研究所所长陈功教授团队于2005年进行了一次全国性的孝与养老观念访谈调研,根据该数据,我们将老年人接受调研时提到的65个词条进行归纳、整理,得到现代老人眼中的孝,包括下述九个具体内涵。

(1) 供养老人(供老):子女为父母养老提供物质保障。

(2) 照料老人(料老):生活中帮老人排忧解难,生病时对老人关怀备至。

(3) 陪伴老人(伴老):给老人带来精神慰藉,使其不感到孤独。在互联网环境下,这里的陪伴有更广泛的含义,既有"常回家看看"的子女回家看看,也可以是子女的远程陪伴；既有子女的陪伴，也可以是老年人利用在线社交网络或虚拟社区进行互相陪伴。

（4）顺从老人（顺老）：孝顺孝顺，顺是孝的重要方面。晚辈和长辈遇到矛盾或冲突时，应通过恰当的沟通解决问题，让老人保持良好心情。

（5）尊敬老人（敬老）：对待老人须表示应有的尊敬。

（6）忍耐老人（耐老）：子女对失能和失智老人应忍耐和包容，尽孝是个持续的过程。

（7）祭奠老人（祭老）：缅怀过世老人。

（8）不啃老：子女经济独立，不依赖父母生活。

（9）不扰老：在老人精神上可以独立自主的时候，子女不干预老人生活，特别是老人再婚或夕阳恋期间不纠缠老人。

作为对传统孝老方式的革新，智慧孝老利用信息技术等现代科技技术，在老龄化问题日益加剧的今天，帮助年轻人以更恰当的方式感恩和回报老人，进而推动中华美德的传承和孝老文化的弘扬。

智慧孝老与智慧助老、智慧用老一起构成智慧养老的三方面的重要内容。目前大家讨论智慧助老的比较多，产业界已经有了很多实践。智慧用老也受到学术界的关注，但是智慧孝老理论界的研究不多，更不要说产业界的实践了。本节结合当下对"孝"的内涵研究来探索智慧孝老的内容及其 IT 实现的方式[①]。

6.1.2　智慧孝老模型的九个方面

基于上述对当代孝老内涵的理解，我们构建了智慧孝老模型（见图 6.1）。模型的横坐标是时间，从左至右，表示时间的演进。时间维上部模块一的五个内容是日常情况下的孝老，第二个模块耐老是较长时间是否孝顺的内容。老人过世后，年轻人应当为其料理后事，并在很长时间中特别是约定俗成的祭奠日对逝者进行缅怀祭奠，因而最后一个模块是祭老的内容。

参照美国著名行为科学家弗雷德里克·赫茨伯格（Fredrick Herzberg）提出的双因素

---

① 这部分内容曾以文章《智慧孝老：模型及 IT 实现》（左美云、周晶瑜）发表在 2015 年 2 月份的《中国信息界》上，收入本书时进行了修改和完善。

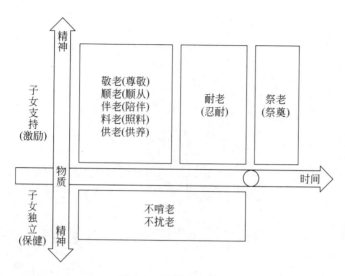

图 6.1　智慧孝老模型

理论[②]，我们可以把横轴上方的七个孝老元素归纳为孝的激励因素，因为当子女给老人提供或优化这些支持时，老年人变得更加愉悦；而模型下方的不啃老和不扰老两个内容可以归纳为保健因素。当子女物质上独立的时候，他们便不再啃老；子女做到让老人精神上自由的时候，老人可以自己决定自己的事情，即不扰老。

智慧孝老模型的核心是最左侧模块中的供老、料老、伴老、顺老、敬老，这是现代老年人对孝道最普遍的理解。这五个孝老的核心元素自底向上符合马斯洛的需求层次理论（见图 6.2 的左部和中部）：最底层的供养老人，是孝最基本的要求；其次是对老人的照料。通过供养和照料老人，满足老年人的生理需要和安全需要。中间是陪伴老人，给老年人带来精神慰藉和情感归属，满足了他们的情感需要（也译为社会需要）。模型的顶端是顺老和敬老，这满足了老年人受尊重的需要。马斯洛需求层次顶端还有自我实现需要，这

---

② 双因素理论（Two-factor Theory，或 Dual-factor Theory），也称为"赫兹伯格激励-保健理论（Herzberg's Motivation-hygiene Theory）"，是美国心理学家雷德里克·赫茨伯格（Fredrick Herzberg）提出的。他把企业中有关因素分为两种，即激励因素和保健因素。激励因素是指可以使人产生愉悦和积极行为的因素。保健因素是指容易产生意见和消极行为的因素。他认为这两种因素是影响员工绩效的主要因素。

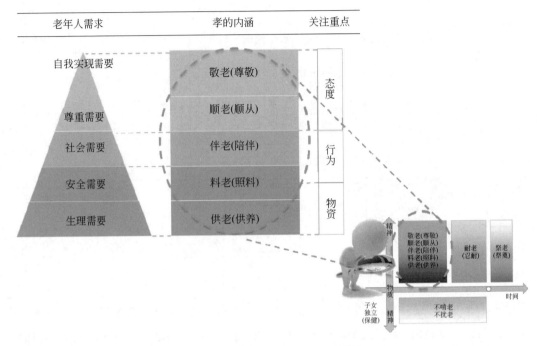

图 6.2 智慧孝老模型中的核心模块

主要是"智慧用老"所关注的部分。当然,如果老人有自我实现(如学习书法等艺术)的需求,子女应该通过顺从和尊重来表达孝敬。

这五个孝老核心元素所关注的重点也有所差别。供养老人主要是为老年人提供物资,满足老人的物质需求;由于照料老人一方面需要相应的物资支持,另一方面需要人工服务,所以既要关注物资也要关注行为;陪伴老人主要是关注子女的行为;顺从、尊敬老人则更多地关注晚辈对长辈的态度(参见图 6.2 的中部和右部)。

在上述智慧孝老模型中,孝老与助老有一些重合的内容,主要表现在供老、料老与伴老上。这三者也可以通过第 4 章中的智慧助老来实现。可以这么说,如果孝老采纳广义的含义,那么智慧孝老与主要给老年人的物质方面提供支持的智慧助老有一定的重合内容;如果孝老采纳狭义的含义,仅包括顺老、敬老、耐老、祭老、不啃老、不扰老这样的精神层面内容,那么,智慧孝老与智慧助老是相对独立的。

6.1.3 智慧孝老模型的 IT 实现

作为一个孝老的支持系统,智慧孝老可以通过方便携带的智能手机应用(App)及其他辅助物联网设备实现。智慧孝老的全面应用包含供老、料老、伴老、顺老、敬老、耐老、祭老、防啃老、防扰老九个智慧支持模块,老人或子女可根据实际情况选择性使用。

1. 供老智慧支持模块

供老智慧支持模块可以监测老人日常起居,发现老人衣食住行等方面的需求,并及时给子女发出提醒,一般具有需求监测、商品(服务)推荐和商品(服务)购买三大功能。

需求监测功能实时监测老人家里食品等生活物资的数量和保质期,并及时向子女发出购物提醒。系统还能根据老人身体状况和时间发现他们的需求,例如,当系统检测到老人走路不平稳或者平均步速低于临界值时,会告诉子女他们的父母可能需要一根拐杖;每隔三个月(系统可进行参数设定),系统给子女推送一次理发提醒,每年推送一次体检提醒;换季时会推荐气候变化后老人可能需要的衣物和其他生活用品。

发现需求后,老人和子女都可以在 App 中挑选系统推荐的商品(服务),并直接付款购买。付款时,子女可以绑定老人的支付渠道,当老人账户中余额不足时子女能够一键转账。对于没有购买能力的老人,可以直接扫条形码/二维码把商品(服务)信息发给子女,让子女代购。

2. 料老智慧支持模块

料老智慧支持模块可以通过一键求助功能、健康检测仪等设备辅助子女对老人进行起居照料和健康照料。这一模块的功能如果扩展与智慧助老系统将会有较大的交叉。

老年人在日常生活中难免遇到各种各样的问题,灯泡坏了、下水道堵塞、计算机中了病毒……智慧孝老 App 中的料老模块应该设有"一键求助",老年人只需按下按键说出需求,子女就能收到提醒并根据系统建议给出解决方案。

健康状况不佳的老人更需要子女的照顾。智慧料老系统通过跌倒检测系统、床垫式生命检测仪、生命体征检测设备 24 小时监测老年人的生理指标。老人夜间翻身次数、深度睡眠时间等数据都被记录下来。甚至在老人如厕时,智能马桶都会自动收集和分析老人的排泄数据,检查老人的健康状况。子女们每天早上收到老人的健康报告。

这样,即使子女不能时刻陪伴在老人身边,也能掌握老人的生活、健康状况,并按需提供最及时的帮助和照料,前面案例中"老人在家发病身亡"的悲剧才会不再出现。

3. 伴老智慧支持模块

伴老智慧支持模块可以包含提醒功能、多媒体远程陪伴系统和伴老水平评价等功能。提醒功能可以给子女定时推送陪伴老人提醒,例如,让他们每天给老人打个电话,每周看望一次老人,每月陪老人去一趟公园,每年给老人过一次生日。当然,具体的次数都可以在系统中进行参数设定。通过多媒体远程陪伴系统,老人和子女可以通过简单易用的视频电话做到天天"见面",也可以实现老年人之间通过在线社交网络或虚拟社区互相聊天互动。

智慧孝老 App 可以监测并记录子女与老人的距离、对话时间,计算出子女陪伴老人(如一起看电视、一起购物)的时间和效率,给他们打出"伴老得分",以及他们在所有家庭成员或朋友圈中的伴老大致排位。有了类似微信朋友圈中运动排名这样的机制,可以激励子女更好地做好陪伴老人的行为。

有了伴老智慧支持模块,老人获得足够的精神慰藉,也就不会再像前面案例中的老人那样拨打 110 报警电话干扰警察正常工作了。

4. 顺老智慧支持模块

顺老智慧支持模块主要依靠传感器、声音识别技术检测老人的情绪,并在危险时刻发出警报。老年人可以随身携带传感器(如腕表、项链)可以实时监测他(她)的血压、心跳、体温、环境中的说话声音分贝数,还能辨识主人(老年人)及其直系亲属(子女)的声音。

当传感器监测数据超过临界值时,智慧孝老 App 可以发出警报,提醒双方控制情绪。如果与老人发生争执者是其子女,App 会将这一"不良信息"记录在案;如果是其他人,则给老人的亲属发送短信提醒和 GPS 定位,告知他们老人可能遇到不顺(愉快)甚至存在生命危险。前面案例中如果那位公交车上要求让座的老人佩戴含有这个模块的智慧孝老 App,发出警报"老人血压已经 190 了,请对面的朋友注意了,老人可能发生危险。"也许这个年轻人就会注意自己与老人沟通的方式,或者旁边的旅客站出来提醒年轻人或者疏导老人的情绪。

智慧孝老应用可以将老年人一天的情绪状况记录下来,绘制成心情曲线。通过这一模块,子女总能及时了解老人的消极情绪,与他们及时沟通,聆听他们真实需求,然后想办法予以满足。

5. 敬老智慧支持模块

敬老智慧支持模块可以通过社会范围的敬老评价体系实现,辅以敬老行为引导和孝文化建设。如果建立全社会的敬老评价体系,那么所有人都有"敬老积分"。

当年轻人对老年人施以善行表示尊重时,老年人可以通过智慧孝老 App 给年轻人打分、评价来表达谢意。政府/为老服务机构则可以根据积分评选"敬老标兵",定期举办颁奖仪式表彰表现优秀者。年轻人还可以将评价体系中的积分用来享受市政惠民服务(如游览公园免票,享受音乐会门票优惠),也可以到智慧用老平台换取老年人的"劳动成果",例如,到经验分享平台向老年专家提问。

公共场所监测到有老人到来时,自动广播或告知敬老公告,提醒大家给老人让座,不要在老人身边大声喧哗或抽烟。前面案例中的抱狗女子由于其恶劣表现,就无法获得敬老积分。利用智慧孝老 App,公交车检测到老人上车后,便自动播放敬老公益广告。合理地引导和适当地奖励,将避免这类不尊敬老人的行为再次发生。

6. 耐老智慧支持模块

耐老智慧支持模块整合上述各个模块,持续监测年轻人的表现和老人的情绪,并将数据记录、整合和分析,获得年轻人的"耐老综合得分"。在时间维度上评价子女对老年人尽孝的程度。

俗话说"久病床前无孝子",对老年人渐渐失去耐心的年轻人,不仅会看到自己的孝老得分持续走低,也会收到及时的提醒,告知他(她)应当保持积极乐观的情绪。同时,系统会为其推送社会上感人的"孝老"事迹,以及父母含辛茹苦将子女抚养成人的宣传片,感化内心。

7. 祭老智慧支持模块

祭老智慧支持模块利用互联网技术,开辟"绿色祭祖"新方式。将传统的灵堂、墓地迁移到虚拟世界中,不仅可以省去清明节等祭奠日两地奔波的烦扰,还能减少因焚烧祭品带来的环境污染和森林火灾。人们只需轻敲网址,便可进行网上扫墓;只需轻点鼠标或轻触手机屏幕,便可为逝者送上一束虚拟鲜花。为了更好地缅怀逝者,亲友们可以在留言板上写下哀思，还可以上传逝者生前的文字、照片、传记供生者瞻仰。

8. 防啃老智慧支持模块

防啃老智慧支持模块包含虐待老人报警功能和消费监管功能。当老年人不愿意或没能力为子女的任性买单时，他们有权捍卫自己的权益。首先，在受虐报警模块，当老人由于受到虐待发出"救命"等呼救信号时，智能手机能够识别并自动报警，同时警告施暴者让其终止暴力行为。

其次，在消费监管模块，老人将自己的银行卡、信用卡副卡绑定到智慧孝老App中。当子女用老人的钱购物时，老人的手机会收到确认提醒。老人也可以为其设置消费上限。特别是，当子女每月消费金额超过老人每月可支配收入的一定百分比（如30%）可以给出警示或提醒，同时扣除相应的敬老智慧支持模块的"敬老得分"。

9. 防扰老智慧支持模块

防扰老智慧支持模块的功能主要是在老人精神上可以独立自主的时候，防止子女干预老人的自由，特别是老人再婚或夕阳恋期间经常打扰。例如，该模块可以设置门禁开启和电话接通等次数的监控。开启智慧孝老App中这些功能后，如果子女回家次数或打电话次数超过子女与老人双方约定次数，则视为打扰老人，给出警示信息，提示子女尊重老人自己的生活，减少对老人的打扰甚至是干预。

上述九方面的智慧孝老支持模块既可以单独使用，也可以组合使用。下边举一个模拟的使用场景。

35岁的小王是个外企白领，家安在北京，年迈的父母退休后住在天津老家。平时，他们都通过智慧孝老App交流。最近，小王从父母的健康报告中看出父亲每天的睡眠时间没超过五个小时已经一周了。于是，小王登录专门为老年人开发的社交网络平台，利用以前为老人让座获得的敬老积分提了一个关于如何治疗失眠的问题，得到许多老年专家的回应，小王决定买一个安睡枕头送给父亲。周五到了，智慧孝老App给小王推送一条周末回家探望的提醒。同时，供老智慧支持模块显示老人家里的牛奶即将喝完，小王在系统的推荐链接中选购了一箱高钙牛奶。周六一早，小王买上枕头，便携家带口直奔天津。到家时，牛奶已经送到，老两口笑得合不拢嘴。

孝是中国传统文化的核心，智慧孝老支持系统借助"智慧"的力量帮助子女和其他年轻人更好地与老人沟通,进而更好地尽孝,满足老年人物质和精神双重需求,使家庭更和睦,社会更和谐。

6.2 影响虚拟社区中老年人参与行为的因素模型

6.1节智慧孝老模型中的"伴老",主要是指子女对老人的陪伴。不过,由于当下社会竞争激烈、生活节奏加快,老年人也需要更多理解子女空闲时间的不足和生活的不易。那么,老年人之间的互相陪伴就非常重要。随着老年网民的不断增加,社会上出现了很多专门面向老年人的虚拟社区,成为他们进行情感交流、信息与知识交换,认识新朋友和学习新技术的平台,丰富了老年人的情感生活,对于更好地迎接老龄化社会有着积极的影响。

然而,老年人虚拟社区使用存在着以下几个问题:①专门针对老年人的虚拟社区注册会员人数非常少,且不如面向年轻人的虚拟社区活跃;②老年虚拟社区的管理者面临着老年人参与度低,社区持续发展非常艰难等问题。这些问题使得虚拟社区对于老年人的潜在支持作用无法很好发挥。究竟有哪些因素影响虚拟社区中老年人的参与行为?这既是一个值得研究的实践问题,也是有学术价值的理论问题。

针对这个问题,我们以社会认知理论和行为的"动机—机会—能力"理论为基础,分析了环境、认知两个方面的因素,构建了相应的模型,并通过定性分析的方法予以检验。我们的研究,将有助于更好地寻找可能影响老年人虚拟社区参与的因素,对老年人的行为进行建模,具有一定的理论意义;同时也为虚拟社区的管理者提供指导意见,更好地为老年人服务,使得老年人也可以享受到科技进步带来的福利,乐享自己的晚年,具有很好的社会意义。

6.2.1 老年人与虚拟社区

虚拟社区是指一群主要借由计算机网络彼此沟通的人群,他们彼此有某种程度的认识、分享某种程度的知识和信息、在一定程度上如同对待朋友般彼此关怀,从而所形成的网上虚拟团体。随着虚拟社区的流行,越来越多的老年人开始使用虚拟社区。老年人不仅在社区内与他人互动,如转发、@圈人、收藏、转载和回复等,也会在虚拟社区中建立联系之后,在虚拟社区之外与其他用户互动,如面对面交流,借助于电话、短信、E-mail、QQ

或是微信等交流。我们将老年人在虚拟社区内外与他人进行交流、联系、沟通和互动等彼此之间相互影响的过程,分别定义为虚拟社区内互动和虚拟社区外互动。

使用虚拟社区对老年人有积极的影响,尤其是那些专门针对老年人的社区论坛,能满足不同老年人的需求;论坛会员之间能相互帮助,提供情感支持,是老年人退休后新的社会支持的来源(谢立黎,2012)。老年人参与虚拟社区,通常希望有一定收获,例如,用于维系与亲友的关系网络,获取时事、健康与医疗信息、消费信息和在线课程等,进行购物、财务管理和旅行,或是建立在线的家谱、相册、游戏和培养虚拟爱好等(Nimrod,2010)。

退休后的老年人时间相对充裕,他们愿意在论坛、博客中分享自己的经验和阅历,对自己已经熟悉的社区忠诚度比较高,社区黏性较强,一般不会轻易离开某个社区。老年人比较喜欢使用自己已经熟悉的功能和应用;与年轻人相比,他们对社区提供的额外服务比较谨慎,不会轻易去尝试;与其他人交流时,老年人比较喜欢使用相对正式的表达方式,较少使用时髦的网络语言(Pfeil,et al.,2009)。

在参与过程中,外部帮助对老年人很重要。利用各种基于网络的技术,如 E-mail、新闻组、论坛、聊天室、博客、QQ、微信等,老年人彼此之间可以相互支持。此外,开放的公共平台环境(如老年大学或是养老机构中的公共上网场所)会促进老年人的网络使用。在这些场所中,老年人可以利用现存的社会关系,向周围其他人寻求帮助,或是与同伴一起交流自己的学习体会,这些交流互动对老年人的帮助会很大。因此,同伴之间的相互帮助和指导,尤其是老年人自己的线下关系网络,对老年人虚拟社区的参与行为有很大影响(Matzat,2010)。

从以上相关研究可以发现:①周围环境(如同伴支持)对老年人的网络或虚拟社区使用影响非常大;②期望收益、自我效能等认知因素会显著影响老年人的虚拟社区使用;③与年轻人相比,老年人对于自己熟悉的虚拟社区忠诚度高。因此,可以从环境、认知两方面分析影响虚拟社区内老年人参与行为的影响因素。

6.2.2 老年人在虚拟社区中参与的影响因素

社会认知理论认为:人的行为受环境、认知、行为三方面因素的交互影响,环境会直接影响以及通过认知因素间接影响个体的行为;发生互动的双方,一方的行为构成了另一方的"社会环境"存在(Bandura,1986)。行为的"动机—机会—能力"理论认为:个体要实施一定的行为,需要有一定的动机、实施这种行为的能力和机会,三者必不可少(Blumberg,et al.,1982)。

基于上述两种理论,我们将老年人围绕虚拟社区开展社区内、外互动作为环境因素(机会),将期望收益(动机)、自我效能(能力)和虚拟社区感(Sense of Virtual Community)作为认知因素,分析虚拟社区内老年人参与行为的影响因素。其中,期望收益(Outcome Expectation)是个体对某种行为可能给自己带来的好处的判断;自我效能(Self-efficacy)是指对自己是否能够成功地进行某一行为的主观判断,它与自我能力感是同义的。一般来说,成功经验会增强自我效能,失败的经历则一般会降低自我效能;虚拟社区感是指成员对虚拟社区的归属感,用来表征成员之间、成员与虚拟社区之间的感情以及成员关于自己的需求会在虚拟社区中得到满足的共同信仰。

为了简化讨论,我们仅对老年人在虚拟社区内的两种主要行为进行分析,即发表帖子的行为和浏览帖子的行为,这两种行为中,前者是老年人提供信息或情感支持的行为,后者是老年人接受信息或情感支持的行为。

1. 社区内外互动: 环境的直接影响

社会认知理论认为彼此交往的个体之间会相互影响,他人的行为对被研究对象来说是一种外在的社会环境,会对研究对象产生直接的影响。在虚拟社区中,存在类似的情况。对老年人来说,外部环境的支持尤其重要。调查发现,那些自己同伴、家人或是同龄朋友使用网络的老年人,他们使用网络的频繁程度比那些同伴、家人或是朋友不使用网络的老年人要高。也就是说,同伴等周围人的行为会影响老年人自己的行为。在使用虚拟社区的过程中,如果同伴之间能够相互支持或是能够向其他用户寻求帮助,老年人的社区使用行为将会显著增加。由此可见,环境的支持对老年人在虚拟社区中的参与行为有着正向影响。基于以上分析,我们提出如下假设。

H1a:感知到的社区内互动对老年人的发表行为有正向影响。

H1b:感知到的社区内互动对老年人的浏览行为有正向影响。

H1c:感知到的社区外互动对老年人的发表行为有正向影响。

H1d:感知到的社区外互动对老年人的浏览行为有正向影响。

2. 个人认知: 环境的间接影响

1)认知受环境影响后的动态变化

社会认知理论认为,受外部环境因素的影响,个体的认知是动态变化的。作为一种环境存在,社区内外互动为个体期望收益、自我效能和虚拟社区感的形成提供了机会,尤其是对于老年人来说,潜在的影响可能会更大。这是因为,随着退休和老龄化的到来,老年人会面临着社交圈子变小、活动地点变迁等问题,使用虚拟社区可以弥补这些问题。虚拟社区可以摆脱地理位置的限制,使老年人之间可以自由交流;由于虚拟社区中会员之间有着相似的爱好等,老年人可以在虚拟社区中发现潜在的朋友。因此,围绕着虚拟社区开展的社区内外互动可以为老年人提供很好的机会,使他们能更好地发现如何使自己的潜在收益最大化,从而通过虚拟社区满足自己的需求。基于以上分析,我们提出以下假设。

H2a:感知到的社区内互动对老年人的期望收益有着正向的影响。

H2b:感知到的社区外互动对老年人的期望收益有着正向的影响。

在互动的过程中,老年人可以向同伴寻求支持。例如,使用虚拟社区过程中,老年人可以借助 E-mail、QQ、微信等即时通信工具向同伴寻求支持;也可以在公共场所中,与同伴一起交流自己的学习体会等。同伴之间的相互支持对于老年人自信心的提高很有帮助,一般会正向影响老年人虚拟社区使用的自我效能感。围绕着虚拟社区开展的互动为老年人的自我效能感提升提供了机会。虚拟社区内外的互动氛围越强,老年人就越有机会去观察社区内其他用户的行为。当观察到其他用户还不如自己时,老年用户的自我效能感会提升;当遇见能力更强的用户时,通过向这些用户学习或是寻求帮助可以提升自己的自我效能感。因此,感知到的社区内外互动越频繁,老年人的自我效能感得到提升的可能性就越大。基于以上分析,我们提出以下假设。

H2c:感知到的社区内互动对老年人的自我效能有着正向的影响。

H2d:感知到的社区外互动对老年人的自我效能有着正向的影响。

在互动的过程中,社区成员可以发现不同用户在虚拟社区中的活跃程度,从而发现一些积极的或是与自己有相似之处的用户;相似的爱好等会让他们彼此之间觉得很熟悉,大家同属于一个社区的社区归属感可能会更强,从而提高他们的虚拟社区感。对虚拟社区中的老年人来说,参与虚拟社区内外互动可以为老年人带来更广泛的社交网络和新的社会联系。在频繁的互动过程中,新的朋友可能会逐渐变成老年人的固定交往对象。这些行为都会强化老年人的虚拟社区感。因此,围绕虚拟社区开展的互动越频繁,老年人就会对其他用户越熟悉,彼此之间的归属感等也会更强。基于以上分析,我们提出以下假设。

H2e：感知到的社区内互动对老年人的虚拟社区感有着正向的影响。

H2f：感知到的社区外互动对老年人的虚拟社区感有着正向的影响。

2) 个人认知：影响老年人社区参与行为的内在因素

一般来说，某种行为的期望收益越大，这种行为发生的可能性就越高。老年人参与虚拟社区，可以找到与自己有共同爱好的朋友，获得新的社会支持。由于离开原来的工作岗位和原来熟悉的环境，老年人活动的场所会发生变化，相应的社交圈子也会随之变小。参与虚拟社区可以扩大自己的社交网络联系，更好地融入当下的社会中，享受计算机和网络带来的便利。因此，潜在的收益会激励老年人去积极地参与虚拟社区活动。基于以上分析，我们提出以下假设。

H3a：期望收益对老年人的发表行为有正向影响。

H3b：期望收益对老年人的浏览行为有正向影响。

自我效能是个体对自己能否胜任某项任务或活动所需能力的判断，在个体完成目标、任务和挑战等活动中起着重要的作用。对于老年人来说，要想成功参与虚拟社区，具有足够的自我效能感非常重要。由于年纪的增加，面对网络和虚拟社区这种新兴的事物，很多老年人觉得自己落后了，没有能力参与其中，对计算机和网络存在着一种焦虑。要克服这种心理障碍，需要老年人有一种较强的自我能力感知，这对老年人参与行为的影响非常重要。当老年人对自己的能力有足够的信心时，他们就有可能成功地参与虚拟社区中的活动。基于以上分析，我们提出以下假设。

H4a：自我效能对老年人的发表行为有正向影响。

H4b：自我效能对老年人的浏览行为有正向影响。

虚拟社区感是社区成员的一种感觉，即觉得自己属于某个虚拟社区，是其中的一员，成员彼此之间有义务履行一定的承诺去满足他人的需求。虚拟社区感非常适用于解释虚拟社区中老年人的行为。根据我们的观察，老年人通常会非常忠诚于自己习惯的社区，对社区有较强的黏度，非常愿意在论坛、博客中分享自己的经验和阅历。老年人的这种行为可以用虚拟社区感解释：即离开原来的工作单位后，老年人会失去对原来单位的归属感；虚拟社区的出现弥补了老年人的这种心理落差，使得他们习惯于在某个社区论坛中活跃。基于以上分析，我们提出以下假设。

H5a：虚拟社区感对老年人发表帖子的行为有正向影响。

H5b：虚拟社区感对老年人浏览帖子的行为有正向影响。

除了以上因素外，年龄、性别、教育程度和在社区时间长短（即社龄）也可能会影响老年人在虚拟社区中的参与行为（Ryu et al.，2009），我们将它们作为控制变量。由于本节的研究主要是老年人采纳虚拟社区后的使用行为，目标对象都是已经开始使用网络和虚拟社区的用户，因此，为了与采纳问题相区分，我们将"网络经验"作为控制变量。

6.2.3 老年人参与行为的影响因素模型及检验

基于社会认知理论、行为的"动机—机会—能力"理论及上述假设，我们构建了老年虚拟社区内老年人参与行为的模型（见图6.3）。其中，社龄是会员加入某个虚拟社区的年数。

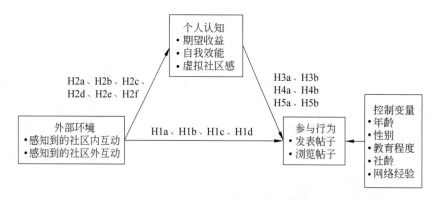

图6.3 虚拟社区内老年人参与行为模型

为了检验图6.3中模型的相关假设，我们采用了参与观察法（Participant Observation）、深度访谈法（In-depth Interview）和典型用户的网络使用行为等途径收集数据，通过内容分析和统计分析方法解读老年用户的参与行为。

参与观察法是定性研究中一种重要的数据收集方法和研究策略，它通过研究者亲身参与，如非正式访谈、直接观察、参与被研究群体的生活及集体讨论等，以一种"局内人"的身份去观察和理解被研究群体的行为，分析观察期间用户产生的活动数据和生活历史等，在人种学（Ethnography）、社会学、信息系统领域和社会心理学等学科领域得到了广泛的应用（陈向明等，2000）。参与观察法在以探索和描述为目的的科学研究初级阶段被认为是非常有用的,对于测量概念、检验假设及因果关系提出等方面很有帮助。

考虑到老年人在虚拟社区中的参与行为具有一定的探索性,且是对基于理论推导得出的模型进行检验,我们主要采用了参与观察法和深度访谈作为数据收集方法和研究策略,通过多种渠道收集了老年人在社区内外互动的数据,对图 6.3 中相关的假设进行了检验,定性数据表明,以上假设都得到了一定程度的支持[③]。

通过上述不同渠道的工作,我们有以下四点发现(下文括号中的注释为我们对受访者相关话语的解读)。

(1) 社区外互动对老年人的参与行为有正向影响。例如,在观察中,我们发现:当使用"老友帮"等虚拟社区遇见问题时,老年人喜欢就近问周围的同伴(更愿意与熟人互动),当同伴不容易找到时,他们会问相对陌生的培训老师,而且经常会说"我们太笨了,你们年轻人不要嫌弃"(自我效能低);有两个老年人曾经打电话说忘记了自己在虚拟社区的密码,团队人员帮助他们找回密码并帮助他们解决了其他的问题,使得他们心存谢意,更加愿意去使用"老友帮"社区(虚拟社区感,即有责任去做对"朋友"有利的事)。由此可见,社区外互动(例如,培训过程中的面对面帮助、通过 QQ 或是电话等的实时交流)可以解决老年人上网过程遇见的问题,提升他们的自我效能和虚拟社区感,促使他们更积极地参与到虚拟社区内的活动中来。

(2) 社区内互动对老年人的参与行为有正向的影响。在虚拟社区中建立特定的话题,会促进老年人的积极参与。例如,一位中国人民大学校园的社区工作人员这样号召大家:"这是我们人大社区自己的主题(一种虚拟的归属感),多在下面发言,就有可能在首页上看见我们人大社区(社区感驱动下的用户行为)。"围绕话题,老年人会发表帖子参与,例如,"我今天学会了如何下载伴奏音乐,开心"(有一定的收益),"我们社区的×××要参加北京市最美社工评选活动了,大家多多支持下"(主动发起话题)等。这些话题发出之后,得到他们同伴及其他社区成员的响应,大家予以了"转发"和"评论"等,引发了社区内更多的讨论,如"如何帮助父母上网""利用科技关爱老年人"等。可以看出,围绕同一话题的社区内互动加深了老年人之间某个身份的认同,例如,"人大社区"让他们找到了一种归

[③] 本节的内容我们曾以文章《虚拟社区内外互动对老年人参与行为的影响研究》(周军杰、左美云、谢芳文)发表在《信息资源管理学报》的 2014 年第 4 期,收入本书时进行了删改,例如,此处简化了假设的分析检验过程。

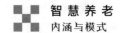

属感,促使他们更加积极主动地参与虚拟社区的活动。

(3)老年人的虚拟社区感较强,对自己熟悉的社区比较忠诚。我们发现:当在一个社区邀请老年人使用其他社区时,除非彼此之间是熟人,否则效果不明显。例如,在晚霞网上,当我们团队的一个博士生试图邀请一位名叫 HSCR 的老人使用"老友帮",这位老人在晚霞网上非常活跃,经常发自己的健身活动、生活、工作和人生见解等,参与社区的活动并经常与人争论。受到邀请后,他通过私信这样回答我们,"看到资料您是年轻人,我想恐怕我们之间不会有太多的共同语言(言下之意:在晚霞网中能找到与自己有共同语言的人)"。其他类似的婉拒也出现在新浪微博上。这些情况说明老年人一旦熟悉某个社区,其忠诚度会比较高,自我虚拟社区感强,并且这种虚拟社区感往往是在与其他用户不断的互动过程中产生和强化的,例如,通过互动在某社区网站上认识了与自己有"共同语言"的朋友。

(4)老年人很希望得到被人关注、承认和肯定这样的期望收益。老年人渴望自己在网络上得到更多的关注,这些关注会促使他们持续地做某件事。例如,有位老人同时使用网易博客和"老友帮",经常在上面发一些自己出行的见闻、儿时的回忆等。在网易博客上,他的博文很少有人浏览,更鲜有回复;对此,老人在接受我们的访谈时,曾经很疑惑地问道,"我感觉自己写得不差啊,比如这个'回忆1968'是关于'五七干校'等的回忆录,很多人都经历过的,怎么他们看了不感兴趣呢(希望通过分享自己的经历得到其他人的关注)?"同样的文章,在老友帮上却得到了积极的回复,引起了几个老年人的共鸣和年轻人的好奇,得到很多回复,并被收录进"老友帮文摘"编辑成了纸质版。收录进纸质文摘、其他网友给予浏览和回复交流等(社区内外互动)让这位老年人感到自己被人关注和认可,因而更加积极地参与到虚拟社区的各类活动中,并经常在上面更新奇闻乐事、自己心情和感触等。

总的来说,我们以社会认知理论和行为的"动机—机会—能力"理论为基础,通过定性数据,分析了影响虚拟社区内老年人参与行为的因素。研究发现,在参与虚拟社区的各类活动时,老年人存在一定的期望收益,例如,得到别人的关注、肯定等;与年轻人相比,老年人的自我效能较低,他们在参与虚拟社区活动时会表现得不自信;由于退休离开原来的单位,老年人希望在虚拟社区中找到新的朋友,建立新的归属感,因此,他们的虚拟社区感较强,对社区较为忠诚。这三种因素作为认知方面的因素,会直接影响老年人的参与行为;

而社区内外互动作为环境因素,会间接影响老年人的参与行为。

上述研究具有一定的实践启示,具体表现在系统设计、社区管理及企业实践三个方面。

首先,网站系统设计方面,在虚拟社区系统中可以开辟专门的板块,加入一些便于会员间相互联系的功能。我们的研究结论显示:虚拟社区内外的互动会强化老年人在社区内的参与行为。因此,在系统设计中可以开辟专门的"社区内外活动"板块:一方面,社区管理者可以主动地在该板块内向老年人发起社区外线下互动活动的征集邀请,使老年人主动参与到虚拟社区外活动主题的选择、过程的设计及组织中去,提高他们的社区归属感及社区活动的参与度;另一方面,社区管理者可以依托实体社区,组织老年人开展那些由老年人自己选择并设计的文体娱乐活动,并以影像图文等多种形式记录下来,然后上传到虚拟社区内的"社区内外活动"板块中,供更多的老年人欣赏、点评,从而激起他们的兴趣,促使更多的老年人参与进来。

其次,在虚拟社区管理方面,可以向老年人提供一些计算机及互联网方面的培训(实体或是在线视频),使老年人获得一些真实的学习收益,留住并吸引更多的用户参与到社区中。我们在实际培训及调研过程中发现,老年人其实从内心上并不抵触新事物。他们之所以不愿意使用计算机或是参与虚拟社区的活动,一是担心自己出错,二是因为没人指导。所以,虚拟社区管理者应该设法主动向老年人提供培训等(实体线下培训或是在线视频教程),提高老年人的自我效能等,促进他们的社区参与活动。由于老年人的忠诚度较高,他们愿意留在自己熟悉的或是对自己有帮助的社区;故通过培训等方式,社区管理者有望以极小的成本最大限度地留住社区用户,还可以通过他们的口碑宣传,提高自己社区的知名度。

最后,对于一般性的企业来说,可以利用虚拟社区,开展面向老年人的在线众包[④]活动。老年人往往有着丰富的知识经验和相对充足的时间,他们总体上对报酬不是特别看重,愿意分享自己的知识,向社会贡献自己的余热。因此,虚拟社区管理者可以利用自己

---

④ 众包(Crowdsourcing)指的是一个企业或机构把过去由内部员工执行的工作任务,以自由自愿的形式外包给非特定的(而且通常是大型的)大众网络的做法。老年人退休后地理位置相对分散,可以通过众包的方式协力完成某一项工作。

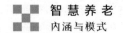

的平台优势,在老年人与企业之间牵桥搭线,开展面向老年人的在线众包活动。一方面利用老年人的知识优势,使得企业能够以较低的成本解决自己的实际问题,同时也能提升虚拟社区自身的平台价值;另一方面也可以丰富老年人的退休生活,促进他们积极老龄化。

6.3 在线社交网络中老人的行为类型及差异

随着互联网在我国老年群体中的普及率不断升高,技术和新媒体对老年人身心健康的促进作用得到越来越多的重视。在线社交网络(Social Networking Sites,SNS)的出现,作为一种关系导向的虚拟互动环境,不仅可以帮助老年人保持现有社会联系,还可以拓展新的社会关系,使他们不受地理和身体健康状况的局限获得更多的情感支持和信息支持(Goswami,et al.,2010),从而增强老年人的幸福感和生活满意度。

以往的研究多将老年人看作是一个同质群体,然而不同老年用户之间也存在差异。我们在某些微博平台进行观察时发现:有的老年人只是偶然发条微博,活跃度很低;有的发帖频率很高,非常活跃。有的老年人偏向发布单一话题的原创内容,有的只是转发和评论。有的老年人关注了很多陌生人,有的只是与熟悉的朋友相互关注。他们在参与方式和在线社交关系网络方面有着不一样的表现。老年人在使用社交媒体的过程中,持续参与程度也有所不同,很多老年人注册后,大部分时间是不活跃的,他们很快就不再用了,只有少数一部分老年用户保持着比较活跃的长期参与。如果老年人在使用过程中的体验较好,可能会促进他们长期持续使用社交媒体,否则,他们很快就会转变为沉默用户。

另一方面,已有研究多采用传统的问卷和访谈方式来获取数据,用户主观性较强,很少讨论老年人的实际使用行为特征。要全面理解老年用户使用社交媒体的实际行为类型和具体特征,就必须与客观的用户在线行为数据相结合,同时避免忽略老年人群体内部差异性的观点和做法。因此,我们认为,作为用户数据的两大要素,老年人的在线社交关系链特征和实际参与方式的差异需要深入探讨[5],这些差异与老年用户在 SNS 中的持续活跃度之间的关系也值得我们进一步挖掘。

---

[5] 本节内容曾以文章《老年用户使用在线社交网络的行为类型研究》(柴雯、左美云、田雪松、常松岩)发表在 2016 年的《情报杂志》第 7 期上,收入本书时做了删改。

6.3.1 老年用户的识别与数据处理

1. 老年用户的识别

为深入分析老年人使用 SNS 的具体行为和差异,我们需要收集老年用户在 SNS 平台的具体数据。而要获得数据,需要在 SNS 平台中找到一定数量的老年用户样本。由于 SNS 平台有海量用户,要找到符合标准的老年用户,不能对所有账户一一判断核对,要解决这一问题,需要通过适当的方法来定位和识别老年用户。我们通过以下步骤来选取老年用户作为数据采集和分析的对象。

1) 初步定位,缩小识别范围

初步定位包括两个重要环节,分别是"关键词初步定位种子用户"和"多重关系链扩展定位"。前者是指用与老年人强相关的关键词(如退休、知青⑥、老年人、子女等)搜索用户群组、个人用户账号和用户发表的内容,初步确定种子用户;后者是指利用初步定位的种子用户的关系链,包括他们的关注、粉丝、互动行为和加入的其他群组,通过多重拓展来获取和定位更多疑似老年用户。

在采用关系链拓展定位疑似老年用户时,我们借鉴了由美国学者罗斯(1962)提出的"老年亚文化群理论"。该理论回答了老年人社会参与的心理需求问题,即只有在同群体中老年人才能减少压力、获得快乐。该理论旨在揭示老年群体的共同特征,并认为老年亚文化群是老年人重新融入社会的最好方式。按照罗斯的观点,只要同一领域成员之间的交往超出和其他领域成员的交往,就会形成一个亚文化群。老年人口群体正是符合这个特征的一种亚文化群体。老年人因为共同性而结为一个群体,在一定程度上能使他们产生群体精神和群体自豪感。

2) 对初步定位的用户进行筛选过滤

将以上两个环节初步选取的疑似老年用户进行筛选,筛选依据是用户个人属性数据(即用户填写的个人信息)。若用户直接(出生年份)或间接(已退休、老知青等)指出自己

---

⑥ 知青是"知识青年"的简称,是一个特定历史时期的称谓,指从 20 世纪 50 年代开始一直到 20 世纪 70 年代末期为止从城市下放到农村做农民的年轻人,这些人中大多数人实际上只获得初中或高中教育。这些人目前都相继退休,进入老年生活。

的年龄属于我们之前界定的范畴,则确定为老年用户。

3) 二次筛选以上步骤中排除的老年用户

并非所有老年人用户都会在自己的个人信息中填写与年龄有关的信息,我们需要进一步检查被排除用户发布的内容,若其发布的帖子或评论中直接或间接(已退休、老知青等)表明用户的年龄属于我们之前界定的范畴,则重新确定为老年用户。

2. 老年用户数据的收集

我们以国内某知名微博为例,利用该平台提供的搜索引擎和上述老年用户识别框架,通过人工判断和搜索的方法确定样本对象。最终,我们识别并定位到 224 位老年用户。然后我们使用该平台的 OpenAPI 和自己编写的爬虫软件来获取用户行为数据、社交网络数据和属性数据。

(1) 用户行为数据包括原创、转发、评论,主要用来表征用户的参与方式。

(2) 用户社交网络数据包括关注数、粉丝数,表征用户的社交关系链特征。

(3) 用户属性数据包括所在省份、注册时间、性别、经验值、等级、简介、标签。

为保护用户隐私,我们对获得的数据进行了清洗,确保不与现实中的老年用户一一对应。在我们获取的数据当中,最早注册使用的用户开始时间是在 2010 年 6 月,该时间点作为我们收集数据的起始点,数据收集期自起始点后延续近三年(共计 978 天)。在我们选取的样本中,最晚注册用户的注册天数也达到了 157 天。

3. 老年用户数据的处理

为了研究老年用户参与方式和在线社交关系链特征的差异,以及这些差异与老年用户持续参与程度之间的关系,我们采用以下研究方法。

1) 聚类分析

聚类分析是将数据或样本划分到不同类别或者簇当中的一种数据分析过程。同一个类或簇中的对象有很大的相似性,而不同簇间的对象有很大的相异性。聚类分析是一种探索性的分析,在分类的过程中,人们不必事先给出一个分类的标准,聚类分析能够从样本数据出发,自动进行分类。我们采用最常用的 K-means 算法[7]对老年用户行为和社交

---

[7] K-means 算法是基于距离的聚类算法,采用距离作为相似性的评价指标,即认为两个对象的距离越近,其相似度就越大。该算法认为簇是由距离靠近的对象组成的,因此,把得到紧凑且独立的簇作为最终目标。

网络特征分别进行聚类分析,并针对得到的不同类别进行分析。

2) 回归分析

我们不仅关注老年用户群体内部的持续参与程度、参与方式和社交网络这三方面特征的差异,也同时关注这些差异之间的关系。因此,我们采用回归的方法分析了参与方式和社交关系链特征与老年人持续参与程度之间的关系。

6.3.2 老年用户的描述性统计

在确定的224位老年用户样本中,58%是男性用户,42%是女性用户,分布于全国多个直辖市/省/自治区(其中,已经标明位置信息的老年人来自16个直辖市/省/自治区),并有86个老年人通过个人简介或贴标签的方式公开了部分个人信息。通过个人简介公开的内容主要包括职业、个人经历、年龄等,通过个性标签显示的信息主要包括性格特征和爱好。

表6.1是对用户数据的描述性统计,包括用户的注册天数、持续参与天数和活跃天数、社交关系链概况和其他属性。根据注册天数来看,用户自注册时间以来最短已接近半年,最长的达到近三年。持续参与天数表示初次参与和最后一次参与之间的连续最大时段。活跃天数表示有发表行为的绝对天数,发表行为包括原创、转发和评论。根据以上三个指标和活跃天数与注册天数的比值,不同用户间的行为差异较大,且老年人整体活跃度较低。其中,最短的活跃天数为3天,最长为806天,均值为174.0天。活跃天数与注册天数的比值在最大值97.5%到最小值0.8%之间变化,均值为24.40%。

表6.1 老年用户的描述性统计表

统 计 信 息	均值	标准差	最大值	最小值
注册天数/天	719.8	160.1	977	157
持续参与天数/天	693.7	174.2	977	13
活跃天数/天	174.0	160.7	806	3
活跃天数/注册天数/%	24.40	21.80	97.50	0.8
关注数	282.3	448.6	2876	3
粉丝数	199.9	293.1	1959	2
月均发表数/条	32.55	126.9	1804.4	0.2
用户经验值	2369	3084.8	27457	123

这些老年用户的关注数和粉丝数的差异也十分显著，标准差分别为 448.6 和 293.1。进一步观察他们的月均发表数，也从最多的 1804.4 条到 0.2 条不等。综合体现用户参与的指标当中，经验值一项也存在显著差异。此外，我们对老年人发布信息的节律进行了初步分析，如图 6.4 所示。从图 6.4 中可以看出老年用户主要在周一到周四之间在 SNS 中发布内容，而周五至周日的信息数量明显较少。这可能是因为周末家庭聚会或外出，老年人使用 SNS 的时间明显比工作日少。在儿女或家人因为工作而无暇陪伴的时候，SNS 在一定程度上满足了老年人对于社会交往和情感的需求，实现了部分智慧伴老的功能。

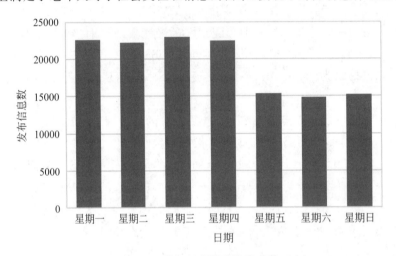

图 6.4　老年用户信息发布节律

以上统计信息表明，虽然老年用户群体在 SNS 中的参与程度和活跃程度相对其他年龄段用户处于一个较低的水平，但其群体内部还是有一部分活跃程度较高的老年人，深入分析这一部分活跃用户的行为特征和经验，有助于我们促进和帮助其他老年人从 SNS 中收益。

下面我们将从三个方面对老年用户进行聚类分析，包括持续活跃程度、参与模式和关系链特征。本研究选择常用的 K-means 聚类算法对老年用户进行聚类分析。初始聚类中心 K 分别设置为 2～10 个，进行多次聚类分析实验。通过系统误差和实际分组特征来选择最有效结果。最终展示的聚类结果需要满足系统误差较小、分组能刻画实际行为差异、没有明显的过度划分三个条件。

6.3.3 老年用户的聚类分析

1. 老年用户的参与模式

用户在 SNS 中可以通过发布原创信息、评论他人或转发他人发布的内容来参与互动。在分析老年人行为差异与特点时,我们关注不同类型的老年用户在互动方式偏好上的差异。因此,我们通过原创比例、评论比例和转发比例来对老年用户的参与模式进行聚类分析。

依照以上确定聚类群集个数的方式,我们采纳当 $K=4$ 时的聚类分析结果,如表 6.2 所示。总体来看,从群集 1 到群集 4 原创比例逐渐降低,评论和转发比例总体上升。群集 1 的原创比例大于 90%,其他两种方式几乎可以忽略,可被称为**自我表达型用户**。群集 2 的原创比例较高,有一定的评论比例,很少转发,可被称为**少量互动型用户**。群集 3 的原创比例和评论比例相当,均达到 40% 以上,同样很少转发,可被称为**互动分享型用户**。群集 4 以原创和转发为主,转发比例大于原创,可被称为**信息传播型用户**。从表 6.2 中可以看出,自我表达型用户占比较高,信息传播型和互动分享型相对较少。尽管我们的采样存在局限,但是这些持续使用的老年用户的行为特点反映出大多数老年用户的互动方式相对单一,不太擅长在线交友。

表 6.2 老年用户参与模式的聚类分析

变量	群集(老年用户数量)			
	群集 1(129) 自我表达型用户	群集 2(60) 少量互动型用户	群集 3(17) 互动分享型用户	群集 4(18) 信息传播型用户
原创比例	0.947	0.774	0.431	0.362
评论比例	0.027	0.127	0.488	0.055
转发比例	0.026	0.099	0.081	0.583

注释:群集 1(129) 中的 129 表示这类用户的数目,本节其他聚类分析括号中数目含义类似。

2. 老年用户的社交关系链

用户在 SNS 中的关系链,既包含粉丝数(关注自己的账户数),也包括关注数(自己关注的账户数)。关系链特征是用户参与互动的基础,我们将对老年用户关系链的两个基本特征进行聚类分析。

通过对比不同 K 值的聚类结果,我们发现当 $K=4$ 时,聚类效果最好,如表 6.3 所示。其中,群集 1 中的老年用户拥有大量粉丝,只关注适量的账号。他们属于比较有影响力的用户,类似于**意见领袖型用户**。群集 2 中的粉丝数和关注数都很高,关注数甚至高于粉丝数,表明他们有比较强的交朋友和获取信息的需求,属于**海量关注型用户**。群集 3 与群集 2 相比,粉丝数和关注数保持在一个相对适当的水平,其关注数仍然略高于粉丝数,这类用户属于**积极关注型用户**。集群 4 的粉丝数和关注数相当,都处于较低的水平。在这四组当中属于关系链资源较为匮乏的一类,也是这组当中数量占绝对优势的一组,可被称为**普通型用户**。

表 6.3 老年用户关系链特征的聚类分析

变 量	群集(老年用户数量)			
	群集 1(22) 意见领袖型用户	群集 2(9) 海量关注型用户	群集 3(42) 积极关注型用户	群集 4(151) 普通型用户
粉丝数	1236.700	879.385	312.182	106.114
关注数	106.200	1157.154	385.394	94.329

3. 老年用户的持续参与及活跃程度

我们希望通过分析老年用户参与行为模式和关系链特征的差异来与用户的持续参与和活跃情况建立联系。为此,我们引入持续参与程度和活跃度两个变量来刻画老年用户的使用行为。我们将持续参与天数通过线性归一化来表征用户的持续参与程度。求取活跃天数和持续参与天数的比值,来表述用户的活跃度。在与之前两次聚类分析得到的用户类型建立联系之前,我们也通过持续参与程度和活跃度对老年用户进行聚类分析。当 $K=4$ 时,系统误差较小,且不同群集的划分结果较为合理。因此,我们采纳该结果,如表 6.4 所示。

从表 6.4 可以看出,群集 1 中的用户持续参与程度和活跃度比较低;群集 2 中虽然持续参与程度不是最高的,但用户非常活跃;群集 3 和群集 4 中的用户持续参与时间较长,但群集 3 中活跃度要明显高于群集 4。以上结果表明,老年用户在持续参与程度和活跃

表 6.4　老年用户持续活跃程度的聚类分析

变量	群集（老年用户数量）			
	群集 1(38) 沉默的短期用户	群集 2(15) 活跃的中长期用户	群集 3(46) 适度活跃的长期用户	群集 4(125) 沉默的长期用户
持续参与程度	0.408	0.624	0.815	0.767
活跃度	0.178	0.810	0.442	0.132

度方面的确存在比较明显的差异。其中在持续参与期间，活跃度大于 0.4 的老年用户在我们的取样中仅占 27%，大部分老年用户的活跃度在 0.2 以下，几乎近一周才有一天有发表行为。由于我们采样方式的原因，不活跃且持续时间较短的用户比例可能被低估，但我们的聚类结果总体上反映出了老年用户之间的行为差异和一般概况。根据以上四种群集在持续参与程度和活跃度上的表现，将其分别命名为**沉默的短期用户**（群集 1）、**活跃的中长期用户**（群集 2）、**适度活跃的长期用户**（群集 3）和**沉默的长期用户**（群集 4）。

根据对参与模式和关系链特征对老年用户的分类，我们对比分析了不同类型用户的持续参与和活跃情况，如表 6.5 所示。不同类型用户的持续参与程度差异较小，而活跃度的差异较为明显，这与表 6.4 中的结果基本一致。参与模式属于信息传播型、关系链特征属于海量关注型的老年用户最为活跃，而参与模式属于少量互动型、关系链特征属于积极关注型的老年用户，持续使用程度最高。

表 6.5　不同类型用户的持续参与和活跃度分析

持续使用	参与模式				关系链特征			
	自我表达型用户	信息传播型用户	少量互动型用户	互动分享型用户	意见领袖型用户	海量关注型用户	积极关注型用户	普通型用户
持续参与程度	0.700	0.658	**0.738**	0.695	0.730	0.684	**0.774**	0.685
活跃度	0.227	**0.505**	0.244	0.190	0.161	**0.638**	0.340	0.213

综上，我们以微博为例，研究了老年用户的参与模式、关系链特征和持续参与情况方面的类型及差异，根据聚类分析结果，对不同聚类维度下的用户类型进行命名。具体研究发现如下。

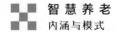

（1）老年用户的活跃度较低，其中沉默的长期用户占一半以上。

（2）根据参与模式（原创比例、评论比例、转发比例）将老年用户分为自我表达型、信息传播型、少量互动型和互动分享型四类用户。

（3）根据社交关系链特征将老年用户分为了意见领袖型、海量关注型、积极关注型和普通型四类用户。

（4）根据用户持续参与程度和活跃度将老年人划分为沉默的短期用户、活跃的中长期用户、适度活跃的长期用户和沉默的长期用户四种类型。

（5）参与模式属于信息传播型、关系链特征属于海量关注型的老年用户最为活跃。

（6）参与模式属于少量互动型、关系链特征属于积极关注型的老年用户，持续参与程度最高。

6.4 基于标签的老年缄默用户预测

在 6.3 节中，我们根据用户持续参与程度和活跃度将老年人划分为沉默的短期用户、活跃的中长期用户、适度活跃的长期用户和沉默的长期用户四种类型。那么，到底哪些是不说话的老年缄默用户呢？

有效预测出缄默用户中的老年人有助于为这部分用户提供诸如适老化用户界面、适老信息以及好友推荐等适老服务，减轻老年人使用社交网络的负担。

6.4.1 老年缄默用户与标签

在许多社交媒体中，有些用户注册只是为了游览信息，他们很少发表任何内容，这类用户被称为缄默用户（钱铁云等，2015）。

老年用户参与在线社交网络可以获得不同类型的社会支持，如情感支持、陪伴支持和信息支持，这些社会支持对老年用户身心健康是有利的。然而有些老年人表现出多疑、自卑、敏感等特点（倪洪兰，2008），我们团队在以往的调研中发现了类似的情况。我们发现（下面的楷体字内容源自团队前期的访谈记录），老年人在使用在线社交网络过程中有如下几方面的问题：①多疑问题。"社交网络上的帖子都是谁发的，权威吗？我更愿意相信熟悉朋友之间的口口相传"；②自卑问题。"我已经退休了，知识也落伍了，我在社交网络中发表的帖子有人看吗?""登录社交网络,需要熟悉许多计算机操作,我碰到问题不知道怎么办";③收益问题。"在社交网络中发帖对我有什么好处呢?"由此可见,一些老年人对于使用社交网络的意义存在一定的怀疑态度。

在各种宣传下,老年人可能注册了虚拟社区或在线社交网络账号,但是,其中一部分成为缄默用户。如何预测出社交网络中的老年缄默用户,帮助其克服在使用社交网络中遇到的困难,并且为其提供更好的适老化服务是目前社交网络需要关注的问题。

目前预测用户年龄的文献使用的方法主要是基于用户产生文本或者网络拓扑结构的,难以对发帖量较少的缄默用户进行有效预测。因此,我们虽然选择基于用户产生文本内容的预测方法,但是采用的文本是用户给自己设置的用户标签,而非用户所发帖子。

基于如下三个方面考虑,我们选择使用标签预测社交网络中的老年用户。

(1) 标签是对用户自身特点和兴趣的描述:邢千里等人(2015)发现,用户的标签内容与文本内容具有相似性,标签越相似的用户,其文本内容也越相似。

(2) 使用标签,有助于准确预测只浏览、不发帖的缄默用户年龄分组。邢千里等人(2015)的研究指出,使用标签内容进行预测的效果远好于使用微博内容进行用户关注关系预测的效果,这说明了标签在描述用户方面的价值。

(3) 使用标签预测而非网络拓扑结构预测,有助于准确预测好友较少的用户年龄分组。

6.4.2 数据来源与用户标签分析

1. 数据来源

我们采用新浪微博用户标签对社交网络中的老年用户进行预测,新浪对用户标签的定义:"添加描述自己的职业、兴趣爱好等方面的词语,让更多的人找到你,让你找到更多的同类。"微博用户可以自由选择关键词作为自己的标签,新浪微博允许每个用户最多添加十个标签词。

本节使用新浪微博用户简介中标签数据和出生日期数据作为实验数据。数据爬取使用部分种子用户,通过抓取其朋友数据来扩充用户样本数目。我们最终抓取了128 159条新浪微博用户简介数据。其中,47.9%的用户填写了出生日期,42.8%的用户填写了用户标签,27.2%的用户同时填写了用户标签和出生日期,15.6%的用户填写了用户标签但未填写出生日期,有 19 972 条。而在未填写出生日期却填写标签的这部分用户中,有 1594 位用户发帖数小于 10,我们把这部分发帖小于 10 条的用户定义为缄默用户。对这部分用户,很难使用传统的基于帖子文本的预测方法预测其年龄,而本节使用的基于标签将用户年龄分组的方法可以有效地解决这一问题。

2. 数据描述

我们使用既填写了用户标签又填写了出生日期的用户数据作为预测用户分组的训练数据和预测数据。首先对数据进行清洗,删除出生日期字段填写为 1930 年之前出生的和 2004 年之后出生的用户数据,这部分用户生日数据很大程度上并不真实;同时也删除简介中包含微商、代购、公司等关键词的用户信息,这部分用户非个人用户。处理后剩余 33 120 条个人用户数据,老年用户数据 281 条,非老年用户数据 32 839 条。并从其中选取全部老年用户数据和随机选取部分年轻用户数据作为实验用的数据集。我们假设用户填写年龄为用户真实年龄,将用户分为 11 组,每隔五年分为一组,分别对各组用户进行标签分析。目前政策下,国家法定的企业职工退休年龄是男年满 60 周岁,女工人年满 50 周岁,女干部年满 55 周岁。基于以上退休年龄,本节定义老年用户为年龄大于等于 55 周岁。

3. 标签分析

样本中老年用户平均标签个数为 3.38 个,非老年用户的平均标签个数为 3.6 个。可以看出,老年用户使用的标签词语略少于非老年用户。本节目的在于探索不同年龄段内标签分布热度是否有差异,借用 TF-IDF(Term Frequency-Inverse Document Frequency)算法[8]表示标签词在不同年龄段内热度指数,其中:

TF=某个标签词在该年龄段中出现的次数/该年龄段中出现最高频的标签词次数

IDF=ln(年龄分段总数/(包含该标签词的年龄分段+1))

TF-IDF=TF * IDF,可以看出,TF-IDF 值与一个标签词在某一年龄段内出现的次数成正比,与该标签词在各年龄段用户中的出现次数成反比。因此,TF-IDF 高的标签词,既

---

[8] TF-IDF 是一种用于信息检索与数据挖掘的常用加权技术。TF 的意思是词频(Term Frequency),IDF 意思是逆向文件频率(Inverse Document Frequency)。因此,TF-IDF 算法又称为词频-逆向文件频率算法。但由于中文比较长,且比较拗口,因而一般都直接说 TF-IDF 算法。

是这一年龄段中的高频标签词,也一般是这一年龄段的特有标签词,这样的标签词是我们所关心的,可以体现年龄对用户标签的影响。

我们分析了不同年龄段用户热度指数最高的前 20 个标签。由于老年用户较少,故老年用户的最终标签热度指数呈现结果可能会与真实结果有所偏差。结果显示老年用户与非老年的用户标签存在明显差异。

(1) 年龄 10~25 岁的用户。这些用户的热门标签中,包含较多如动漫游戏、游戏、music、星座运势、韩剧、电影、吃、睡觉、舞蹈、宠物图集等描述兴趣词语;包含较多如王俊凯、童星、行星饭、追星、TFboys、王源、EXO 等描述偶像词语;包含较多学生一枚、学生一族、高中生、学生、大学生等表明自身身份的词语;还包含较多如宅女等网络流行语标签;同时也包括较多如 00 后、90 后等明确表明年龄的词语。总体来看,这部分用户更多偏向于使用标签表明自己的年龄、描述自己的兴趣与个人价值观念,同时这部分用户的标签词风格更加偏向网络用户。

(2) 年龄 25~45 岁的用户。这些用户的热门标签中,包含较多如育儿百科、婚姻家庭等与家庭有关的标签;70 后、80 后、80 后的尾巴、85 后等明确表明用户年龄的关键词;职场招聘、销售与管理、创意设计、创业、努力等与工作相关的词语;LV、香奈儿、爱马仕、游戏、睡觉、数码、购物狂、移动互联网、书籍、读书分享、星座运势等描述兴趣的词语;健康、Health 等与健康相关的词语;股票分析、股票投资、私募、股票、涨停板、天使投资、银行、房产、房地产等与投资理财相关的词语。总体来看,这部分用户更多偏向于使用标签表明自己的年龄,描述自己的兴趣,表明自己的工作,同时会涉及一些与健康和理财相关的标签。

(3) 年龄 45~55 岁的用户。这些用户的热门标签中,包含较多如古玩、考古、书画、收藏、集邮、艺术服务、风物摄影、艺术鉴赏、翡翠彩宝、文物鉴定、陶瓷艺术家、艺术品、艺术陶瓷、绘画书法、书画艺术、摄影旅游、摄影艺术等与用户兴趣相关的词语;包含较多如合众人之力、天下一家、天下民生之事等表明用户关心社会民生的词语;也包含较多如 Finance、房产、投资者等与投资理财相关的词语。总体来看,这部分用户更多偏向于使用标签表明用户的兴趣,以及表明对社会和理财等领域的关心。

(4) 年龄 55 岁及以上的老年用户。这些用户的热门标签中,包含较多如新闻工作者、书画名家、诗人等与工作相关的词语;包含较多如计算机软件、傅抱石、张大千书法、美酒、烟标收藏、诗词曲赋、摄像机镜头、书画收藏、历史讲坛、紫砂壶等与用户兴趣相关的词语;包含较多如优秀传承、社会公平、医疗等表明用户关心社会民生的词语。老年用户的标签更多表明用户的兴趣和表明自身对社会民生领域的关心。

不难看出,老年用户与非老年用户标签风格以及内容均有所不同,同时非老年用户中各年龄段不同,标签风格也不相同。表现在不同年龄段用户关注重点不同。例如,一个用户标签中出现"育儿百科",那么我们很容易判定这个用户是老年用户的概率较小。因此,将兴趣标签作为年龄分组预测的特征具有一定的合理性。

6.4.3 老年缄默用户的预测

我们采用 Word2vec 和 LDA 两种方法对用户标签进行特征抽取,使用简单逻辑回归(Simple Logistic Regression)、支持向量机(Support Vector Machine),本节采用 LIBSVM 分类器)、随机森林(Random Forest)、逻辑回归(Logistic Regression)、多层感知器(Multilayer Perception)和随机树(Random Tree)等机器学习常用分类模型对老年用户进行预测。

1. 特征提取方法

本节分别采用 Word2vec 和 LDA 两种特征提取方法提取用户标签中的特征。

1) 使用 Word2vec 提取特征向量

Word2vec 是 Google 公司在 2013 年开放的用于训练词向量的软件工具。它可以根据给定的语料库,通过优化后的训练模型快速有效地将一个词语表达成向量形式。本节使用所有用户标签作为语料库用来训练 Word2vec 模型。通过 Word2vec 模型,将用户标签标示为特征向量形式。

2) 使用 LDA 提取特征向量

LDA(Latent Dirichlet Allocation,潜在狄利克雷分配模型)文档主题生成模型是目前最常用的层次概率模型,用来对文档的主题进行提取。

LDA 所基于的思想是每一篇文档都是由很多个主题混合而成,并且每一个主题又是由很多的词语混合而成。本节将一个用户的标签集(包含十个以内标签词)视为一篇文档,这个用户的不同兴趣类别视为潜在主题,将这个用户的标签词视为词语,产生标签集—兴趣和兴趣—标签词两阶段。通过 LDA 模型,将用户标签表示为特征向量形式。

2. 特征提取与预测

数据样本来自既填写了年龄又填写了标签的用户数据。其中,老年用户 281 名,年轻用户 32 839 名。有一位老年用户标签中含有"90 后"标签,因此手动删除这一用户,共计 280 位老年用户。同时在所有 32 839 名非老年用户中随机抽取 280 位非老年用户。本文使用这 280 位老年用户与 280 位非老年用户作为测试集。

1) Word2vec 抽取词语特征

Word2vec 模型语料库使用上述既填写了年龄又填写了标签的所有用户的全部词语数大于 2 的标签数据,共计 23 083 条。设置词向量的维度为默认 200 维,设置 min-count 为默认值 5,即如果一个标签词,在所有用户标签中出现的次数小于 5 次,那么这个词就会被舍弃。将用户标签中每个词语的词向量相加可以得到用户总的标签向量。

由于部分用户标签中词语过少,且这些词语在全部用户标签中出现次数小于五次,故无法使用 Word2vec 计算这部分用户的标签。开始所选取的 280 位老年用户和非老年用户经过训练好的 Word2vec 模型处理后,得到可计算非老年用户样本数量为 277,老年用户样本数量为 268,老年用户和非老年用户样本数大体平衡,适合使用各种机器学习中的分类算法。

2) LDA 抽取词语特征

LDA 模型语料库同样使用上述全部 23 083 条词语数大于 2 的标签数据,其中,话题数设置为 20,参数 alpha 设置为 2.5,参数 beta 设置为 0.1。LDA 预测时使用开始选取的 280 位老年用户和 280 位非老年用户,使用预先训练好的 LDA 主题模型,取得用户特征向量作为年龄分类的特征。

3. 预测方法的比较

使用"十折交叉验证"测试各模型的不同评价指标,模型评价指标包含正确率、ROC 面积[9]、准确率、召回率和 F 值。"十折交叉验证"即将数据集分为十份,轮流将其中九份

---

[9] ROC 曲线,即受试者工作特征(Receiver Operating Characteristic,ROC)曲线,是根据一系列不同的二分类方式(分界值或决定阈)绘制的曲线。ROC 曲线评价方法适用的范围非常广泛。ROC 曲线下的面积值为 0.5~1.0,AUC(Are Under Curve,曲线下面积)面积越接近于 1,说明预测效果越好。

作为训练集,一份作为测试集进行实验。

表 6.6 展示了在使用 Word2vec 和 LDA 两种抽取模型特征方法下,使用不同模型预测时各项指标的数值[10]。可以看出,在老年用户预测方面,Word2vec 抽取特征方法在各种模型的效果均要好于 LDA,原因可能是 LDA 属于文档主题模型,更适用于长文本分析,而不太适用于本节的标签文本分析。另外,使用 Word2vec 提取标签特征,使用简单逻辑回归和随机森林进行分类时,分类器达到最好的分类效果,其正确率分别为 66.2% 和 65.3%,F 值分别为 0.662 和 0.653。

表 6.6 不同预测模型精度预测比较

抽取模型	特征方法	简单逻辑回归	支持向量机	随机森林	逻辑回归	多层感知器	随机树
Word2vec	正确率	**0.662**	0.613	**0.653**	0.606	0.640	0.595
	ROC 面积	**0.695**	0.608	**0.706**	0.633	0.678	0.590
	准确率	0.663	0.650	0.653	0.606	0.641	0.595
	召回率	0.662	0.613	0.653	0.606	0.640	0.594
	F 值	**0.662**	0.583	**0.653**	0.606	0.640	0.595
LDA	正确率	0.543	0.523	0.571	0.561	0.534	0.559
	ROC 面积	0.593	0.523	0.583	0.593	0.512	0.558
	准确率	0.543	0.575	0.571	0.561	0.536	0.559
	召回率	0.543	0.523	0.571	0.561	0.534	0.559
	F 值	0.541	0.423	0.571	0.561	0.528	0.559

4. 老年缄默用户的预测

通过 TF-IDF 计算不同年龄组别用户标签词热度可以发现,社交网络中用户标签受年龄影响明显,因此,使用兴趣标签预测老年用户具有一定的合理性。对于社交网络中的缄默用户,传统基于用户产生内容文本的分类方法无法对其进行预测,使用标签文本有助

---

[10] 该节内容曾以文章《哪些老人不说话?基于标签的老年缄默用户预测》(左美云、侯静波、汪长玉)发表在《信息资源管理学报》的 2017 年第 4 期上,收入本书时有较大删改,并进行了一些必要的完善。

于克服这一难题。缄默用户在社交网络中卷入度低,我们需要给予这部分用户更多的关注,否则这部分用户与社交网络高卷入度用户之间容易产生信息鸿沟,致使这部分用户选择远离社交网络。在本文所爬取的数据集中,填写标签的却没有填写出生日期的缄默用户占到总用户数目的1.2%,使用本文的方法,有助于准确预测出这部分用户中的老年用户。

根据2017年新浪微博第四季度财报显示,新浪微博拥有活跃用户3.92亿。根据比例可以推断新浪微博有470万填写标签但未填写出生日期的缄默用户,可以用本文使用的方法预测出这部分用户中的老年用户。

根据实验结果可知,使用Word2vec方法提取用户标签特征,同时使用简单逻辑回归或随机森林模型可以较好地实现预测所有用户中的老年用户,正确率可以达到66%。因此,可以使用这两种模型对社交网络中的缄默用户预测,判断其是否为老年用户。成功预测出社交网络中的已填写标签信息却未填写生日信息的缄默老年用户,有助于为这部分用户提供诸如适老化用户界面等适老服务,减轻老年人使用社交网络的负担,同时也有助于为这部分老年用户推荐适老信息以及好友。

当然,我们的工作还有些局限,主要是因为所选取的样本数据中老年用户数据样本略小,导致TF-IDF标签热度指数中老年用户标签并不完全有代表性,同时导致各个模型精度欠缺。将来可以考虑增加老年样本数量。

本章参考文献

[1] Bandura A. Social Foundations of Thought and Action: A Social Cognitive Theory[M]. New Jersey: Prentice-Hall, Inc., 1986: 18-46.

[2] Blumberg M, Pringle C D. The Missing Opportunity in Organizational Research: Some Implications for a Theory of Work Performance[J]. Academy of Management Review, 1982, 4(7): 560-569.

[3] Goswami S, Köbler F, Leimeister J M, et al. Using Online Social Networking to Enhance Social Connectedness and Social Support for the Elderly[A]. International Conference on Information Systems (ICIS2010) Proceedings[C]. 2010: 109.

［4］ Matzat U. Reducing Problems of Sociability in Online Communities：Integrating Online Communication with Offline Interaction[J]. American Behavioral Scientist,2010,53(8)：1170-1193.

［5］ Nimrod G. Seniors' Online Communities：A Quantitative Content Analysis[J]. The Gerontologist,2010,50(3)：382-392.

［6］ Pfeil U,Arjan R,Zaphiris P. Age Differences in Online Social Networking-A Study of User Profiles and The Social Capital Divide Among Teenagers and Older Users in MySpace[J]. Computers in Human Behavior,2009,25(3)：643-654.

［7］ Rose A M. The Subculture of the Aging：A Topic for Sociological Research[J]. The Gerontologist,1962,2(3)：123-127.

［8］ Ryu M H,Kim S,Lee E. Understanding the Factors Affecting Online Elderly User's Participation in Video UCC Services[J]. Computers in Human Behavior,2009,25(3)：619-632.

［9］ 陈向明,等.质的研究方法与社会科学研究[M].北京：教育科学出版社,2000：5-12.

［10］ 倪洪兰.老龄化背景下老年人口的心理困扰与心理调适[J].消费导刊,2008(13)：42-43.

［11］ 钱铁云,尤珍妮,陈丽,等.基于兴趣标签的缄默用户性别预测研究[J].华中科技大学学报（自然科学版）,2015,43(12)：101-105.

［12］ 邢千里,刘列,刘奕群,等.微博中用户标签的研究[J].软件学报,2015(07)：1626-1637.

［13］ 谢立黎.基于计划行为理论的老年人网络使用意愿影响因素研究[D].中国人民大学硕士学位论文,2012：44-49.

第 7 章
智慧社区居家养老

从支持老人的角度,智慧养老可以分为智慧助老、智慧用老和智慧孝老三种模式;从养老地点的角度,可以分为智慧居家养老、智慧社区养老和智慧机构养老。上海市在"十一五"期间率先提出9073的养老服务格局,此后各省也按照9073的格局建设养老服务体系①。9073养老服务格局一般是指老年人中的90%选择居家养老、7%依靠社区养老、3%选择机构养老。在这个格局中,90%的居家养老占最高比重,加上7%的社区养老,97%老年人都处于社区居家养老的服务体系当中。正是社区居家养老拥有最广的受众,因此,政策关注重点、社会资本关注重点都要转移到社区居家养老上来。在这样的背景下,我们把智慧居家养老和智慧社区养老合并为智慧社区居家养老,与智慧机构养老并列为两种不同养老地点的智慧养老实现模式。本章重点阐述智慧社区居家养老,智慧机构养老则在第8章中阐述。

---

① 北京市提出的模式是9064。9064的养老模式含义是,到2020年,90%的老年人在社会化服务的协助下居家养老,6%的老年人通过政府购买社区服务照顾养老,4%的老年人入住养老服务机构集中养老。

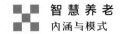

7.1 社区居家养老服务的信息需求

7.1.1 调研问卷的设计与回收

我国传统的养老模式以家庭养老为主,但是随着经济的发展和计划生育的实行,导致社会转型下的人口老龄化、家庭小型化,养老服务由家庭承担的部分将逐渐减少,由社会承担的部分将逐渐增多,最后向家庭和社会分别承担其重要方面的趋势发展。结合家庭养老和社会养老之优势,推行社区居家养老是我国当前最佳的养老模式。

当前,我国社区信息服务站基本覆盖全国地级以上城市,形成了市、区、街、居四级信息化管理,建立了社区信息综合平台,逐步实现社区工作互联互通。但是,在谈及社区信息化时,仍习惯于对社区一概而论,较少考虑不同人群的特点和与之对应的多样的信息化需求。在社区信息化研究中,针对具体人群的信息化服务研究比较少见,尤其是针对老年人群体的社区服务信息化需求的研究更是少见。为了推行智慧社区居家养老,我们对社区居家老年人信息需求进行了调查研究②,期望给为老服务企业或机构建设社区居家养老服务信息系统提供理论支持和实践指导。

在文献梳理的基础上,我们设计了社区居家养老服务信息需求问卷,问卷的题项核心关键词如表 7.1 的第 2 列所示,共涉及 29 个问题。在问卷设计时,我们首先明确了调查的目的和内容,确定调查对象,由于调查的人群是居家的老年人群体,在实施大样本调查之前,先初选了一部分老年人进行了试访,根据试访中发现的问题对问卷进行修改、补充

---

② 基于本次调查完成的论文《基于社区服务的居家养老信息化需求研究》(刘满成、左美云、李秋迪),刊登在《信息系统学报》2013 年第 11 辑上,收入本书时有删改。

和完善，最终形成完整问卷。

表 7.1　问卷数据描述性统计表

信息功能类别	问卷题项	认可程度标识	很重要/%	一般/%	不重要/%	合计/%
生活照料类信息功能	便民维修信息	★★★★	78.3	11.6	10.1	100
	家政服务信息	★★★	69.6	18.8	11.6	100
	老年食堂服务信息		27.5	58.0	14.5	100
	遇到突发事件时一键呼救信息	★★★	60.9	30.4	8.7	100
	理发等卫生照料信息		37.7	55.1	7.2	100
	副食品（如粮油米面等）代购信息		27.5	40.6	31.9	100
	日托中心服务信息		26.1	34.8	39.1	100
医疗保健类信息功能	建立医疗健康档案		34.8	49.3	15.9	100
	健康宣传、讲座、咨询等信息		30.4	52.2	17.4	100
	康复护理服务信息		31.9	40.6	27.5	100
文化休闲类信息功能	老年活动室的活动信息	★★★	65.2	24.6	10.1	100
	社区组织旅游活动的信息	★★	59.4	30.4	10.1	100
	图书阅览室的相关信息	★★★	63.8	30.4	5.8	100
	社区组织公益活动的相关信息	★★★★	71.0	24.6	4.3	100
	社区举办的专题讲座信息		36.2	40.6	23.2	100
体育健身类信息功能	社区的活动场所和设施信息	★★	52.2	31.9	15.9	100
	太极健身操等培训信息		30.4	49.3	20.3	100
	社区组织的晨练队信息	★★★	62.3	30.4	7.2	100
精神慰藉类信息功能	提供电话咨询服务信息		24.6	46.4	29.0	100
	社区组织的俱乐部信息	★★	58.0	31.9	10.1	100
	心理咨询方面的信息		36.2	43.5	20.3	100
	陪同谈心聊天等情感交流方面的信息	★★	55.1	31.9	13.0	100
	代编个人回忆录方面的信息	★★	50.7	30.4	18.8	100
	再婚牵线搭桥信息		26.1	37.7	36.2	100

续表

信息功能类别	问卷题项	认可程度标识	很重要/%	一般/%	不重要/%	合计/%
政策法律类信息功能	法律咨询、法律援助信息	★★★	62.2	26.1	11.6	100
	政府养老政策信息	★★	59.4	30.4	10.1	100
	养老保险信息	★★★	68.1	27.5	4.3	100
其他信息功能	工作机会信息	★	42.0	40.6	17.4	100
	建设养老服务网站信息	★★	56.5	29.0	14.5	100

注：回答"很重要"占百分比区间[40%,50%)标注为★，[50%,60%)标注为★★，[60%,70%)标注为★★★，[70%,100%]标注为★★★★。

老年人的人生经历大多数都比较丰富，对一般问题和事物不容易产生兴趣，这是我们调研面临的难题之一。为了让被调查者能积极接受我们的调研，首先从问卷设计上下工夫，一般简单、容易回答的问题放在前面，逐渐移入难度较大的问题，问题的排列考虑关联性、合乎逻辑性，便于老年人合作并产生回答兴趣。在正式填写问卷前，我们都认真地对被调查者进行解释说明，使其明白我们的调查意图，努力说服他们接受调研。调查过程中我们遇到这样一个案例，在某文化广场被我们随机拦截住的一位老年人，我们向他说明意图时，他的第一反应是："如果做拆迁问卷调查，我会积极填写，信息化跟我没关系"。鉴于此，我们就顺着他的拆迁话题，询问并和他交流了拆迁问题，在交流过程中，我们逐渐引导他谈论老年人和信息化方面的话题，拆迁问题也可以用网络及信息化手段向相关部门合理诉求，向他解释了信息化和养老的关系，最终他很愉快地配合我们完成了一份合格的问卷，临近分别时，他还夸奖我们说："你们做的是好事情，在为老年人谋幸福。"诸如此类的困难我们遇到很多，大都经过耐心沟通讲解得以解决。另外，老年人记忆力有限，在填答问卷过程中，随时可能遇到疑问，我们都耐心地针对他们提出的具体问题，给予详细的解释。

问卷主体部分主要调查了六大类别信息功能的需求，分别是生活照料类信息、医疗保健类信息、文化休闲类信息、体育健身类信息、精神慰藉类信息、政策法律类信息的需求，另外，还询问了老年人对待工作机会信息和建立社区信息化服务网站的态度，在人口统计学特征方面，询问了受访者的年龄并记录了性别。

本次调查对象是男 60 岁及以上、女 55 岁及以上在城市社区居家养老的老年人，累计共收回问卷 78 份，经过整理后，有效问卷 69 份。其中男性为 30 人，女性为 39 人，75 岁以下的老年人为 38 人，75 岁及以上的老年人为 31 人。利用统计分析软件，我们对问卷进行信度、效度分析。分析结果表明，编制的问卷具有较好的信度和效度。

7.1.2 信息需求的描述性统计

根据调查结果，我们对数据进行了描述性统计分析，结果如表 7.1 所示。由表 7.1 可以看出，我们调查的 29 个题项中，其中回答"很重要"（即打★号的）占百分比超过 40% 题项有 17 个，它们分别是生活照料类中的便民维修信息、家政服务信息、遇到突发事件时一键呼救信息；文化休闲类中的老年活动室的活动信息、社区组织旅游活动的信息、图书阅览室的相关信息、社区组织公益活动的相关信息；体育健身类中的社区的活动场所和设施信息、社区组织的晨练队信息；精神慰藉类中的社区组织的俱乐部信息、陪同谈心聊天等情感交流方面的信息、代编个人回忆录方面的信息；政策法律类中的法律咨询、法律援助信息，政府养老政策信息，养老保险信息；其他类中的工作机会信息及建设养老服务网站信息等，认可程度较高。

1. 生活照料类信息功能

在生活照料类信息功能的七个问项中，回答"很重要"（即打★号的）超过 40% 的有三项，按比例排序分别是便民维修信息（78.3%）、家政服务信息（69.6%）、遇到突发事件时一键呼救信息（60.9%）。被调查的居家老年人对便民维修信息如此看重，可见这是一项社区居家养老较常见也是需求量较大的服务项目，家政服务也是社区居家老年人需求较高的服务内容之一。随着年龄的增高，身体失能现象逐渐增加，许多日常事务需要家政人员辅助解决，突发事件尽管是偶尔发生，但是一旦发生若不能得到快速反应，会造成不可挽回的损失，因此，一键呼叫服务也受到社区居家老年人的认可。另外四项的回答，认为重要性一般的比重比较多，如老年食堂服务信息（58.0%）、理发等卫生照料信息（55.1%）、副食品代购（如粮油米面等）信息（40.6%）、日托中心服务信息（40.6%）。

2. 医疗保健类信息功能

在医疗保健类信息功能的三项回答中，被调查者认为"很重要"的所占比例没有认为

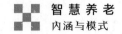

"一般"的占比例高,认为重要程度"一般"的比例较高,如健康宣传、讲座、咨询等信息(选择一般的占52.2%),建立医疗健康档案(49.3%),康复护理服务信息(40.6%),这说明,从总体上看,人们对医疗保健的重视程度一般,这可能与我国传统思想以医为主,淡化预防保健的观念有关,也可能由于医疗保健类服务相对比较专业,被调查者认为非专业机构提供的服务不够权威,信任度不高,导致回答"一般"者较多。

3. 文化休闲类信息功能

在文化休闲类信息功能的五项问答中,前四项回答"很重要"的比重均很高,按比例排序依次为社区组织公益活动的相关信息(71.0%)、老年活动室的活动信息(65.2%)、图书阅览室的相关信息(63.8%)、社区组织旅游活动的信息(59.4%),仅社区举办的专题讲座信息这一项目回答"一般"重要程度的比重高些(40.6%)。可见,老年人对文化休闲的需求和重视程度上,认识是比较一致的,说明老年人对精神文化需求比较高。社区居家养老服务应该加大社区文化休闲服务项目,利用信息化手段提升社区为老服务的精神文明建设。

4. 体育健身类信息功能

在体育健身类信息功能三个问项中,认为"很重要"的按比例排序依次为社区组织的晨练队信息(62.3%)、社区的活动场所和设施信息(52.2%)。总的来说,老年人对体育健身还是比较重视的,居家老年人对体育锻炼都积极响应,由于居家活动空间有限,对活动场所和体育设施都有需求,对晨练队集体活动比较认可。

5. 精神慰藉类信息功能

在精神慰藉类信息功能回答中,对"很重要"的认可是有区别的:认为"很重要"比重较高的有社区组织的俱乐部信息(58%)、陪同谈心聊天等情感交流方面的信息(55.1%)、代编个人回忆录方面的信息(50.7%);认为重要性"一般"的有提供电话咨询服务信息(46.4%),心理咨询方面的信息(43.5%)。可见对老年人进行精神慰藉服务需要根据情况选择合适方式。

居家老年人相对比较孤单,老年人俱乐部显然是他们解除孤独的一种重要方式,陪同谈心聊天能疏导老年人的心理困惑,减轻老年人的孤独感,每位老年人都有自己丰厚的人生经历,在晚年总是喜欢回忆过去,他们想把自己的美好过去保留下来,对回忆录的编写认可程度比较高。对电话咨询认可度一般,可能是电话方式效果不佳。

6. 政策法律类信息功能

在政策法律类信息功能三项问答中,认为"很重要"的比重都比较高,其中,养老保险信息占 68.1%,法律咨询、法律援助信息占 62.2%,政府养老政策信息占 59.4%。可见,社区居家养老的老年人对政策法律的服务需求还是比较迫切的,虽然老年人选择在社区居家养老,但是对于政府提供的老年人福利、社会提供的保险金,老年人是比较关心的,这与我国当前面临的未富先老的社会老龄化问题,仅仅依靠家庭养老负担比较重的社会现实是较为吻合的。

7. 其他信息功能

对于工作机会信息的回答,认为很重要的占 42.0%,一般的占 40.6%,不重要的占 17.4%。关于工作机会信息,应该与老年人年龄阶段有关系,后面的交叉统计分析将会进一步考察。对于建设信息化网站回答,认为很重要的占 56.5%,一般的占 29.0%,不重要的占 14.5%;所以为社区居家养老提供服务,社区建立居家养老服务信息网站是可行的。

7.1.3 不同性别的信息需求分析

考虑到老年人信息需求可能会与性别相关,不同的性别之间可能存在差异,我们利用统计分析软件,将各类别功能和性别做关联分析,其中差异比较显著的情况如表 7.2 所示。

1. 性别和心理咨询信息需求的关联分析

按照性别区分进行分析,对心理咨询方面的信息化需求,性别差异比较明显,男性老年人对该项的回答很重要的占 6.5%,一般的占 48.4%,不重要的占 45.2%;女性老年人对该项的回答很重要的占 60.5%,一般的占 39.5%,不重要的占 0%。在卡方检验中,皮尔逊卡方(Person Chi-Square)值为 31.25,$P=0.00<0.05$。卡方检验的零假设是比例相等,显著性水平小于 0.05 意味着零假设不成立,因此,不同性别的老年人对心理咨询方面的信息化需求是有显著差异。由此可见,女性老年人对心理咨询的认可和接受程度明显高于男性老年人,这与我们调研过程中的感受具有一致性,女性被调查者的谈话内容较男性被调查者丰富,比较而言,老年女性较老年男性更多地愿意与我们沟通交流。

表 7.2 在性别上存在显著性差异的信息需求统计表

信息需求类别	性别	认可程度				差异显著性
		很重要/%	一般/%	不重要/%	合计/%	
心理咨询	男	6.5	48.4	45.2	100	显著
	女	60.5	39.5	0.0	100	
公益活动	男	87.1	9.7	3.2	100	显著
	女	57.9	36.8	5.3	100	
法律咨询、法律援助	男	48.4	41.9	9.7	100	显著
	女	73.7	13.2	13.2	100	
养老保险	男	83.9	12.9	3.2	100	显著
	女	55.3	39.5	5.3	100	

2. 性别和公益活动信息需求的关联分析

按照性别区分进行分析,对社区组织公益活动的信息需求,性别差异比较明显,男性老年人对该项的回答很重要的占87.1%,一般的占9.7%,不重要的占3.2%;女性老年人对该项的回答很重要的占57.9%,一般的占36.8%,不重要的占5.3%。在卡方检验中,皮尔逊卡方值为7.33,$P=0.026<0.05$。卡方检验的零假设是比例相等,显著性水平小于0.05意味着零假设不成立,因此,不同性别的老年人对社区组织公益活动的信息需求是有显著差异。这说明,男性老年人较女性老年人对参与社区组织的公益活动认可程度明显趋高,这可能与我国较传统的"男性主外""女性主内"的文化有关系。

3. 性别和政策法律信息需求的关联分析

按照性别区分进行分析,对法律咨询、法律援助信息需求,性别差异比较明显,男性老年人对该项的回答很重要的占48.4%,一般的占41.9%,不重要的占9.7%;女性老年人对该项的回答很重要的占73.7%,一般的占13.2%,不重要的占13.2%。在卡方检验中,皮尔逊卡方值为7.35,$P=0.025<0.05$。因此,不同性别的老年人对法律咨询、法律援助的信息需求有显著差异。结果显示,女性老年人较男性老年人更认可政策法律信息的需求,这可能与女性较男性而言属于弱势群体有关。

4. 性别和养老保险信息需求的关联分析

按照性别区分进行分析,对养老保险信息需求,性别差异比较明显,男性老年人对该项的回答很重要的占 83.9%,一般的占 12.9%,不重要的占 3.2%;女性老年人对该项的回答很重要的占 55.3%,一般的占 39.5%,不重要的占 5.3%。在卡方检验中,皮尔逊卡方值为 6.59,$P=0.037<0.05$。因此,不同性别的老年人对养老保险信息需求有显著差异。从调研结果来看,被调研的样本中,男性老年人较女性老年人更注重养老保险信息需求。

通过以上的数据分析,我们了解到:女性老年人对心理咨询信息的认可和接受程度明显高于男性老年人,女性老年人较男性老年人更认可政策法律信息的需求;而男性老年人较女性老年人对参与社区组织的公益活动认可程度明显趋高,男性老年人较女性老年人更注重养老保险信息的需求。

7.1.4 不同年龄段的信息需求分析

我们按照年龄变量,将 75 岁以下的划分为低龄老年人,75 岁及以上划分为高龄老年人,把调查样本分为两类子样本组。考虑到老年人信息需求可能会与年龄组别有关,不同年龄段的老人信息需求可能存在差异,我们利用统计分析软件,将各类别功能同年龄组别做关联分析,其中差异比较显著的情况如表 7.3 所示。

表 7.3 在年龄组别上存在显著性差异的信息需求统计表

信息需求类别	年龄组别	认可程度				差异显著性
		很重要/%	一般/%	不重要/%	合计/%	
副食品代购	A	2.6	39.5	57.9	100	显著
	B	58.1	41.9	0.0	100	
日托中心服务	A	10.5	31.6	57.9	100	显著
	B	45.2	38.7	16.1	100	
健康宣传、讲座、咨询	A	13.2	57.9	28.9	100	显著
	B	51.6	45.2	3.2	100	

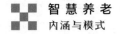

续表

信息需求类别	年龄组别	认可程度				差异显著性
		很重要/%	一般/%	不重要/%	合计/%	
康复护理服务	A	18.4	47.4	34.2	100	显著
	B	48.4	32.3	19.4	100	
工作机会信息	A	63.2	23.7	13.2	100	显著
	B	16.1	61.3	22.6	100	

注：A 表示 75 岁以下组别，B 表示 75 岁及以上组别。

1. 年龄和副食品代购信息需求的关联分析

把年龄与副食品代购（如粮油米面、蔬菜水果等）信息进行关联分析，年龄组差别比较明显，75 岁以下的低龄老年人对该项的回答很重要的占 2.6%，一般的占 39.5%，不重要的占 57.9%；75 岁及以上的高龄老年人对该项的回答很重要的占 58.1%，一般的占 41.9%，不重要的占 0.0%。在卡方检验中，皮尔逊卡方值为 37.02，$P=0.00<0.05$。卡方检验的零假设是比例相等，显著性水平小于 0.05 意味着零假设不成立，因此，不同年龄组的老年人对副食品代购的信息需求是有显著差异。结果显示，高龄老年人对副食品代购信息有更多的需求。

2. 年龄和日托中心服务信息需求的关联分析

把年龄与日托中心服务信息进行关联分析，年龄组差别比较明显，75 岁以下的低龄老年人对该项的回答很重要的占 10.5%，一般的占 31.6%，不重要的占 57.9%；75 岁及以上的高龄老年人对该项的回答很重要的占 45.2%，一般的占 38.7%，不重要的占 16.1%。在卡方检验中，皮尔逊卡方值为 15.71，$P=0.00<0.05$。因此，不同年龄组的老年人对日托中心服务的信息需求是有显著差异，随着年龄组别的增高，对日托中心服务信息选择的重要性比例越来越高。

3. 年龄和健康宣传、讲座、咨询等信息需求的关联分析

年龄与健康宣传、讲座、咨询等信息进行关联分析，年龄组差别比较明显，75 岁以下的低龄老年人对该项的回答很重要的占 13.2%，一般的占 57.9%，不重要的占 28.9%；75 岁及以上的高龄老年人对该项的回答很重要的占 51.6%，一般的占 45.2%，不重要的占 3.2%。在卡方检验中,皮尔逊卡方值为 15.32,$P=0.00<0.05$。因此,不同年龄组的老年人对健康宣传、讲座、咨询等服务的信息需求是有显著差异,随着年龄组别的增高,对健康宣传、讲座、咨询等信息选择重要性比例越来越高。

4. 年龄和康复护理服务信息需求的关联分析

年龄与康复护理服务信息进行关联分析,年龄组差别比较明显,75 岁以下的低龄老年人对该项的回答很重要的占 18.4%,一般的占 47.4%,不重要的占 34.2%;75 岁及以上的高龄老年人对该项的回答很重要的占 48.4%,一般的占 32.3%,不重要的占 19.4%。在卡方检验中,皮尔逊卡方值为 7.137,$P=0.028<0.05$。因此,不同年龄组的老年人对康复护理服务信息需求是有显著差异,随着年龄组别的增高,对康复护理服务信息选择的重要性比例有增高趋势。

5. 年龄和工作机会信息需求的关联分析

年龄与工作机会信息进行关联分析,年龄组差别比较明显,75 岁以下的低龄老年人对该项的回答很重要的占 63.2%,一般的占 23.7%,不重要的占 13.2%;75 岁及以上的高龄老年人对该项的回答很重要的占 16.1%,一般的占 61.3%,不重要的占 22.6%。在卡方检验中,皮尔逊卡方值为 15.806,$P=0.000<0.05$。因此,不同年龄组的老年人对工作机会服务信息需求是有显著差异,随着年龄组别的增高,对工作机会信息重要性的选择比例越来越低。

通过以上数据分析,我们了解到:75 岁及以上高龄老年人对副食品代购信息有更多的需求。随着年龄组别的增高,对日托中心服务信息选择的重要性比例,对健康宣传、讲座、咨询等信息选择的重要性比例,以及对康复护理服务信息选择的重要性比例均有增高趋势。然而,随着年龄组别的增高,对工作机会信息重要性的选择比例越来越低,75 岁以下的低龄老年人相比 75 岁及以上高龄老年人对工作机会信息重要性的选择比例要高。

根据上述的分析结果我们对社区居家养老服务信息系统的建设提出如下建议。

(1) 社区为老服务机构或为老服务企业应该针对居家养老的老年人提供他们急需的认可程度较高的服务信息内容,例如,便民维修信息、家政服务信息、组织公益活动信息、养老保险信息等。

(2) 针对当前居家老年人认可程度一般或尚未认可的服务内容需要进行适度的宣传

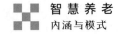

和引导,例如,副食品代购信息、心理咨询信息、康复护理服务信息、再婚牵线搭桥信息等。

(3) 与年龄和性别有关的信息服务需求应该专门开辟性别服务专栏和高龄老人专项服务空间。另外,在系统平台上为低龄的健康老年人提供再就业的服务信息窗口。从问卷调研的回答情况来看,超过半数以上的居家老年人认为建设社区居家养老服务信息系统平台对他们来说是很重要的一件事情。

7.2 智慧社区居家养老服务模式与机制

我国正在快速进入老龄社会,作为老年人社会生活最主要场所的社区可以让老人的养老实现不离巢、不离家、不离伴,以社区为依托的居家养老成为非常重要的养老方式。互联网、物联网、社交网等新型网络技术的出现,形成了泛在的新型网络环境。新型网络环境对经济和社会产生深远影响的同时,也为社区的老年人获得社会资源提供了便利,为老年人服务社会提供支持,并改善老年人的生理和心理健康。那么,在新型网络环境下,面对不同类型的老年人和社区,智慧社区居家养老服务模式有何不同?相应的养老服务机制应当如何设置?本节对以上两个问题进行分析讨论③。

7.2.1 不同类型老人的养老服务模式

我们综合社区老年人的身体自理状况、年龄阶段、家庭状况对老年人进行了分类,以便信息技术手段可以更加有针对性地做好社区居家养老服务。

1. 社区居家养老服务对象的分类

生活自理能力作为反映老年人生理机能健康状况的重要指标,是指老年人能够独立完成进食、翻身、大小便、穿衣及洗漱、自我移动这五项活动的能力。有学者将完全自理定义为,老年人不依靠外人,能够独立完成以上日常生活中的四项及以上的活动;将半自理定义为,老年人在以上五项活动中三项不能独立完成;完全不能自理是指老年人独立无法完成以上五项活动(朱婷,2011)。

---

③ 这部分的分析曾以论文《新型网络环境下社区为老服务的模式和机制研究》(李秋迪、左美云、何迎朝)发表在《云南行政学院学报》2014 年第 2 期上,收入本书有删改和完善。

第7章 智慧社区居家养老

根据联合国1982年对人口年龄结构的划分,60~69岁年龄阶段的人被称为低龄老人,70~79岁年龄阶段的人被称为中龄老人,80岁以上的人被称为高龄老人。根据老年人的家庭状况,可将老年人分为孤寡老人、失独老人、空巢老人和正常老人。

参照上述词汇的解释,我们根据需要关注和照顾的程度,将社区的老年人分为四个不同类型的老年服务对象。第一类老人指能够完全自理或低龄的正常老人,第二类老人指中龄或失独、空巢的老人,第三类老人指孤寡或半自理型老人,第四类老人指完全不能自理或高龄老人,如表7.4所示。相对应地,我们就有四种为老服务模式,分别是第一类老人服务模式、第二类老人服务模式、第三类老人服务模式和第四类老人服务模式。

表7.4 老年人分类表

按照身体自理状况分类	按照年龄阶段分类	按照家庭状况分类
完全不能自理型（如失智失能）	高龄	孤寡
半自理型	中龄	失独、空巢
完全自理型	低龄	正常

代表第四类老人服务模式　代表第三类老人服务模式　代表第二类老人服务模式　代表第一类老人服务模式

2. 智慧社区居家养老服务模式的投射图

互联网、物联网、社交网等新型网络环境的出现,使老年人的生活方式发生了很多变化,这些新技术可以为社区的不同年龄阶段、身体条件、家庭状况的老年人提供不同层级的服务。如图7.1所示,具体如下。

1) 第一类老人服务模式

社区内的第一类老人(即完全自理或低龄的正常老人)可以在社区养老服务平台上进行 E-service、E-shopping、E-entertainment、E-learning、E-exhibition、E-communication 等几乎所有需要的活动。

2) 第二类老人服务模式

第二类老人(即中龄、失独或空巢老人)可以通过新型网络环境实现 E-shopping、E-entertainment、E-learning、E-service、E-communication、E-health 等大多数有益身体健

康和心理健康的服务。

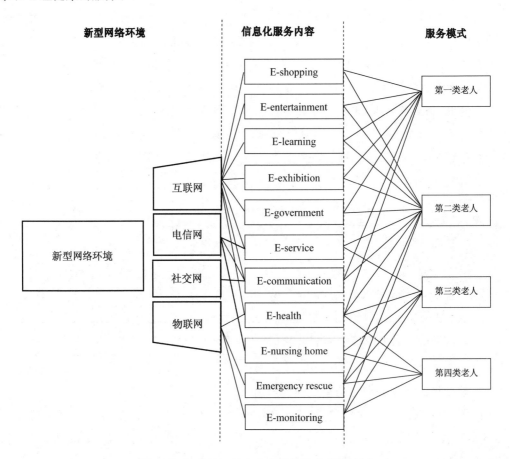

图 7.1 智慧社区居家养老服务模式的投射图

注：E-shopping—网上购物；E-entertainment—在线娱乐；E-learning—在线学习，主要指通过网络课堂学习；E-exhibition—在线作品展览，主要指老人将自己的作品在网上在线展览；E-government—电子政务；E-service—电子服务，主要指网上订餐、订水、缴水电费；E-communication—电子沟通，主要指通过网络进行精神慰藉和情感交流；E-health—电子健康，主要指电子病历、在线医疗；E-nursing home—电子居家护理，主要指居家护理照料和家政服务；Emergency rescue—紧急救助，主要通过电子报警系统实现；E-monitoring—电子监控（特指在老人家中的电子监控）。

3) 第三类老人服务模式

第三类老人(即孤寡或半自理型老人)可以通过新型网络环境实现 E-service、E-health、E-nursing home、Emergency rescue、E-monitoring 的服务。

4) 第四类老人服务模式

第四类老人(即完全不能自理或高龄老人)可以通过新型网络环境实现 E-health、E-nursing home、Emergency rescue、E-monitoring 等。

此外,社区管理者和服务人员可以通过新型网络环境实现 E-government(电子政务)以及物业管理等。

7.2.2 不同类型社区的养老服务模式

我们从社区的数字化程度和社区老年人的比例两个维度对社区进行分类。在对老年人所在社区进行分类的基础上,我们探讨了基于不同类型的社区在新型网络环境下的社区居家养老服务模式。

1. 社区的分类

现有的关于社区居家养老模式分析虽然将社区作为统一的分析单元,但并没有将养老模式与社区的特点区别对待进行研究,而不同的社区老年人比例不同、数字化程度不同,养老模式和机制必然不同(杜翠欣,2006)。鉴于我们的研究关注的是新型网络环境下社区居家养老服务的模式和机制,所以从社区的数字化程度和社区老年人的比例两个维度对新型网络环境下的社区进行划分,将社区划分成四个象限,如图 7.2 所示。

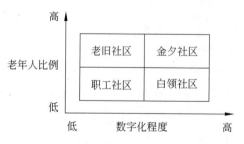

图 7.2 新型网络环境下的社区类型

(1)数字化程度较高、老年人比例较高的社区,我们命名为金夕社区。

(2) 数字化程度较高、老年人比例较低的社区,我们命名为白领社区。

(3) 数字化程度较低、老年人比例较低的社区,我们命名为职工社区。

(4) 数字化程度较低、老年人比例较高的社区,我们命名为老旧社区。

1) 金夕社区

金夕社区是指老年人比例较高、数字化程度也较高的社区,这类社区的老年人中高级知识分子较多,文化层次、生活品质要求较高,在社区服务需求方面,已经由生活照料为主向信息化、智能化的医疗服务、精神慰藉需求转变。

2) 老旧社区

老旧社区是指老年人比例比较高、数字化程度比较低的社区,这类社区基础设施条件薄弱,人口结构复杂,低收入群体居多,还普遍存在着资金不足、周边环境差、治安状况不好等问题,社区为老服务较为滞后,信息化为老服务水平低且较难开展。

3) 白领社区

白领社区是指老年人比例比较低、数字化程度比较高的社区,这类社区一般年轻人居多且收入较高,有相当比例的老年人是给社区里的年轻家庭带孩子,社区信息化配套基础设施和经济基础较好,为老服务信息化有较大开展空间。

4) 职工社区

职工社区是指老年人比例较低、数字化程度也较低的社区,这类社区年轻人居多,但多为体力劳动者,收入不是很高。居住在该类社区老年人的文化层次和受教育程度也较低,该社区的老年人关注的为老服务需求层次相对较低,社区信息化程度较低,为老服务信息化程度更低。

2. 不同类型社区的养老服务模式

参考图 7.1 智慧社区居家养老服务模式的投射图,结合四类社区的特点及我们的调研结果,可以得出新型网络环境下的不同类型社区的养老模式,如表 7.5 所示。

(1) E-government 作为政府工作的一部分,各个社区基本上都提供了这方面的服务。

(2) 金夕社区除了 E-monitoring 可能还没实现之外,其余信息化为老服务内容基本上全部提供。

(3) E-health、E-nursing home 是职工社区和老旧社区急需增加的服务项目。

表 7.5 新型网络环境下不同类型的社区养老模式

社区为老服务内容		社区信息化为老服务模式			
		职工社区	老旧社区	白领社区	金夕社区
老有所养	E-nursing home	▲	▲	√	√
	E-service	△	△	√	√
	E-shopping	△	△	√	√
	E-communication	▲	▲	▲	√
老有所医	Emergency rescue	▲	▲	▲	√
	E-monitoring	△	△	△	△
	E-health	▲	▲	√	√
老有所乐	E-entertainment	△	△	△	√
老有所学	E-learning	△	△	△	√
老有所为	E-exhibition	△	△	△	√
其他	E-government	√	√	√	√

注：√表示已有服务项目，▲表示急需增加服务项目，△表示期待增加的服务项目。

（4）E-communication、Emergency rescue 是职工社区、老旧社区及白领社区都急需增加的服务项目。

（5）职工社区和老旧社区的为老服务还处于较低的信息化水平上，仅实现了社区管理的初步信息化，而其他老有所养、老有所医、老有所乐、老有所学、老有所为等内容，如 E-service、E-shopping、E-entertainment、E-learning、E-exhibition 等服务方式还不到位，尤其是属于较高层次的精神需求方面的服务内容尚有待进一步提升，使信息化不仅能够服务于老年人低层次的生理需求，也能更好的服务于老年人的较高层次的精神需求。

7.2.3 不同类型社区的养老服务机制

通过四种不同特点社区的对比分析，我们可以看出金夕社区是智慧社区居家养老服务的理想社区代表，老旧社区要努力通过相应机制实现为老服务模式向金夕社区的转变；职工社区要提高数字化程度，通过相应机制实现为老服务模式向白领社区转变，而白领社

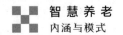

区要充分利用其信息化基础设施,向为老服务方面倾斜,利用信息化的手段,满足老年人生理和精神层次的多方面需求。

在社区居家养老服务的机制方面,郭风英(2011)从我国社区居家养老服务多元主体的供给的角度,结合宁波市江东区社区居家养老服务实践提出包括政府直接投资的行政机制、政府购买服务的准市场机制、服务机构微利服务的市场机制、政府与志愿者合作供给的志愿机制和政府与社区自治组织合作供给的自治机制等社区居家养老服务多元供给机制。这里我们按照老年人支出比例的维度对社区为老服务的机制进行划分,支出比例由高到低依次是市场机制、准市场机制、自治机制、行政机制和志愿机制。

针对不同类型的社区,智慧社区居家养老服务的机制也不相同,如表 7.6 所示。

表 7.6 不同社区类型的智慧社区居家养老服务机制

	职工社区	老旧社区	白领社区	金夕社区
市场机制	△	△	△	√
准市场机制	△	△	√	√
自治机制	▲	√	√	√
行政机制	√	√	√	√
志愿机制	√	▲	△	√

注:√表示主要依赖的机制,▲表示急需增加的机制,△表示可以增加的机制。

(1) 行政机制是各个社区为老服务的基础。

(2) 职工社区公共服务的提供主要是行政机制和志愿机制,在安全服务方面可以借鉴自治机制,由于职工社区的老年人比例低,数字化程度低,所以生活服务很少采用市场机制,医疗服务内容在逐渐走向准市场机制。

(3) 老旧社区情况比较复杂,生活服务和医疗服务可以采用市场机制和准市场机制,由于老旧社区基础社区条件薄弱,人口结构复杂,安全服务一般都采用社区自治的机制,而且急需增加志愿机制提供公益服务。

(4) 白领社区的特点是老年人比例低、数字化程度高,这种社区的生活服务可以采用市场机制来实现,医疗服务已经实现了准市场机制,安全服务也实现了准市场机制或自治机制,可以增加志愿机制为社区的老年人提供公益服务。

（5）金夕社区的特点是老年人比例高、数字化程度也高，这种社区的各项服务都能通过相应机制得到较好的执行和实现。

7.2.4　不同服务内容的养老服务机制

参考表7.6中对智慧社区居家养老服务机制的划分，结合我们列出的具体智慧社区居家养老服务内容，我们得出以下建议，具体如表7.7所示。

表7.7　智慧社区居家养老不同服务内容对应的机制

社区为老服务内容		社区信息化为老服务机制				
		市场机制	准市场机制	自治机制	行政机制	志愿机制
老有所养	E-nursing home	√	√			
老有所养	E-service	√				
老有所养	E-shopping	√				
老有所养	E-communication	√		√		√
老有所医	Emergency rescue	√	√		√	
老有所医	E-monitoring	√	√			
老有所医	E-health	√	√		√	
老有所乐	E-entertainment					√
老有所学	E-learning				√	√
老有所为	E-exhibition					√
其他	E-government			√	√	

注：√表示某为老服务内容宜采纳的机制。

（1）对于社区内的 E-nursing home、E-service、E-shopping、E-communication、Emergency rescue、E-monitoring、E-health 服务可以通过市场机制或准市场机制来实现。

（2）E-communication、E-entertainment、E-learning、E-exhibition 可以通过志愿机制来实现。

（3）E-government 这些公共服务都是通过行政机制来实现，而 E-health、E-learning、Emergency rescue 目前在社区内很多都是通过行政机制来保证和实现的。

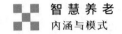

(4) E-communication、E-government 也可以通过自治机制来实现。

要指出的是,表 7.7 中给出的各种智慧居家养老服务内容只是给出了参考机制,各个智慧社区居家养老运营方可以根据社区的特点、老年人的类型、具体的服务内容选择合适的养老服务机制。

7.3　社区居家养老服务采纳角色模型及影响因素

在我国,这种应用信息技术为老年人提供应急救助、便民家政、医疗保健、物业维修、人文关怀、娱乐学习等服务的系统通常被命名为"虚拟养老院""社区居家养老服务平台"等,让老人在家里按下呼叫按钮、打个电话或上网下个订单便可以轻松解决买菜订餐、洗衣送货、水电缴费、修理水电气等问题,使老人居住在家中就能享受到机构养老所具有的规范化服务,并且还能较好地克服机构养老无法满足个性化需求的弊端(刘红芹等,2012)。我们在 7.1 节中分析了老人对社区居家养老服务的信息需求,7.2 节分析了智慧社区居家养老的服务模式与机制。然而,社区居家养老服务老人究竟会不会接受或采纳,什么样的老人更容易采纳社区居家养老服务?有哪些因素会影响老人采纳这些服务呢?本节主要就这两个问题进行探讨。

我们在对山东省济南市 286 位老年人的有效问卷进行数据处理的基础上,应用关联分析的方法分别刻画出愿意电话订购和上网订购养老服务的老年人角色模型,然后用 Logistic 回归的方法找出影响老年人电话/上网订购意愿的因素,并根据研究发现给出相关的建议④。

7.3.1　愿意采纳养老服务平台的描述性统计

由于大多数的社区居家养老服务平台既可以通过电话(呼叫中心)接入,也可以直接通过登录网站接入,因而根据平台的这两种不同接入方式,我们将采纳意愿分为电话订购

---

④　这部分的分析结果曾经以文章《社区居家养老服务采纳角色模型及影响因素研究》(何迎朝、左美云)在厦门华侨大学承办的中国信息经济学会 2014 年学术年会上宣读,后来修改后以文章《老年人采纳社区居家养老服务平台的影响因素研究》(何迎朝、左美云、何丽)发表在《科学与管理》2017 年第 1 期上。收入本书时有删改。

意愿和上网订购意愿。

如表7.8所示,受访者中有86%的人表示不需要人照料,有63.6%的老人家中有计算机,43.7%的老人家中有智能手机。已经有近30%的老人表示会上网,接近20%的老人表示对虚拟养老院有所了解,有接近1/3(33.2%)的老人表示愿意接受电话订购养老服务,有接近1/4(24.5%)的老人表示愿意接受上网订购养老服务。这些数据说明,已经有比较大比例的老人具备了使用养老服务平台的相关设备和知识,虚拟养老院在老人中已经有了一定的知晓度,并且已经有相当比例的老年人有使用养老服务平台的意愿。

表7.8 描述性统计结果

变量名称	取值	比例/%	电话订购意愿/%		上网订购意愿/%	
			愿意	不愿意	愿意	不愿意
	总计	100	33.2	66.8	24.5	75.5
性别	男	52.4	43.2	49.7	41.4	49.5
	女	47.6	56.8	50.3	58.6	50.5
年龄	60~65岁	44.8	44.2	45	50	43.1
	66~70岁	23.8	27.4	22.0	25.7	23.1
	71~74岁	14.8	14.7	14.7	12.9	15.3
	75~80岁	10.5	8.4	11.5	7.1	11.6
	80岁以上	6.3	5.3	6.8	4.3	6.9
职业	机关事业单位工作者	11.9	**17.9***	8.9	**25.7***	7.4
	企业管理者	4.5	7.4	3.1	**10.0***	2.8
	企业职员	11.9	11.6	12.0	8.6	13.0
	技术人员	5.2	**9.5***	3.1	**11.4****	3.2
	工人	29.0	26.3	30.4	**18.6****	32.4
	个体户、自由职业者	7.3	3.2	9.4	2.9	8.8
	其他	21.3	14.7	24.6	12.9	24.1

续表

变量名称	取值	比例/%	电话订购意愿/%		上网订购意愿/%	
			愿意	不愿意	愿意	不愿意
文化程度	小学	32.2	**16.8*****	39.8	**7.1*****	40.3
	初中	25.9	23.2	27.2	20.0	27.8
	中专或高中	21.0	**26.3*****	18.3	**28.6*****	18.5
	大专及以上	20.9	**33.7*****	14.7	**41.4*****	13.4
虚拟养老院	了解	19.6	67.4	86.9	**37.1*****	13.9
	不了解	80.4	**32.6****	13.1	**62.9*****	86.1
上网	不上网	70.3	**47.3*****	81.7	**37.1*****	81
	上网	29.7	**52.6*****	18.3	**62.9*****	19
年收入	3万元以下	59.8	**44.2*****	67.5	**32.9*****	68.5
	[3,5)万元	26.9	31.6	24.6	**37.1***	23.6
	[5,10)万元	9.8	**17.9****	5.8	**21.4****	6.0
	10万元以上	3.5	6.3	2.1	**8.6****	1.9
时尚性	完全跟不上	6.6	6.3	6.8	7.1	6.5
	跟不上时代	28.0	**14.7*****	34.6	**11.4*****	33.3
	一般	28.7	29.5	28.3	22.9	30.6
	跟得上时代	31.1	**40.0***	26.7	**47.1****	25.9
	完全跟得上	5.6	9.5	3.7	**11.4***	3.7
身体条件	经常需要人照料	7.7	5.3	8.9	8.6	7.4
	偶尔需要人照料	6.3	3.2	7.9	1.4	7.9
	不需要人照料	86	91.6	83.2	90.0	84.7
居住情况	只与老伴住	34.3	36.8	33.0	40.0	32.4
	与老伴和子女一起住	38.5	38.9	38.2	37.1	38.9
	独居	10.5	10.5	10.5	7.1	11.6
	只与子女住	15	13.7	15.7	15.7	14.8
	其他	1.7	0	2.6	0	2.3

续表

变量名称	取值	比例/%	电话订购意愿/%		上网订购意愿/%	
			愿意	不愿意	愿意	不愿意
硬件条件	计算机	63.6	**78.9*****	56	**82.9*****	57.4
	普通手机	72.4	73.7	71.7	65.7	74.5
	智能手机	43.7	**55.8****	37.7	**60.0****	38.4
	平板电脑	24.1	29.5	21.5	**37.1****	19.9
	其他	8.7	**2.1****	12	2.9	10.6

注：表中带 * 的数字是使用卡方（χ^2）检验判断愿意订购和不愿意订购的老人比例存在显著差异的，其中，显著性水平包括 * $P<0.05$，** $P<0.01$，*** $P<0.001$。表中愿意和不愿意的比例分别表示愿意订购或不愿意订购的人中该类人群所占的百分比，如在愿意电话订购的人中男性占 43.2%，在不愿意电话订购的人中男性占 49.7%，其他类同。

7.3.2 愿意使用养老服务平台的老年人角色模型

人物角色（Personas）方法是目前人机交互领域比较流行的一种方法，是作为用户模型能够代表的具体个体，人物角色的用户模型不是真实的人群，但他们基于人们真实的行为和动机，并且在整个设计过程中代表着真实的人群。人物角色是在调查收集到的实际用户行为数据的基础上形成的综合原型（Composite Archetype），概括描述了用户研究的成果，通过刻画人物角色，设计师及研究者可以理解在特定场景下的用户目标。

为了对采纳养老服务平台的老年人特征有一个清晰的了解，为养老平台的提供商和服务商提供借鉴和参考，我们根据描述性统计和卡方（χ^2）检验的结果，刻画出了愿意电话/上网订购的老年人角色模型。为了更清晰地刻画老年人的特征，在老年人特征刻画时我们进一步将老年人的特征细分为人口统计学特征、社会经济地位、身心状态和使用经验四个方面加以描述。具体的刻画方法如下：在样本描述性统计和卡方检验（参见表7.8）的基础上，根据卡方检验结果中愿意订购的比例显著地大于不愿意订购的比例的特征来构建愿意电话/上网订购的老年人角色模型。

1. 愿意使用电话订购的老年人的角色模型

愿意使用电话订购社区居家养老服务的老年人通常具有如下特征：中专或高中以上

文化程度,曾经在机关事业单位工作过或者当过技术人员,年收入在 5 万～10 万元,能够跟得上时代的发展,家中拥有计算机、智能手机等设备,会上网。具体如图 7.3 所示。

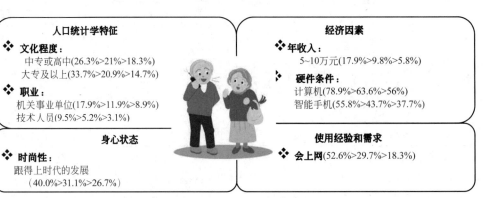

图 7.3 愿意电话订购养老服务的老年人特征

注：括号中的%依次表示该特征老年人愿意电话订购人数占愿意电话订购总人数的比例、该特征老年人在总体样本中的比例、该特征老年人不愿意电话订购人数占不愿意电话订购总人数的比例。例如,文化程度为中专或高中的老年人愿意接受电话订购的人数占愿意电话订购总人数的比例为 26.3%；该特征老年人在总体样本中的比例为 21%；该特征老年人不愿意电话订购人数占不愿意电话订购总人数的比例为 18.3%。

2. 愿意使用上网订购的老年人的角色模型

愿意上网订购社区居家养老服务的老年人通常具有如下特征：中专或高中以上文化程度,曾经在机关事业单位工作过或者当过企业管理者、技术人员,年收入在三万元以上,家中拥有计算机、智能手机、平板电脑等设备,能够跟得上时代的发展,会上网,对虚拟养老院有所了解的老人。具体如图 7.4 所示。

3. 电话订购与上网订购的老年人特征比较

比较有电话订购意愿和上网订购意愿的老年人特征,发现除了电话订购所拥有的特征外,企业管理者、年收入在 3～5 万元和 10 万元以上、完全跟得上时代发展、拥有平板电脑、对虚拟养老院有所了解这样一些特征的老人也显著愿意采用网络订购的形式。

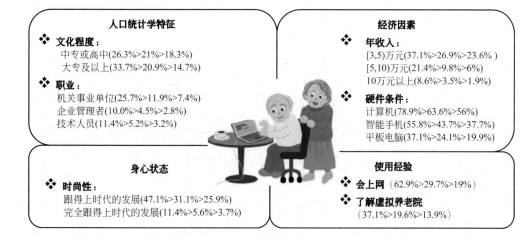

图 7.4　愿意上网订购养老服务的老年人特征

注：括号中的%依次表示该特征老年人愿意上网订购人数占愿意上网订购总人数的比例、该特征老年人在总体样本中的比例、该特征老年人不愿意上网订购人数占不愿意上网订购总人数的比例。

7.3.3　老年人采纳养老服务平台的影响因素

参考已有信息系统采纳文献的结论，我们把影响老年人采纳社区居家养老平台的因素划分为用户因素和平台因素两个方面，建立了如图 7.5 所示的研究框架。为了进一步找出对老年人采纳社区居家养老服务平台有显著影响的因素，我们采用电话订购意愿和上网订购意愿作为因变量，将图 7.5 中列出的最底层 13 个特征作为自变量，运用 Logistic 回归的方法，检验自变量与因变量之间的关系。

1. 全部影响因素的皮尔逊相关性分析

为了尽量避免回归模型的多重共线性问题，在进行回归分析前我们先用皮尔逊相关分析法对影响老年人电话/上网订购意愿的各因素进行了相关性分析。相关系数 R 的范围一般在 $-1 \sim 1$，当 $R=1$ 时说明完全正相关，当 $R=-1$ 时说明完全负相关，$R=0$ 时说明不相关，且相关系数的绝对值范围在 $0.3 \sim 0.5$ 为低度相关，在 $0.5 \sim 0.8$ 为显著相关，0.8 以上为高度相关（陈晶璞、闫丽莎，2011）。

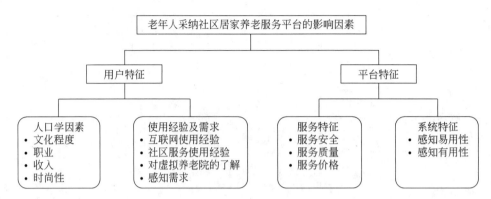

图 7.5　老年人采纳社区居家养老服务平台的影响因素

数据分析显示,选入的自变量中没有呈现高度相关(即大于 0.8)的变量,说明自变量中的共线性问题不会严重影响回归分析的结果。另外,皮尔逊相关分析结果表明"使用过社区养老服务""服务价格""感知有用性"三个特征与电话订购意愿和上网订购意愿都不显著相关,因此,在下一步的回归分析中将其剔除。

2. 社区居家养老服务采纳三个最重要的因素

Logistic 回归方法可以有效地检验二分类因变量(Dummy Variable)与一组自变量之间的相关性,Logistic 回归分析通常通过极大似然估计(Maximum Likelihood Estimation,MLE)作为参数估计的方法。因为本节的两个因变量(电话订购意愿和上网订购意愿)均为二分类变量(不愿意＝0,愿意＝1),所以我们拟采用 Logistic 回归分析的方法来分析对它们有显著影响的因素。

分析过程中我们采用向前条件回归的方法。Logistic 回归分析的结果包括最终引入模型的变量以及常数项的系数值(B)、标准误差(SE)、Wald 值和 Sig 值。在 Logistic 回归中,Wald 值越大,表明该变量越重要,Sig 值越小表明该变量越重要;因为没有线性回归那样的标准化系数,所以只能通过 Wald 值和 Sig 值的大小比较该变量在模型中的重要性。从分析结果可知对于电话订购意愿来说最重要的三个因素分别是"会上网""服务安全",以及"了解虚拟养老院";对上网订购意愿来说最重要的三个因素分别是"文化程度""会上网",以及"服务安全"。

3. 基于识别出的三个最重要因素的分析讨论

从回归分析的结果可以看出,"会上网"是老年人订购社区居家养老服务的重要因素之一。互联网的使用之所以成为老年人订购意愿的决定因素,一方面可能是因为会使用互联网的老人,经常能够从互联网等渠道了解到有关养老服务平台的情况及其他老年人使用养老服务平台的效果,增进了其对养老服务平台的了解度,从而增强了其使用养老平台的意愿;另一方面可能是会上网的老年人会感到上网订购是一种更方便、快捷的方式,从而消除老年人对使用网上订购需做出很大的努力的顾虑。

服务安全性也是决定老年人通过订购养老服务的重要因素,说明在采用养老服务平台时,老年人最关注的还是服务提供的安全性,这种安全性既包括对养老服务平台服务效率和服务功能的信赖程度,也包含个人的隐私和安全问题。

在电话订购意愿中,对虚拟养老院的了解也发挥着重要作用,可能是因为现有的虚拟养老院平台的主要接入方式就是电话订购。因此,了解虚拟养老院的老人电话订购的意愿也越强烈。

在网络订购意愿中文化程度发挥着重要的作用,主要原因可能是因为文化程度高的老人更有能力进行网络操作,从而增强老人的网络订购意愿。

4. 对社区居家养老服务平台相关方的建议

根据上述研究结果,我们对社区居家养老服务平台的相关方给出如下三条建议。

(1)"会上网"无论对电话订购意愿还是上网订购意愿都发挥着重要的影响。因此,社区、老年大学等机构和部门可通过计算机培训、开设相关课程等方法,让更多的老人接触网络、学会使用网络,从而提高老年人对于养老服务平台的采纳意愿。

(2)社区居家养老服务平台的运营方应对服务的质量、可信赖度和隐私保护给予承诺,并建立完善的监督和投诉机制,消除老年人对服务安全性方面的疑虑,提高老年人采纳社区养老服务平台的意愿。

(3)社区等养老服务部门和机构应加强对社区养老服务及养老服务平台的宣传和介绍,通过其他老年人使用养老平台的案例介绍等,让更多的老年人知道并了解社区居家养老服务的内容,养老服务平台(虚拟养老院)的使用及操作方法,感受到社区养老服务的便利性、专业性等优势,从而增强他们的养老服务的订购意愿。

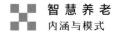

（4）社区居家养老服务平台的运营方还应根据老年人的生理、心理、认知等特征，开发出简单、易学、易于操作的系统，消除老年人对于系统操作复杂、不方便等的顾虑。

7.4 智慧社区居家养老面临的问题与对策

前面分析了社区居家养老将是我国老年人养老的主要模式，然而，社区居家养老发展的这些年来，一直是雷声大、雨点小，叫好不叫座。舆论很热烈，但是落到实处、能够成功运营的社区居家养老实践却不多。智慧养老作为一种新的养老模式，可以很好地针对当前社区居家养老实践遇到的问题给出相应的解决方案⑤。

7.4.1 智慧社区居家养老服务平台的作用

从智慧养老的视角来看，信息技术对于社区居家养老主要有如下四个贡献。

（1）社区可以构建一个智慧社区居家养老信息平台，沟通服务提供商与老年人之间的服务提供与需求信息，缓解供求信息不对称，帮助服务提供商拓展服务区域，实现规模经济；同时帮助老年人选择价优质高的服务商，提高老年人对养老服务的满意度。

（2）智慧社区居家养老平台可以通过遴选不同类型的合格服务商，发挥信息整合作用，整合老年人的健康信息、医疗护理信息、膳食偏好信息、家政需求信息等，然后开发一个推荐系统，为老年人推荐相关性或互补性服务。

（3）智慧社区居家养老平台可以具有决策支持功能，以大量的服务信息为数据基础，可以通过大数据分析和可视化设计支持政府、服务型企业、养老机构进行各层次决策。

（4）智慧社区居家养老平台还具有规范和监督能力，既可以为那些从事为老服务企业的业务流程、服务的规范性提供支持，也可以将老年人及其家人对养老服务的满意度评分作为监督为老服务企业服务质量的参考，督促服务水平较低的企业改进服务，提高为老服务行业的整体服务水平。

---

⑤ 本节内容曾以文章《智慧养老模式助老人安享晚年》（左美云、常松岩）发表在《WTO 经济导刊》2015 年第 10 期，收入本书时进行了修改和完善。

7.4.2 社区居家养老服务面临的问题

梳理社区居家养老当前面临的主要问题,我们需要从该养老模式涉及的主体角度进行分析。社区居家养老一般涉及三方面的主体,分别为老年人、服务提供商、政府。探究主体的需求,理清主体的责任和权利,有助于发现主体间的信息不对称问题,以便针对这些具体问题来探讨智慧养老视角下的解决思路。

1. 老年人的服务消费意识不足

目前很多社区已经有不少社区居家养老服务提供项目,但遗憾的是,其中有些服务少有老年人问津。究其原因,第一,20世纪30年代、40年代出生的这一辈老年人总体上购买养老服务的消费意识不强,老年人购买物质性商品的消费意识尚可,而购买为老服务的意识较低。第二,不少社区还存在一部分老年人收入较低,生活较为困难,尚不具备足够的消费能力。第三,一些助老商品和服务使用不够方便或者定价偏高,甚至具有购买的投资风险,与老年人期望差异较大,也同样使得老年人选择不购买服务。

2. 老年人的情感需求难以满足

老年人的心理和情感需求也是需要关注的。老年人常常面临子女无法经常陪伴的问题。老年人日常的沟通需求仅靠家庭内部无法满足,那么如何从社区居家养老的角度为老年人提供交流的平台呢?很多身体健康的老人可以从事自己的特长或学习新的技能,他们的成果又可以通过怎样的方式被认可和鼓励呢?

3. 为老服务提供商的生存问题

为老服务提供商现在面临的最大问题就是在运营初期能否靠足够的消费量生存下来。服务提供商首先要明确自身服务的辐射范围,在此基础上协调服务成本和服务收入,争取实现规模经济效应。其次要明确服务对象,是仅服务区域内老年人还是同时面向一般人群。当服务同时面向一般人群时,政府则需要认真思考对为老服务的补贴方式问题:到底是直接补给老年人,还是补给为老服务提供商?补贴的目的是既要让服务提供商有足够的积极性,又不能让服务提供商搭便车虚报费用缺口。

4. 为老服务的规范性和个性化矛盾

在服务过程当中,服务提供商必须面对的一个难题是服务的规范性和个性化矛盾。

在上门服务和专业的护理服务当中,服务人员的服务水平是难以控制的,这些人员的专业化程度如何保证以及个性化服务是否提供都是值得考虑的问题。如果服务规范,那么质量更容易得到保证,成本也会低廉,但是如果不能提供个性化服务,就难以获得老人较高的满意度。当然,服务提供商可以在一定程度上满足老年人的个性化需求,如社区餐桌服务,可以根据老年人的口味制作菜品,但成本也相应地提高了。因此,服务提供商如何做好自己的定位,平衡好规范化和个性化之间的关系,是一个必须面对的难题。

5. 政府的扶持和监管问题

政府的角色应该是保证养老服务体系的根基稳固。对于政府来说,如果所有问题一把抓,既会加重政府负担,又难以解决重点问题。因此,政府应分清哪些是需要自己全权负责的,哪些要放开靠市场运作。让不同收入水平老年人都可以获得基本的养老服务,需要政府给予高龄、失独、贫困老年人等特殊群体政策照顾,给予生活补贴,这是政府全权负责的。在市场方面,政府则应给予政策支持,从而激发市场活力,保持市场的健康运作。政策支持的内容涉及核算和发放养老服务补贴的方式,制定服务质量和服务价格的标准,以及基于老年人购买服务信息构建监管体系等多个方面。

7.4.3 智慧社区居家养老的具体策略

7.4.2节分析了在社区居家养老模式中,老年人、服务提供商、政府这三方面的主体各自存在哪些问题。在沟通这三方面主体关系当中,智慧养老所倚重的信息技术提供了很多机会,其构建平台、信息整合、决策支持、规范服务的能力,可以帮助解决当前社区居家养老模式中存在的突出问题,即上述的老年人服务消费意识不足、老年人情感需求难以满足、为老服务提供商的生存问题、为老服务的规范性和个性化矛盾、政府的扶持和监管问题。接下来我们针对7.4.2节提出的社区居家养老问题,逐一给出智慧养老视角下的应对策略。

1. 实际案例引导老年人合理消费

对于一些健康监测设备、智慧家居设备,老年人虽有需求,但由于消费意识不强,且担心产品质量和后续服务问题,通常持观望态度,难以付诸购买行动。

针对这个问题,产品或服务提供商应该灵活运用多种定价策略和促销方式,引导消费者转变消费观念。请老年人先试用,试用后购买;产品免费而服务或产品的更新升级收费等方式都是可以考虑的定价策略,这些策略把商品的一部分价值转移到服务上,引导老年人将短期性的、一次性的消费转化成对商品和服务的长期消费,从而达到增强用户黏性的目的。

在销售促进策略方面,产品或服务提供商可以请老年人试用产品后,将老年人获得助老服务达到满意效果的成功案例录制成视频进行宣传,突出产品在实际生活中解决老年人面临的问题及为老年人带来的便利,帮助老年人对产品功能产生正面认知,促进老年人形成消费意识,引导老年人在购买为老服务上合理消费。

2. 网络平台满足老年人情感需求

随着互联网和移动互联网的发展,老年人使用在线社交工具便利性大增。当子女长期不在身边时,老年人可选择成为"蜂巢老人":这些老人参与社区性的老年互动平台,加入社区范围内的互助型养老当中,线上交流,线下活动。就像蜂箱中的蜂巢一样,每位老年人在社区内被多位老年人关注,这些关注他/她的老年人同时也成为其照顾者,当老年人生病或有需求时,关注他/她的老年人将成为最先响应者,为老年人遇到紧急情况施加帮助提供可能。

很多老年人在退休后有学习新技能和继续发挥余热的愿望,希望使自己的智慧和经验贡献出来。已有很多实践在积极探索如何发挥老年人的价值,例如,一些网站录制了一批老年人感兴趣的技能教学视频供在线观看,老年人足不出户就可以学习自己感兴趣的内容。老年人群体当中也有擅长某方面技能的人,未来老年人也可以将自己擅长的技能制作成视频上传供他人学习,从而在网站上赚取学习积分或者报酬,有助于老年人获得成就感。有的街道为帮助老年人发挥价值,制作了网上虚拟展览厅,虚拟房间的墙壁展出了老年人的国画、书法等作品,提供了老年人互相欣赏和学习的机会。在展厅中甚至还可为作品标定价格,若浏览画作的用户认可其创作,也可以通过平台找到老人的联系方式,联系购买其作品。这样使老年人线下个人爱好与线上展览结合,实现老有所为。

3. 线上、线下协同助力为老服务提供商发展

现有的为老服务提供商,有相当一部分体量较小,服务项目专一。这些服务提供商很难把自己的服务拓展到社区外围或更远的地方,难以估算潜在的用户数量。对这些服务

提供商来说，线上、线下协同的信息平台可以帮助他们拓展服务范围，争取实现规模经济。服务提供商在平台中建立服务供应项目列表，信息平台根据服务提供商的服务项目和地理位置向用户进行服务推送，老年人及其子女可在平台上对服务进行预约或定制。在每一单服务完成之后，平台还提供评价的功能，使服务提供商有渠道来建立自己的用户信誉，增加自身品牌价值。由此可帮助为老服务提供商获得足够的服务辐射范围，使其在运营初期可以顺利生存，进而促进这些为老服务提供商的健康发展。

4. 系统规范业务流程，用户可个性化定制

为较便捷地使服务人员在工作中有标准可依，政府可以组织录制服务工作教学视频放到平台上，分为基本工作内容和个性差异化服务内容，作为一种线上培训的方式，供从事养老服务的工作人员观看学习。服务提供商可要求员工必须在教学视频网络平台上完成一定量学习内容方可上岗工作，也可根据员工对标准化服务内容的实际掌握程度安排相应水平的工作，从而通过统一的服务工作标准提升服务人员的总体素质。

不同自理能力、不同偏好的老年人需求可能不同。在服务信息平台上，老年人可在预订服务时将自己的个性化需求告知服务提供商，评价时可分规范性服务质量和个性化服务质量分别进行评价。政府也可以组织各个社区对服务工作人员进行技能考核或者工作抽测，使得规范性和个性化的服务可在服务过程中得到合理运用，最终实现老人比较高的满意度。

5. 数据支持下的政府扶持和监管

基于线上、线下养老服务协同平台，老年人购买并使用产品，然后在平台上对服务提供商给予评价，政府可对服务提供商的产品质量、服务情况有整体的把握，获得服务提供商的服务规模和质量数据，从而可以估算服务提供商的成本和收益。根据成本和收益数据，政府可对养老服务补贴进行试算。在下发补贴之后，还可通过平台的分析功能对服务提供商的经营效果进行分析和评价。根据服务提供商的服务质量数据和老年人满意度数据，政府可以剔除不合格的服务提供商，实现服务提供商的优胜劣汰。

由此，政府的监管工作基于服务提供商的客观行为数据和老年人的主观满意度开展，真实反映老年人的评价和服务提供商的服务质量，更具有科学性，有助于政府更好地扶持和监管为老服务提供商。

本章参考文献

[1] 陈晶璞,闫丽莎.基于多元线性回归的上市公司市场竞争力影响因素分析[J].统计与决策,2011,24:132-134.

[2] 杜翠欣.我国城市社区养老模式研究[D].大连:大连理工大学,2006.

[3] 郭风英.社区居家养老服务供给机制研究——以宁波市江东区社区服务为例[J].新疆社科论坛,2011,1:51-55.

[4] 刘红芹,包国宪.政府购买居家养老服务的管理机制研究——以兰州市城关区"虚拟养老院"为例[J].理论与改革,2012,1:67-70.

[5] 杨蓬勃,张成虎,张湘.基于Logistic回归分析的上市公司信贷违约概率预测模型研究[J].经济经纬,2009,2:144-148.

[6] 朱婷.我国民办养老机构可持续发展研究:以江苏省为例[D].南京:南京师范大学,2011.

第 8 章
智慧机构养老与异地养老

　　智慧养老,从支持老人的角度,可以分为智慧助老、智慧用老和智慧孝老三种模式;从养老地点的角度,目前主要分为智慧社区居家养老和智慧机构养老两种模式。第 7 章介绍了智慧社区居家养老,本章将重点阐述智慧机构养老。异地养老一般也都需要依托另一地的养老机构来组织接待和提供养老服务。因此,8.4.4 节分析信息技术对异地养老的支持,或者叫智慧异地养老。

第 8 章
智慧机构养老与异地养老

8.1 养老机构面临的问题及信息化对策

2015年5月25日,一条关于河南省鲁山县养老院失火的消息占据了各大新闻媒体的头条,养老机构的安全问题得到空前的关注,各界学者纷纷为养老机构献计献策,养老问题成为急需解决的社会首要问题。我们在对存在问题的养老机构案例进行聚类整合的基础上,根据组织管理的层次具体地分析其中的问题,并提出如何应用信息技术来应对这些问题。

8.1.1 基于公开案例的养老机构问题分析

我们通过文献和二手数据提取了近年来较典型的公开案例,表8.1为这些案例的基本情况。案例主要涉及养老机构安全、养老工程烂尾、养老机构闲置、老年人身侵犯等一系列问题[①]。

我们从外部和内部两个角度对养老机构中的问题进行归纳分析。外部主要从监管的角度来看养老机构建设中的问题。从组织内部看,因为组织内部管理是分层的,可分为战略决策、战术管理和业务处理三层。因此,对应组织管理的层次,我们将养老机构中的问题分为战略层问题、管理层问题和业务层问题,如图8.1所示。

1. 外部问题

随着我国老龄化程度的进一步加深,我国养老机构的供求矛盾愈发严重,为了缓解供

---

① 基于这些案例形成的文章《养老机构面临的问题分析及对策研究》(左美云、张雅惠)登载于清华大学出版社2015年出版的《信息系统的影响——变革与融合(信息系统协会中国分会第六届学术年会论文集)》,收入本书时有删改和较多的完善。

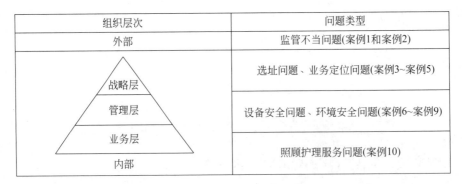

图 8.1 养老机构存在的问题分类

求矛盾,政府正着力加大养老机构的建设。扶持政策陆续推出,财政投入不断加大,但这些先后建设养老机构却远未达到预期的效果。

在项目建设过程中经常出现项目搁置无法落地、项目烂尾等情况,在项目建成后也经常出现乱收费甚至诈骗等行为。对项目进行有效监管避免出现资金断裂以及欺骗老年人等情况一直是项目的关键。另外,在项目建成之初,政府往往会投入人力和物力跟进项目,随着其他项目的推进便减弱了原来项目的关注度,等事后究其失败原因时又会出现由于权责不清各部门推卸责任的状况,许多养老公益项目往往只有短暂的春天,经常在投入了大量资金后却没得到相应的效果。

如何用最少的人力实现对项目的整个生命期进行监管是政府现阶段急需解决的。如表 8.1 中案例 1 与案例 2 所述,民政部老年福利服务星光计划在投资 134 亿元后却被搁置,湖北某生态老人院骗取老人钱财却未被及时发现,这都是养老机构的外部监管机构理应负起责任的问题。

2. 内部问题

1) 战略层问题

由于老年人特殊的生存形式、适应性、癖好、心理和生理等因素导致老年人对住宅的品质有更复杂的需求。因此,养老机构选址应综合考虑交通、收入状况、周边配套、环境等因素,而因为选址不合理导致养老机构倒闭的例子却屡见不鲜。许多养老机构远离市区,老人不愿居住,而建在市区的养老机构又面临人员拥堵、交通堵塞和周边市民的反对等问题,如何正确选址成为养老机构建设至关重要的第一步。我们将表8.1中案例3和案例4的养老机构选址问题,以及案例5的业务需求定位问题归为战略层问题。

表 8.1 存在问题的养老机构案例描述

编号	案 例 简 述	问题归类
1	2001年,民政部在全国启动社区老年福利服务星光计划,共投入134亿元资金建3万多家星光老年之家。调查发现如今大部分已经被"撂荒",有的尽管悬挂着鲜亮的红色牌子,却鲜有人知其存在	外部问题
2	湖北某生态老人院责任有限公司投资建设一家号称"华中最大"的生态养老基地。随后,该公司在收了500多名老人的1400多万元后悄然关门。一年多后,该公司法人因涉嫌虚报注册资本罪、非法占用农用地罪入狱。	外部问题
3	北京某老年庄园至作者行文时创办有4年多,有400多张床位及配套设施正在使用中,建设中的二期,还将新增600张床位。但是,该庄园现在只有70多名老年人入住	战略层问题
4	某市一养老院在建设时考虑到老年人喜欢幽静的环境特意将地址选在偏远的郊区,结果因为人流量太少,经营效果非常惨淡。随着经济发展,这片地区建起许多重工业工厂,最终导致养老院关门	战略层问题
5	居住在济南市的张老伯因为脑血栓后遗症希望去养老机构做专业复健,但考察多家之后发现很难找到满足此类服务需求的机构	战略层问题
6	2015年5月25日20时左右,河南省鲁山县城三里河村的一个老年康复中心发生火灾。着火区域是生活不能自理区,整个宿舍被烧成空铁架,造成38人死亡、4人轻伤、2人重伤	管理层问题
7	黑龙江省海伦市某敬老院的住院处发生火灾,致11人死亡,其中包括纵火人、同为养老院院友的王某	管理层问题
8	73岁的赵某在养老院期间自行到运动器材上锻炼时,因单杠突然断裂砸伤头部,造成脑叶切除但无功能障碍,构成八级伤残	管理层问题
9	一位57岁的老人在养老院集体晚餐时间,没和任何人打招呼,也没呼叫陪护人员陪同,独自在养老院的卫生间里摔倒,最终,因伤势过重,抢救无效死亡	管理层问题
10	85岁的周老伯因咳嗽时将唾液喷到了护理人员的裤子上,遭到护理人员的打骂,直至老人因脸部受伤,被儿子接回家中,老人才将在养老院遭遇护理人员打骂的情况告知儿子	业务层问题

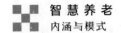

2) 管理层问题

我们将设备安全、环境安全等问题归为管理层问题(参见案例6~案例9)。全国有大量的民营养老院目前正处于亏损的状态,究其原因有地理位置方面的原因,也有价格服务和信用缺失方面的因素。我们经常看到养老院"一床难求"的状况,却也不难发现大量养老院闲置的案例。养老设施需求失衡,欠缺与闲置并存,且结构不合理,是养老服务业面临的首要问题。能否降低运营成本,提高服务质量和企业信誉,优化资源配置成为养老机构生死存亡的问题。

较年轻人而言,老年人群体更加关心医疗卫生、文化体育、商业服务、社区服务等公益性及盈利性配套建设,良好的基础设施建设是满足老年群体的居住健康需求和降低生活成本的保障。因此,如何提供良好的服务,吸引更多顾客,提升老人的用户体验成为养老机构的当务之急。

为了丰富老人的文娱生活,养老院中设有各种娱乐健身设备供老年人使用,然而这些健身设备却具有潜在的危险性。国家目前尚未发布统一的采购标准,在选用建设厂商时多采用招标的方式,对于设备的安全系数没有统一的测量标准。养老机构在购进这些设备后也较少定期对设备进行检修。在发生此类问题时又可能出现找不到具体生产厂家,养老院必须付高额赔偿金的情况。有些地方有一个讽刺性的俗语说"老人没事是根草,出事是个宝",许多子女将老人托付给养老院之后便对老人不管不问,而一旦发生事故则情绪失控,并提出高额索赔要求。如何加强对养老设施的管理成为养老机构管理中的难题。

作为一个复杂的生态系统,养老机构在管理的过程中也会面临来自火灾、水灾及煤气泄漏等突发状况导致的安全问题,这对养老机构的管理可以说是灭顶之灾,一旦发生整个养老机构可能都要陷入生死存亡的境地。

3) 业务层问题

在养老机构中,业务层问题主要指与老年人相关的业务需求是否满足和护理服务等问题(参见案例9和案例10),这类问题的发生主要有三个方面。一是老人在养老院期间由于养老院护理人员失职或采取的措施失当,甚至是虐待老人,导致老人身体健康或者生命安全受到损害。由于老人的举证能力较低,养老院的权责又不明确,在此过程容易出现较大的纠纷。二是由于老人自身的健康因素或突发的意外状况,使得老人在养老期间身体受到伤害。三是由于其他老人的原因使得老人的身体受到伤害。综上三种情况,都是由于各种原因在养老机构运营过程中老人受到不同程度的伤害,此类事情引发的法律纠纷也是不胜枚举,如何解决业务层问题是当下讨论的热点。

8.1.2 养老机构存在问题的信息化对策

1. 外部问题的信息化对策

为解决养老机构外部的监管问题,国家可以建立全国养老机构监管平台,平台的主要监管对象为正在建设中的养老项目和运营中的养老机构,包括项目监管子系统、涉老管理部门权责查询子系统和养老机构综合信息查询子系统,如表8.2所示。

表8.2 养老机构存在问题的信息化对策及相应功能

问题类别		信息化对策	具 体 功 能
外部问题		全国养老机构监管平台(养老项目监管子系统)	项目建设申报 权责查询监督 项目进度监管 机构信誉评价
内部问题	战略层问题	全国养老机构监管平台(养老机构综合信息查询子系统)	地区老年人数量查询 养老机构数量查询 养老机构具体信息查询
	管理层问题	智慧机构养老服务系统	基础业务管理:老人信息、出入院登记、人事信息、设备信息等 老人智能看护:健康档案、移动医护保健、定位查询、健康警报与应急响应等 移动护工管理:制订工作计划、护工巡检管理、工作自动记录等 安防能耗管理:视频监控、用电情况、环境监测等
	业务层问题	智能产品	健康智能监控产品:智能手环、手表、体感衣等 行为智能管理产品:一卡通等

项目监管子系统对政府投资或给予补贴的项目从开始到结束的全过程进行监管,包括养老项目的建设申报、权责查询监督、项目进度监管和信任评价等功能。当项目获得相关部门的建设批准后,需在平台上对项目方案进行公示,明确项目的主要负责人、项目承建商、项目监督者等主体的具体职责,定时提交项目进度、财务状况报告,避免出现烂尾工程等情况。系统会根据项目进度建立信誉评价体系,若项目不能明确负责人或者项目进

度没有及时提交,则信誉会降低,当信誉低于临界值时,相关监督部门可派调查人员对项目进行调查。

涉老管理部门权责查询子系统对养老项目建设事务所涉及的各个部门给出权责说明(比如给出权力清单、责任清单和风险清单),避免出现权责不清各部门推卸责任的状况,确保责任到人,风险管理到位,起到权责监督的作用。

2. 内部问题的信息化对策

养老机构的信息化是为养老机构的管理决策服务的,而管理是分层的,因此,我们将养老机构的内部信息化对策纵向分解为三层具体策略,如表8.2所示。

1) 战略层问题的信息化对策

为了解决战略层存在的选址问题和业务定位问题,养老机构可以充分利用全国养老机构监管平台中的养老机构综合信息查询子系统。该系统以地图分布的形式收录全国各省市的老年人数量、已建设的养老机构数量及养老机构的地理位置。系统收录每个养老机构的床位数、设施服务情况、价格标准、入住率等详细信息,方便查询比较。新的养老机构在选址和定位业务类型之前,可以通过查询相关地区老年人数量以及现有的养老机构情况,判断自身竞争力,做好充分的拟服务区域老人需求市场调研,确定最终的战略决策。

2) 管理层问题的信息化对策

养老机构可以通过建设智慧养老服务系统,实现为老服务的现代化、信息化、规范化、专业化,使老人在养老机构内获得安全、舒适、方便、周到的各项服务。智慧养老服务系统一般包括养老机构基础业务管理系统、老人智能看护系统、移动护工管理系统以及安防能耗管理系统等若干个子系统。

基础业务管理系统对养老机构入住老人基本信息、老人出入院登记、院内消费情况、人事信息、来访信息、资产情况以及设备信息等进行信息化管理。其中,通过对设备信息进行管理,详细记录养老机构中每件设备的采购时间、供应商以及使用年限等信息,解决养老机构中可能存在的设备安全问题。例如,系统要求养老机构每隔半年对设备进行安全性检验,当设备接近其使用年限时,系统自动进行提醒,要求养老机构及时更换设备。养老机构的客户也可以通过对设备信息进行查询,对养老机构的设备使用进行监督。

老人智能看护系统可建立每一位老人的健康档案,并利用智能信息化终端设备,通过无线网络,将老人的基本信息、医疗信息、注意事项反馈给医护人员,实现移动医护保健。当老人出现身体健康问题时,通过查询健康档案,能够及时获取老人的医疗信息,节约诊断时间。老人智能看护子系统还可以对老人进行实时定位查询、健康警报与应急响应。

移动护工管理系统,可录入护工工作任务,并对工作进行情况进行实时监督,实现制订工作计划、护工巡检管理、护理工作提醒、工作自动记录和统计数据管理等功能。

安防能耗管理系统可对养老机构的视频、用电情况、环境进行监测。其中,环境监测包括对煤气泄漏、火灾等突发状况进行监测,监测装置与公安局和消防队系统相连,当报警装置中的可燃气体探测器或火警探测器检测到异常时,系统自动报警,提醒老人撤离,并自动向公安局和消防队及时报警,请求帮助。

养老机构采用智慧机构养老服务系统,一是可以减少运行成本,尤其是人工成本来降低养老机构费用;二是可以提高养老机构的服务质量,使老人在养老机构享受更优质的服务,提高养老机构的竞争力,吸引更多老人入住。

3)业务层问题的信息化对策

为解决业务层存在的问题,养老机构可以使用一些智能产品,包括健康智能监控产品和行为智能管理产品。

老年人身体健康状况较差,可能随时会发生一些意外事件,养老机构由于成本与人员限制,很难做到随时随地有护工陪伴老人。为了应对这些突发事件,养老机构可以使用健康智能监控产品。例如,给每位老人佩戴智能手环,手环可以对身体状况、活动强度、卡路里燃烧与睡眠模式等进行检测,当老人情况有异常变化时,手环自动向医生和老人发出警告,使老人及时注意身体变化,及时就医。同时,结合无线互联网手段,手环还有紧急呼叫、所在位置定位等功能;另外,可以为老年人配备测量体温、呼吸频率和心率状况的体感衣等;如果铺设重力感应地板等智能家居材料,还可以监测到老年人摔倒等意外情况,及时发出报警信号通知医务人员。

养老机构需要对每一位老人的行为进行管理,可以使用行为智能管理产品——一卡通。每一位老人在入住养老机构时领取一卡通,可以在查询机上轻松获取养老机构里的服务导航、园内消费记录、账号信息等。同时,一卡通内可以植入芯片,使一卡通兼具门禁、定位以及紧急呼叫等功能,当老人遇到紧急情况时,可以通过随身携带一卡通随时进行服务请求呼叫,护理人员可以通过后台追踪,实时获知其位置信息。

总的来说，养老机构可以使用智慧机构养老服务系统以及相关的智能产品来辅助决策和管理。但需要注意的是，养老机构问题的解决需要多方资源共同协调努力，信息技术可以起到保驾护航作用却不能是解决问题的首要途径，解决问题首先还是养老机构要进行正确的战略定位，选择合适的地址和业务类型，然后建立规章制度，规范服务流程，提升服务态度，做到真正让老人满意。

8.2 养老机构信息化的动力与阻力研究

8.1节我们分析了公开案例中涉及的养老机构部分问题，并给出相应的信息化应对方案。然而，据我们对6家养老机构的访谈得知[②]，当前应用信息化手段进行全面管理的养老机构屈指可数，即便是应用信息化手段的机构，其应用水平也主要停留在呼叫系统、老人接待系统、老人档案管理系统等的应用上，且各系统多数是独立运行，很少有将各系统融合为一个综合的、全面覆盖养老机构内外部相关业务的信息系统，这种现象与其他行业已普遍实施信息化的状况存在着不一致。

因此，我们希望在深入了解养老机构信息化现状的基础上，探讨哪些因素促进了养老机构的信息化、哪些因素阻碍了养老机构的信息化等问题。这些问题的研究结果可以为养老机构充分地利用其动力资源、努力克服阻力因素，顺利实施信息化建设提供意见和建议。

8.2.1 分析框架：TOE 理论

TOE 理论综合借鉴了创新采纳的相关理论，将影响组织创新采纳的因素归纳为技术（Technology）、组织（Organization）、环境（Environment）三类（Tornatzky et al.，1990）。技术因素指专业技术知识、技术组合和技术创新的特性等，这些因素已经被指出会影响创新采纳决策（Rogers，2010）。组织因素指组织战略、组织结构、组织文化、高层支持和项目管理能力等企业特征。环境因素是指公司接受外部资源供应、与政府和其他企业进行交

---

② 基于这些案例形成的文章 *Factors Promoting and Hindering Informatization of Nursing Institute for the Aged: A TOE Theoretic Perspective*（何迎朝、左美云、陈洁）曾经在成都2014年举办的亚太信息系统年会（PACIS2014）上进行了报告，收入本书时进行了较大幅度的删改。

互,开展业务的外部环境,包括市场竞争程度、法律、市场监管、企业所处的行业规则等。三者相互联系和制约,共同影响着企业的创新采纳行为和速度。

TOE理论已经被学者们成功地用来解释影响组织层面对于新信息系统采纳决策的关键因素(Baker,2012),但是还很少有研究用TOE的框架来研究养老机构对于信息技术的采纳问题。本节我们用TOE的框架,从技术、组织、环境三个方面来详细地梳理现有文献中已经发现的影响组织信息系统采纳的因素,为我们后期的案例资料的分析提供借鉴。

1. 技术因素

技术因素是影响组织采纳和实施信息系统的一个重要因素。学者们常常将创新扩散理论和TOE理论相结合来增强人们对于组织IT采纳的理解(Oliveira et al.,2011)。通过文献分析可知,系统定制的功能越少越有利于系统的实施,高比例的系统定制则是目前阻碍系统实施成功的重要因素。除此之外,系统的高复杂性,往往是信息化实施的主要阻力,而精确的数据和技术的兼容性往往是信息化实施的主要动力。

2. 组织因素

现有文献已经大量地证明组织因素是影响组织采纳信息系统的重要决定性因素。文献分析可知,在组织的战略层变革管理情况和高层管理者的支持与否直接决定着系统实施的成功与否,成功地开展变革管理以及获得高层管理者的支持,是系统实施与采纳的重要动力,否则就会成为阻力。管理层的业务流程管理和项目管理也是动力和阻力的主要来源,这两方面做得好就会成为系统采纳和实施的动力,否则就会转化为阻力。作业层的动力与阻力则主要来源于员工,员工参与得越多,员工培训工作做得越好,员工抵制越少,对系统的实施就会越有利,否则在系统实施的过程中就会遇到重大的阻力。

3. 环境因素

在TOE的框架中,外部环境也是影响组织采纳和实施IT技术的重要因素。文献分析表明,顾问和供应商在组织采纳信息系统的环境因素中发挥着重要的影响作用,这两个外部单位的支持会成为组织采纳信息系统的重要动力,而这两个外部单位的不支持则会转化为组织采纳信息系统的重要阻力。除此之外,政府推动、政策性压力、市场竞争、成功企业的示范、上下游合作伙伴的推动也是重要的动力因素,而法律法规的不完善则是重要的阻力因素。

8.2.2 养老机构的案例介绍及数据处理

1. 多案例研究方法及案例介绍

因为多案例研究能够收集到相互比较、相互印证的数据,所以,能产生比单案例研究更准确、更具概括性、更有效的理论(Eisenhardt,1991)。我们采用多案例研究的方法进行本部分的研究。我们的研究对象是养老机构,养老机构具有如下特点。

(1)以老年人为主要服务对象,运营中涉及的利益干系人众多。服务对象除老年人外还包括老年人的亲属、子女等。因此,养老机构在运营的过程中不仅要服务好老人,还需要服务好老年人的亲属、子女,同时还要处理好与其他的相关单位的关系。

(2)养老机构所处的是一个投资大、回报周期长的较高风险行业。入住养老机构的老人平均年龄多在75岁以上。增龄衰老,自然使老人成为意外事件、伤害、疾病突发死亡的高危人群。如果没有严格的管理和风险防范机制,必然存在养老机构投资与经营风险。

我们选择了某市的6家养老机构作为我们的研究对象,其中三家为公办、三家为民营,它们的机构简介如表8.3所示。

表8.3 案例机构概览

机构编号	机构性质	创办年份	床位数	信息系统实施年份	已实施信息系统
A	公办机构	1987	1100	2001	紧急呼叫系统、医院信息系统、办公自动化系统
B	公办机构	1997	280	2009	无线紧急呼叫系统、业务系统
C	公办机构	1958	756	2010	无线紧急呼叫系统、业务系统
D	民营机构	1988	1000	2000	有线紧急呼叫系统、公寓管理系统、医疗对接系统、一卡通系统
E	民营机构	2008	400	2008	无线紧急呼叫系统、业务系统
F	民营机构	2012	439	2012	无线紧急呼叫系统、业务系统、办公自动化系统

注:业务系统主要包括老年人管理、生活照料、医护管理、员工管理、财务管理、物品管理等功能模块,有些机构只实施或应用了其中几个模块。

从表8.3中可以看出,公办养老机构的成立年代普遍早于民营机构,实施信息系统的年份也各有不同,两类机构实施的信息系统除了都含有紧急呼叫系统外,其他的最多也只覆盖了基本的业务(如老年人管理、生活照料、医护管理、员工管理、财务管理、物品管理),个别有附属医院的机构则围绕医院信息系统开展了对老人的接待、档案等管理,这些系统还没有全面地涵盖养老院的安全、膳食、医疗、护理等基础业务,也没有专门为管理层和决策层设计辅助管理和决策的功能模块,且各系统间缺乏集成,因此,总体来看养老机构的信息化水平还较低,同处于信息化的初级阶段上。

2. 访谈对象及访谈内容介绍

我们访谈了六家养老机构中与信息技术相关的四类人员:第一类人员,养老机构的负责人;第二类人员,养老机构的IT负责人,如信息总监等;第三类人员,养老机构业务部门的中层管理人员,如护理部主管等;第四类人员,养老机构的一线员工。每位受访者的访谈时间从30分钟到120分钟不等。访谈对象的情况如表8.4所示。

表8.4 访谈对象概况

机构编号	访谈人数	被访者职务
A	2	社工科科长、办公室人员
B	4	院长、办公室主任、护理部主任、护理员
C	3	书记、办公室主任、护理员
D	2	总经理助理、护理部主任
E	3	电子商务部经理、护理部主任、前台接待
F	1	信息总监

我们对养老机构负责人的访谈内容主要由三部分构成。第一,我们请被访者介绍养老机构的背景及发展史。第二,我们请被访者描述该养老机构实施信息化的背景、实施的过程及实施过程中的重要事件等。这个过程主要是采用开放式的问题,例如,为什么采用信息系统?实施信息系统的过程中遇到过哪些困难?信息系统给您的工作带来了哪些便利?我们重点跟踪被访者在访谈过程中提到的动力及阻力因素,进一步追问这些动力或阻力是来自于哪里,阻力因素是由谁产生及如何解决的等一系列问题。第三,我们问了一

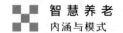

些关于养老机构信息化的动力和阻力的封闭性问题。对养老机构IT负责人的访谈中,我们询问了目前养老机构信息系统中已经实现的功能,采纳和使用过程中的促进和抵制因素,现有系统的缺陷和不足等。对IT负责人的访谈能够收集到关于信息系统的专业数据,如现有信息系统的功能模块、各模块间的协调等问题。对业务部门中层管理人员的访谈使用了与IT主管相同的问题,进一步补充、完善了系统采纳和使用过程中的数据。对于一线员工的访谈主要集中在员工对于系统采纳和使用的意愿、体验和感受上,从直接使用者的角度,补充了系统采纳和使用过程中的动力和阻力数据。

3. 数据编码及分析过程介绍

我们对六家养老机构的原始访谈资料逐句进行编码,从原始资料中产生初始构念(Constructs)。为了减少研究者个人的偏见、定见或影响,我们尽量使用受访者的原话作为标签以从中发掘初始构念。这样一共得到138条原始语句及相应的初始构念。由于初始构念数量较多且存在一定程度的交叉,我们进一步剔除了重复频次极少的初始构念(频次少于两次),仅仅选择重复频次在两次以上的初始构念。此外,我们还合并了一些比较相近的构念并剔除了个别前后矛盾的初始构念,最终得到28个养老机构的影响因素。表8.5为得到的部分构念示例。为了节省篇幅,表8.5中每个构念仅选择了两条原始资料语句及相应的初始概念来举例说明我们的分析过程。

表 8.5 数据编码实例

构　念	原　始　资　料
节约成本	B1:我一开始想的就是节约点纸张。(节约纸张) E1:原来我们都有一个总台值班人员,他负责看那个大屏幕,喊:"这个房间,那个谁,那个房间",现在不用了,至少节省了一个人的人力。(节约人力)
提高服务质量	B2:刚开始呼叫是叮咚叮咚这种,我们得分辨声音,分辨房间,现在有这个(系统)以后,打开一看,就知道是哪个床位在呼叫。(服务针对性) D2:房间内设有紧急报警器,配备24小时私人管家,可随时到老人房间查看情况,老人有任何需求都可以按报警键报警。(服务及时性)
资金约束	B1:我觉得七万元一年的工程师有没有必要在我们院里设置一个也需要考虑,因为我们每年有上缴利润的任务,(有)经济指标的。(资金约束) C1:来推广的软件公司啊,有时候也有。但是我们也考虑经费的问题。(资金约束)

续表

构　念	原　始　资　料
缺乏专职的IT人员	A2：信息团队较小，占员工的比重较轻，没有专门分工；没有独立的信息部门，也没有专人专岗负责信息系统。（缺乏专职人员） C2：感觉咱这还是缺一个人，要是说这个系统就是你负责，那这个人肯定就把责任担起来了。（缺乏专职人员）
风险管理	E3：如果没有系统的话，就会不知道他（老人）在哪个角落里发生了一些事，如果说他在一个特别偏僻的，或者说他把自己反锁在屋子里，他要晕倒了，如果说不是有特殊情况，没有人会注意到这件事，尤其是他是自理老人的话。（风险控制） F1：腕表还可以定位，误差在 500m 以内，方便在联系不到老人时通过定位系统找到老人。（风险控制）

注：B1 表示 B 养老机构中第 1 位受访对象的原话，其他编号类同。每句话末尾括号中词语表示对该原始语句进行编码的初始构念。

从整个的数据分析过程来说，我们完整地经历了三个阶段：数据缩减（Data Reduction）、数据陈列（Data Display）和下结论及验证（Conclusion Drawing and Verification）（Miles et al.，1994）。当然，这三个阶段并不是相互独立、依次进行的，而是相互依赖并相互联系的。由于篇幅关系，就不具体展示相应的分析过程。

为了得到令人信服的结论，我们尽可能地运用多种来源的数据进行相互印证。例如，一线员工缺乏计算机知识是组织层面的一个重要的阻力因素。通过核对访谈养老机构高层管理者的记录，检查与中层管理者（如护理部主任）的访谈记录，检查与一线员工的访谈记录，我们确信这一要素是同时阻碍公办和民营养老机构信息化的因素。

搜寻养老机构信息化动力及阻力因素的过程，就是对六个养老机构的信息化动力与阻力因素进行相互印证的过程，这种做法也类似于自然科学中进行重复试验的过程（Eisenhardt，1991）。例如，风险管理是促使养老信息化的一个重要因素。在对案例机构 F 的访谈文本进行缩减后，我们发现这一因素是养老机构信息化实施中一个比较特殊的因素，在其他行业的信息化中则较少被提及。在对其他五家机构的访谈资料进行对比后，我们确信这一因素确实是养老机构特有的动力因素。这种相互印证后得到的发现为我们完善现有的理论带来机会。

8.2.3 养老机构信息化的动力与阻力模型

通过前面的分析,我们根据访谈数据、二手数据和观察到的现象等多种渠道列出养老机构信息化的动力与阻力因素,我们将这些因素与文献综述部分总结的现有文献的因素进行比较,发现除了少数养老行业特有的影响因素(如风险管理)外,养老机构信息化的动力与阻力因素都与文献中列出的影响因素总体上一致。将已有的研究发现按养老机构的性质区分,可分别得到公办养老机构信息化的动力与阻力模型和民营养老机构信息化的动力与阻力模型③,分别如图 8.2 和图 8.3 所示。

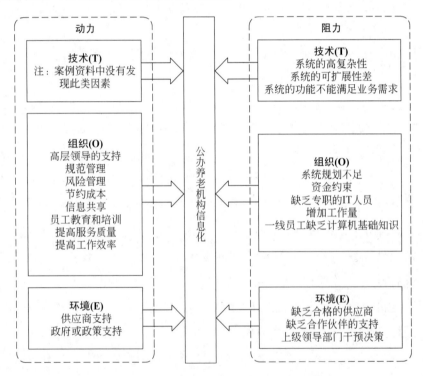

图 8.2 公办养老机构信息化的动力与阻力模型

---

③ 这里的公办养老机构一般是指公办公营的养老机构;民营养老机构主要指民办民营的养老机构。现实中,还有一类机构,即公办民营机构。如果公办民营的养老机构自主权较大,我们归为以下动力阻力模型中的民营机构;如果自主权较小,我们则归入公办机构。

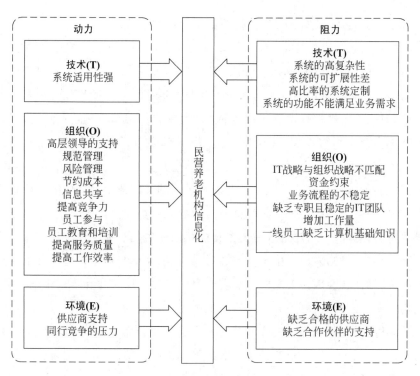

图 8.3　民营养老机构信息化的动力与阻力模型

8.2.4　公办与民营养老机构信息化的动力因素比较

1. 技术层面：公办养老机构缺乏动力因素

从图 8.2 中可以看出，在技术因素方面公办养老机构几乎没有动力因素。分析其原因，我们认为主要是公办养老机构缺乏 IT 技术人才。目前，我国公办养老机构人员的工资待遇普遍较低，护理人员尚且很难招聘到，更别说招聘专业的 IT 人才了，IT 技术的载体——技术人才的不足，导致公办养老机构在技术上缺乏动力。民营机构则有着系统适用性强的技术动力（见图 8.3），其动力来源主要是民营机构的信息系统大多是与供应商合作开发或自主研发的，这样的系统能够更好地满足养老机构在管理和业务上的需求，因此，具有更强的系统适用性。

2. 组织层面：民营机构比公办机构有更多的动力因素来源

从图 8.2 和图 8.3 可以看出，除与公办机构共有的动力因素：规范管理、风险管理、节约成本、信息共享、提高服务质量、提高工作效率、高层领导的支持外，促使民营养老机构信息化的动力因素还有提高竞争力和员工参与。这些因素中的规范管理是指通过信息技术的使用，规范养老机构日常业务管理的过程和标准。风险管理，主要是指对老年人摔倒、受伤、走失等意外风险发生方面的预防、控制和管理。节约成本主要是指节约养老院日常管理中所用到的纸张、人力、时间等成本。信息共享是指工作人员和部门间的信息共享。提高服务质量则是指提高护理人员对老人呼叫的反应速度和反应的准确性等。提高工作效率主要指利用信息技术提高养老照护、资料记录等的工作效率。

这里要特别强调一下风险管理。由于目前我国相关的法律法规不健全及个别司法处理有失公正，当养老机构内部发生意外事故后，老人的亲属与养老机构就责任认定问题产生矛盾与冲突时，往往会因为养老机构没有充足的证据证明自身在事故中的责任等原因，使养老机构处于不利地位，许多养老机构可能因为一次高额的赔偿就一蹶不振甚至倒闭，而利用监控系统、无线呼叫系统、GPS 定位系统等信息技术则可以有效地预防和控制伤害事故的发生，一旦事故发生也有助于养老机构拿出有力的证据，证明自己在事故中的责任。因此，风险管理就成为养老机构采纳信息系统的一个重要动力。

另外，提升竞争力也是民营机构信息化的一个重要动力。目前民营养老院由于开办和运行的成本较高，收费也较高，导致很多床位空闲。因此，为了吸引老人入住，民营养老机构也常将信息系统的采纳作为组织管理规范、安全措施齐全、服务质量高的一个标志来提高自身的竞争力。同时，由于民营机构可以以较高的工资招聘到年轻、高学历、有比较丰富的计算机应用知识的人员，这些人员在信息系统的实施中往往积极参与，并能对系统的改进和完善提出有益的意见和建议，这也成为促使民营机构积极开展信息化的重要动力。

3. 环境层面：两种机构的动力因素来源略有不同

供应商的支持是两种性质的养老机构实施信息化的共同动力，主要表现在供应商的上门推销、与客户联合开发或定制软件、售后维修、软硬件升级等服务上。但是整体来说，供应商对于民营机构的支持要多于公办机构。我们访谈中发现，软件厂商经常会去民营机构推销,但是却很少有厂商去找公办机构销售软件,原因可能是民营机构有更大的决策自主性和支付能力。

除此之外,公办机构因为有固定的政府财政投入和人员支持,并在设施设备、税费及日常运营中享有更多的政府补贴或优惠待遇,这些政府或政策的支持成为促使养老机构采纳信息化技术的一个重要动力。民营机构则因为有来自市场竞争的压力,更愿意应用信息系统为其带来超越竞争对手的优势。

8.2.5 公办与民营养老机构信息化的阻力因素比较

1. 技术层面:民营机构比公办机构有更多的阻力因素

民营机构在信息化的实施过程中遇到的与公办机构相同的技术方面的阻力因素可能有系统高复杂性、系统的可扩展性差和系统功能不能满足业务需求。系统高复杂性主要表现在系统的操作界面不便捷、操作步骤复杂、数据录入不方便等方面。系统的可扩展性差则表现在软件和硬件两个方面:软件方面主要表现在,现有的养老机构信息系统大多为专门开发的软件,少数购买了现成软件的,也会因为系统不能完全符合机构的业务需求而进行二次开发,很少有软件能直接扩展应用到其他机构;硬件方面则主要表现在紧急呼叫、安全监控等系统中的网络、终端等硬件设施信号不稳定、能够互相兼容的可替代产品少等硬件方面的缺陷上。系统功能不能满足业务需求主要表现在现有系统的功能不能全面覆盖养老机构的安全、膳食、医疗、护理、物资管理等基础业务,无法满足全面的业务需求。

另外,在访谈中我们发现,国内的养老机构信息系统许多是由其他行业的管理软件进行简单的功能改变后,改造而来,这样的系统并不能满足养老机构护理和管理的要求,而国外成熟的养老护理软件购买和汉化成本太高,因此,民营养老机构大多采取自主研发或合作开发的方式建设和实施自己的信息系统,因此,还存在高比率的系统定制的阻力。公办机构因缺乏信息化的技术和人才,则往往请供应商在现有软件的基础上进行简单的客户化改造,从而减少系统定制方面的阻力。

2. 组织层面:民营机构比公办机构有更多的阻力因素

组织层面共有的阻力有缺乏资金、增加工作量和一线员工缺乏计算机知识。缺乏资金主要是因为，目前养老机构普遍认为它们自身是劳动密集型组织而非信息密集型组织。因此，对IT的投资普遍偏低。增加工作量，是因为养老院的服务对象是老人，服务内容主要是解决老人衣、食、住、行以及护理、医疗保健等问题，这些工作的完成主要靠人员的手工操作，信息系统等设备并不是其工作中必需的工具。因此，一线员工普遍认为信息系统的实施又增加了他们的信息录入等工作。一线员工缺乏计算机知识是因为养老机构中的护理员大多为40~50岁的妇女，普遍文化程度低、IT素质低，缺乏计算机的知识。这些知识的缺乏在公办机构主要表现为增加了系统实施的难度、减缓了系统实施的进度；而在民营机构还存在着系统开发过程中用户不能提出准确的需求问题，鉴于此，系统开发人员只有用亲自观察和参与业务流程的方法才能开发出适合机构业务状况和管理要求的信息系统，从而减缓了系统开发的速度。

除此之外，公办养老机构的信息化往往是在政府或供应商等外部力量的驱动下实施的，在信息系统的采纳和实施过程中，受组织信息化的知识和经验的限制，很难对信息系统的战略定位及功能做出长远的规划。因此，往往存在系统规划不足的缺陷。民营养老机构的信息化往往是在组织内部业务和信息部门的驱动下实施的，信息部门往往对信息化寄予过高的期望，希望通过信息化推动组织变革、引领机构的发展等，但是从整个养老行业的发展的阶段机构的运营状况来看，信息化还不能担当如此重任。因此，往往存在着IT战略与业务战略不匹配的问题。

另外，公办机构往往因为人员工资低，缺乏合理的职位晋升机制而难以得到职位升迁、工作发展前途不大而难以招聘到专职的IT人员；民营机构虽然可以较高的工资招聘到IT人才，但是因为工作发展前途不大也往往难以留住人才，导致缺乏一支稳定的IT团队。另外，民营养老机构因为成立年代较晚，大多存在着因为市场定位不明确导致的组织业务流程不规范、不稳定的现象，这也成为信息化的一个重要阻力。

3. 环境层面：公办机构比民营机构有更多的阻力因素

环境层面，两种性质的机构面临的共同阻力是缺乏合格的供应商和缺乏合作伙伴的支持。缺乏合格的供应商，是因为目前我国市场上虽然专门针对养老机构的信息系统已经有一些，但是这些信息系统主要是由传统的软件厂商在原有的企业信息系统的基础上改造而来，这些系统开发人员因为缺乏对养老机构的业务及管理的了解，使得改造后的软件不能适应养老机构的需求,无法为养老机构提供合格的软件系统。此外,很多供应商对客户的持续支持方面也做得非常不足,不能及时、准确地为客户解决系统运行中存在的问题和缺陷。

缺乏合作伙伴的支持则主要表现在养老机构的重要合作伙伴——医院,不采纳养老机构的病例档案上,这是养老机构不实施电子病例系统的一个重要原因。通过我们的访谈发现,无论是公办机构还是民营机构,目前影响养老机构不采纳电子病历系统的一个重要原因是医院不采纳养老机构的病历档案,住在养老院的老人需要进入医院治疗时,必须在医院重新做全面的检查,重新建立档案,这就在很大程度上限制了养老机构采纳电子病历系统的积极性。

另外,因为公办机构的信息化实施在政策和资金上都需要上级领导部门的支持和批准,因此,上级领导部门干预决策也成为公办机构实施信息化的一个重要阻力,而民营机构由于得到的政府支持很少,一般信息化决策时受到政府部门的干扰也比较小。

8.2.6 关于推动养老机构信息化的建议

基于以上分析,我们建议不同性质的养老机构可以根据各自的资源条件采取相关措施,充分利用好动力因素,努力克服阻力因素,以便于信息化的顺利实施。为了实现这些目的,对不同性质的养老机构及相关组织给出如下对策和建议。

1. 公办养老机构应注重 IT 技术人才的引进和培养

通过案例资料的分析,我们发现公办机构在信息化的实施中缺乏技术层面的动力。究其原因,我们认为主要是公办养老机构中缺乏 IT 技术人才,缺乏信息化的知识、经验和技术基础导致的。因此,公办养老机构应通过设置合理的薪资报酬和职位晋升机制来吸引专职的 IT 技术人才,增强自身的 IT 专业知识储备,改善信息化中技术方面动力不足的现状。

2. 民营养老机构应尽快确定运营管理模式,规范其业务流程

通过案例资料的分析,我们发现由于民营机构成立普遍较晚,运营管理模式尚且处于不确定的摸索阶段,其管理思想和业务流程还存在着不稳定、不规范的问题,这一问题严重制约着民营机构信息系统的实施。因此,建议民营机构应尽快探索出一套适合自身生

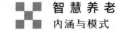

存、发展的运营管理模式和符合自身经营管理理念的业务流程,并将其标准化、规范化,以利于克服业务流程不稳定的阻力,促进信息系统的实施。

3. 养老机构都应加强对员工的信息化培训

无论是公办机构还是民营机构,员工抵制都是信息化实施的重要阻力,而员工的抵制主要来源于养老机构的一线员工缺乏计算机知识。因此,认为系统的实施会增加他们的工作量,从而抵制系统的实施。但是,我们的调查也发现,当员工熟悉系统的操作和功能后则会普遍认为信息技术能够提高他们的工作效率、服务的及时性、针对性等,帮助他们方便地处理日常工作中的事务,就会乐意接受信息技术。因此,养老机构应形成一套长效的信息化培训机制,提升员工的计算机技能和知识水平,改善员工对信息化的认识,以助于克服人员方面的抵制。

4. 软件厂商应提供能够真正满足养老机构需求的软件

软件厂商应深入了解养老机构的基础业务和管理需求,开发出能够真正满足养老机构需求的合格、易用的软件。我们的案例资料分析发现,养老机构信息化中的技术阻力主要来源于养老机构信息系统的功能不能满足业务需求、系统的高复杂性等方面。因此,软件厂商应在学习国内外成功的养老信息系统的基础上,深入了解我国养老机构的基础业务和管理需求,开发出能够满足养老机构需求的合格、易用的软件系统,消除用户因为觉得系统不好用而产生的抵制。

5. 政府应引导养老行业早日建立规范的养老管理和服务标准体系

从我们的调查走访中了解到,目前,大多数养老机构还处于管理理念、运营模式、业务流程等的探索阶段,养老行业的规范化服务标准体系还没有形成,行业中还缺乏能够在管理上引领、服务上示范的标杆性企业,养老行业还没有进入成熟的发展阶段,政府应从政策上引导养老行业早日建立规范的养老管理和服务标准体系,推动养老信息化的顺利实施。

6. 政府有必要促进医疗档案交换和信息共享制度的早日建立

通过我们的调查走访发现,养老机构不采纳电子病例系统的重要原因是医院不接受和认可养老机构建立的老人病例。因为国内普遍没有实行医疗档案交换制度,医院与医院之间都难以实行病人的病历档案交换与信息共享,养老机构建立的老人病历就更难被医院采纳和接受,这在很大程度制约了医养结合的发展,也阻碍了养老机构信息化的进程。因此,国家和有关的政策制定部门有必要从政策上鼓励和引导医院与医院之间、医院与养老院之间的医疗档案交换和信息共享制度的早日建立,这些制度的建立一方面有利于提高养老机构的竞争优势,另一方面也能增强养老机构采纳电子病历等信息技术的积极性,促进养老机构信息化的实施。

8.3 如何促进养老机构采纳信息系统

8.2节我们讨论了养老机构信息化的动力与阻力,进一步,我们试图站在养老机构信息系统提供商的角度,研究如何促进养老机构采纳信息系统。我们关注的是,到底是哪些因素影响了养老机构的信息化采纳?这些因素中哪些是影响养老机构信息系统采纳的主要因素?与其他组织相比,养老机构的服务对象比较特殊,服务难度较大,养护人员的文化层次和专业技能偏低,这些都阻碍了养老机构的信息化进程。总的来说,目前关注或探讨养老信息系统采纳领域的学者还比较少。

8.3.1 研究方法及数据来源

本节依然从TOE理论的视角,采用调研访谈和问卷调查的方法,在文献回顾及对访谈结果分析的基础上,建立基于TOE理论框架的养老机构信息系统采纳影响因素概念模型[④]。

与国外的养老机构相比,我国的养老机构信息化工作刚刚起步,专门针对养老机构的信息系统,尤其是符合我国养老院状况的信息化系统也处于星星点点的探索阶段,这些养老机构信息管理系统是在研究养老机构业务管理实务的基础上,以标准化业务流程、提高管理及护理效率、改善服务质量为宗旨,专门开发的适用于养老院、老年公寓、护理院、托养院等机构的提供老人接待、订房、入住、护理、收费、点餐、结算、财务、档案、库房等管理功能的软件系统。

---

④ 基于这些数据分析形成的文章《如何促进养老机构采纳信息系统?——一个基于TOE的概念模型》(李秋迪、左美云)曾经在2014年第2期《兰州学刊》上发表,收入本书时进行了较大幅度的删改和完善。

本研究主要采用调研访谈和问卷调查的方法，选择了8家养老机构的负责人为受访对象，通过 E-mail、面对面、电话的方式对这8家养老机构进行了非结构化问卷（开放式问卷）调研。这8家养老机构中，河南省占两家，湖南省、内蒙古自治区、上海市、黑龙江省、广西壮族自治区、四川省各一家；最早的是1984年成立的，最晚的是2012年成立的；床位数为70～900；入住率为14%～100%；采纳和未采纳信息系统的各占50%，即分别是四家。

8.3.2 养老机构信息系统采纳影响因素的识别

1. 10个标靶影响因素的提出

根据文献分析和长期对我国养老机构的追踪了解，我们首先提出了基于 TOE 理论框架的影响我国养老机构信息系统采纳的10个可能关键因素，作为初步的构念标靶。其中，组织特征的因素有养老机构的床位规模、管理者对信息化的态度、护工的 IT 知识水平；环境特征的因素有感知到的政策压力、感知到的同行压力及供应商的支持；技术特征的因素有：养老机构信息系统的相对优势、复杂性、兼容性、期望收益。

2. 5个补充影响因素的提出

为了得到更具有养老机构特色的影响因素，在建立研究模型之前，我们请8家养老机构的负责人对这10个标靶构念的全面性、代表性提出建议和意见。养老机构负责人认为除了这10个构念外，感知到的财务成本、机构性质、地理位置、战略定位、入住老人需求等5个因素也会影响养老机构信息系统的采纳。提取构念的访谈记录如表8.6所示。

表8.6 养老机构负责人访谈记录中提取的构念

构 念 提 取	典 型 例 证
感知到的财务成本	"信息化当然是好东西，但是我们养老机构本身都没什么盈利，哪有钱来上信息化，信息化也要花不少钱的，还要给员工培训……"
机构性质	"因为我们是公办的养老机构，政府对我们这方面比较支持，所以我们的信息化这方面实施的也比较好……"
地理位置	"对我们这种类型的养老机构，我们上海市政府对信息化这方面有统一的要求，所以我们都上了信息系统软件……"

续表

构念提取	典型例证
战略定位	"因为我们是做高端养老,信息化给我们提供了很多方便,这也是体现我们服务方式跟别人不一样的地方……"
入住老人需求	"我们每月会把各项服务的收费单从软件中打印出来,我们财务室经常聚满了看对账单的老人,一个核算员根本忙不过来……"

3. 影响养老机构采纳信息系统的因素识别

我们把基于文献提到的10个标靶影响因素和访谈中提取的5个影响因素,一共15个构念设计成结构化问卷,问卷回答重要程度分成三个等级,即"1代表不重要,2代表重要,3代表非常重要"。

然后,向和我们保持联系并有负责人联系信息的23家养老机构发放了判断15个影响因素重要性的结构化问卷,共回收15份问卷,其中,有效问卷10份,其余5家养老机构都没有上信息化系统,并且明确表示在这方面没有采纳意愿。

我们对问卷进行了整理和统计处理,得到养老机构信息化系统采纳的影响因素重要程度矩阵表,如表8.7所示。

表8.7 养老机构信息系统采纳的影响因素重要程度矩阵表

影响因素		养老机构负责人意见				影响因素重要程度 B	
		评价等级			负责人意见均值 A		
		1	2	3	($A = \sum$(评价等级×人数)/总人数)	1	2
组织特征	床位规模	2	3	5	2.3		★
	地理位置	5	3	2	1.7	☆	
	战略定位	4	1	5	2.1		★
	机构性质	5	1	4	1.9	☆	
	感知到的财务成本	2	3	5	2.3		★
	管理者对信息化的态度			10	3		★
	护工的IT知识水平	4	5	1	1.7	☆	

续表

影响因素		评价等级			养老机构负责人意见	影响因素重要程度 B	
					负责人意见均值 A		
		1	2	3	$\left(A=\sum(\text{评价等级}\times\text{人数})/\text{总人数}\right)$	1	2
环境特征	感知到的政策压力	8	2		1.4	☆	
	感知到的同行压力	7	3		1.3	☆	
	感知到的供应商支持	4	2	4	2		★
	入住老人需求	5	1	4	1.9	☆	
技术特征	复杂性		2	8	2.8		★
	兼容性		5	5	2.5		★
	相对优势	4	4	2	1.8	☆	
	期望收益	3	2	5	2.2		★

注：评价等级中，1代表不重要，2代表重要，3代表非常重要，评价等级下面的数字表示选择该项的负责人数，例如，床位规模选 3 的有 5 个负责人；影响因素重要程度 B 中，1 代表 $A<2$，用☆表示；2 代表 $A\geq 2$，用★表示；其中判断值 2 是所有 A 求和之后的平均值四舍五入得到的，即 $\sum(15$ 个因素的评价等级×人数$)/15$。

根据表 8.7 中的结果，我们选择 B 值大于 2 的因素，得到 8 个影响养老机构信息化采纳的关键因素，这 8 个构念分布的维度如下。

(1) 组织特征：床位规模、战略定位、感知到的财务成本、管理者对信息化的态度。

(2) 环境特征：感知到的供应商支持。

(3) 技术特征：复杂性、兼容性、期望收益。

8.3.3 养老机构信息系统采纳影响因素模型

综合以上影响我国养老机构信息系统采纳的因素，同时根据我们对 8 家养老机构的访谈资料的整理分析，我们提炼出基于 TOE 理论框架的养老机构信息系统采纳影响因素模型，如图 8.4 所示。基于这个模型，我们从组织特征、环境特征和技术特征三个方面发展了 6 个命题⑤。由于床位规模、战略定位是养老机构短期内难以调整的变量，所以在本

---

⑤ 在现代哲学、数学、逻辑学等学科中，命题(Proposition)是指一个判断的语义，不是指判断本身，而是指所表达的语义。在数学中，一般把判断某一件事情的陈述句称为命题。我们依据调研访谈的分析，给出了 6 个影响养老机构信息系统采纳的因素判断。

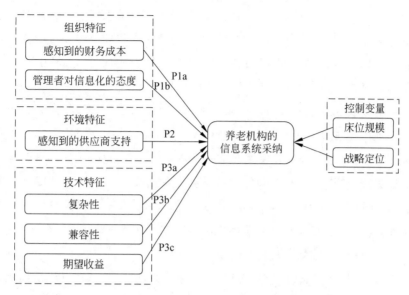

图 8.4　基于 TOE 理论框架的养老机构信息系统采纳影响因素模型

节中作为控制变量。

1. 组织特征

（1）感知到的财务成本。财务成本是技术采纳的一个重要影响因素，采纳新技术的成本包括硬件、软件、IT 服务、顾问及员工培训等方面，有较高财务预算的组织更倾向于采纳新技术。在对养老机构访谈过程中，我们明显感觉到信息系统的价格及运营成本是影响养老机构是否采纳信息系统的一个重要因素，例如，河南省某养老机构负责人说："像××系统，我们曾经考虑过，但是跟他们联系后，觉得他们那套系统虽然完善一些，但是我们养老院太小，用不起，他们那个系统对我们来说太贵"；又如广西壮族自治区某养老机构负责人说："我们也知道信息化是个好东西，性价比肯定是第一位的，也有供应商来我们养老院做演示，功能也很好，但价格还是不太合适"。综合文献及以上对访谈资料的梳理分析，我们认为养老机构感知到的财务成本会直接影响信息系统的采纳，所以我们提出下面的命题。

P1a：感知到的财务成本与养老机构的信息系统采纳负相关。

（2）管理者对信息化的态度。管理者通过愿景、承诺的方式为新技术采纳营造积极的创新氛围。管理者的支持对养老机构的信息系统采纳也非常重要,因为信息系统的实施需要足够的资源,涉及流程的优化或重组、用户的协调等各环节。在对养老机构访谈过程中,我们发现养老机构的管理者对信息化的态度迥异,有些认为信息化非常重要,例如,黑龙江省某养老机构负责人说:"开始时会觉得信息化的资金投入是一笔负担,但是当真正使用上它的时候我觉得是一种减负。所以虽然现在我们没有上信息化,但将来我们肯定会上的";又如内蒙古自治区某养老机构负责人说:"也不是说咱跟潮流,现在所有的各个大公司大企业,从小到大如果你要是想有一个飞跃的发展,你要是没办好信息化就真落后了,所以我们是专门请的日本专家定制的一整套信息化系统";再如上海市某养老机构负责人说:"我跟别人不一样,我会不惜代价地投入信息化,不去测算临界点。因为我确实是管理需要,有很多管理工作和大量的数据需要固化下来,必须建立档案,去检测长者身体的变化,及时给予风险管控"。

然而,有些养老机构的管理者对信息化所持态度则截然相反,在发放结构化问卷中有5家养老机构明确表示没有信息系统采纳意愿,我们对其中的原因又进行了专门访谈,得到了养老机构管理者对信息化持积极态度完全不同的陈述,例如,天津市某养老机构负责人说:"中国的养老机构不像国外的养老机构,信息化落后得很,政府扶持力度也不大,投入产出也不成正比,所以我们也没打算上信息化软件";又例如,浙江省某养老机构负责人说:"说实在的,我本人都60来岁的人了,我根本就不会用计算机,也不了解信息化的东西,也不知道对我们有啥用"。

养老机构的调研结果显示:养老机构负责人对信息化持积极态度的养老机构大多数已经购买了养老机构的软件系统或已列入购买计划;反之,养老机构负责人对信息化持消极态度的养老机构则都没有采纳信息系统,并且近期也没有采纳意愿。综合文献及访谈数据,我们认为养老机构管理者对信息化的态度会直接影响信息系统的采纳。因此,我们提出下面的命题。

P1b:管理者对信息化的态度与养老机构的信息系统采纳正相关。

2. 环境特征

感知到的供应商支持。如果组织与新技术的供应商有很好的合作关系,那么组织会倾向于采纳新技术,供应商的支持对组织新技术的采纳有重要的影响作用。养老机构信息系统供应商如果能够提供信息系统的升级等支持服务,解决实施过程中遇到各种问题,养老机构将更愿意采纳信息系统。在对养老机构访谈过程中,我们发现养老机构在采纳信息系统时往往会考虑供应商的服务及支持力度。例如,四川省某养老机构负责人说:"现在全国这个养老信息化建设几乎空白,我们养老院的员工大多都不懂计算机,只有他们帮我们把硬软件设施都布置好,还要教会我们员工操作,出现问题也要及时给我们处理,这样我们才会购买他们的系统"。另外,我们也发现供应商的市场推广力度也影响了养老机构信息系统的采纳,例如,黑龙江省某养老机构负责人说:"我们对养老机构的信息系统基本上不了解,有供应商来我们公司做系统的演示,但是不多,我们也不知道谁提供的服务好。我肯定倾向于选择能够给我们提供终身免费的升级和培训的供应商"。综合文献及上述访谈分析,我们认为供应商的支持会直接影响到信息系统的采纳。因此,我们提出下面的命题。

P2:信息系统的供应商支持与养老机构信息系统的采纳正相关。

3. 技术特征

(1) 复杂性。复杂性是指新技术被理解和应用的难度。由于复杂性经常被认为是新技术成功实施的阻碍因素,因此,往往与新技术的采纳呈负相关关系。在对养老机构访谈过程中,我们发现由于养老机构的员工受教育程度普遍偏低,计算机操作水平偏低,多数养老机构没有专门从事 IT 业务的员工,所以他们非常注重信息系统的操作流程的简便性。例如,河南省某养老机构负责人说:"这个软件系统肯定需要省时省力,太复杂的高新信息技术还要专业的技术人员及培训,太麻烦";又例如,上海市某养老机构负责人说:"养老机构的工作千头万绪,非常烦琐,信息化软件要在标准化流程的同时尽量简化我们的操作"。综合文献及访谈分析,我们认为简单易用的信息系统更容易被养老机构采纳。因此,我们提出下面的命题。

P3a:待采纳系统的复杂性与养老机构的信息系统采纳负相关。

(2) 兼容性。兼容性既指与企业软硬件设施的兼容,又指与企业管理实践、经验、价值观等的兼容(刘细文等,2011)。在对养老机构访谈过程中,我们发现由于我国养老机构的信息系统采纳处于起步阶段,养老机构的性质、规模又存在着多元化的特点,目前市场上的养老机构信息系统是否适用于养老机构,与养老机构的运营是否兼容,也是影响养老机构信息系统采纳的一个重要因素。例如，湖南省某养老机构负责人说："我们购买软件时要看哪些功能是我们需要的，除了养老机构信息系统的共性模块以外，我们还有些属于我们养老院个性的功能，比如我们要定时给老人喂药送药，这就需要软件开发商把这些新功能融入原有模块中"。综合文献及访谈分析，我们认为兼容性是影响养老机构信息系统采纳的重要因素，因此，我们提出下面的命题。

P3b：待采纳系统的兼容性与养老机构的信息系统采纳正相关。

（3）期望收益。新技术可以为组织带来战略层面的收益和运营层面的收益。战略层面的收益是指通过新技术的采纳可以与顾客及竞争对手建立良好的外部关系，如提升组织形象、提高竞争优势、改善客户关系等。在对养老机构访谈过程中，有很多受访对象提到了信息化带来的战略层面的收益，例如，河南省某养老机构负责人说："养老信息化设施搞得好，管理模式先进，社会形象就会更加好，将来投奔这个地方的老年人才会越来越多"。

运营层面的收益是指通过新技术的采纳对组织内部生产活动的改善，如提高数据精确度及数据安全、改善运营效率、提升流程速度、减少错误发生等。在对养老机构访谈过程中，有很多受访对象也提到了信息化带来的运营层面的收益，例如，上海市某养老机构负责人说："我认为养老机构信息化对我们来讲有以下几个方面的好处：第一，它的数据比较准确；第二，上传比较及时；第三，资源可以共享；第四，可以保留档案；第五，可以让我们有针对性地制定个性化护理方案"。又例如，河南省某养老机构负责人说："入住老人出现紧急情况需要调出长者档案，纸质档案不易保存而且很麻烦，一旦原来熟悉档案存放的人离开这个岗位，再换一个人就很麻烦，需要重新熟悉；如果上信息化管理系统，就可以立即调出并且打印出来。又例如，原来手工记录比较慢而且容易出错，营养配餐师统计200位老人的个性化配餐需要两个人统计将近一周，而每周都要录入，信息化手段可以减少很多重复性工作，大大提高效率。"综合文献及访谈结果，我们认为养老机构对信息系统的期望收益会影响对信息系统的采纳，所以提出下面的命题。

P3c：养老机构对信息系统的期望收益与信息系统的采纳正相关。

8.3.4 推广养老机构信息系统的建议

我们在文献回顾和对8家养老机构负责人访谈的基础上，从组织因素、环境因素、技术因素三个侧面,提出基于 TOE 理论的养老机构信息化系统采纳的影响因素概念模型,得出感知到的财务成本、管理者对信息化的态度、感知到的供应商的支持、信息系统的复杂性和兼容性及信息系统带来的期望收益这样 6 个养老机构信息化采纳的关键影响因素。

从我们的研究中可以发现:多数养老机构由于感知到的信息系统成本太高、资金实力有限而不愿采纳信息系统;养老机构负责人对信息化采纳的态度差别很大,有的认为信息化是趋势,要不惜代价实施信息化,有的则认为信息化对养老机构没必要;凡是养老机构负责人对信息系统能够带来的收益预期较高、对信息化认可度较高的养老机构越倾向于采纳信息系统;养老机构也非常重视信息系统与管理实践需求的兼容性及操作的简单易用性;由于我国养老机构信息化状况比较落后,养老机构的资金实力薄弱,所以专门从事养老机构信息系统开发的软件厂商也不像其他一般软件厂商一样竞争激烈,很多养老机构反映只是偶尔会有信息系统开发商去找他们做演示和推广,多数养老机构对信息系统还并不了解,这也直接影响了养老机构信息系统的采纳。

因此,我们对于养老机构信息系统的提供商来说,有三点具体的建议。

(1) 应该开发易用、兼容的信息系统,同时做好推广和售后服务,赢得自己是良好供应商的口碑。

(2) 对于那些还没有准备采纳信息系统的养老机构,请管理层和负责人多多参加案例交流会,将好的应用案例进行展示,明确养老机构使用后可能带来的收益,促进这些养老机构采纳信息系统。

(3) 优先选择那些负责人和管理层对信息化有良好态度或者盈利模式较为清晰且财务状况良好的养老机构进行推广,增加信息系统采纳的可能性。

8.4 异地养老面临的问题及信息化对策

异地养老是一种新兴的养老模式。选择异地养老的老人既有投靠亲友养老的,也有旅居养老的。后者更多涉及养老机构。我们相信随着今后陆续退休老人可支配收入的增加和对退休后美好生活的向往,会有越来越多的老人选择异地的机构养老。因此,我们了解尽管有很大比例老人选择的是投靠子女等亲友的异地养老,我们还是把本节与智慧机构养老放在一起,供部分有条件的养老机构参考,吸引外地老人来旅居养老。

异地养老的老年人因其身体特征、心理特征、所处时代特征等与选择异地养老之后的环境改变、政策差异等相互作用,他们会面临哪些新问题、新障碍?异地养老关键是解决"异地"的问题,养老出现了地域转移,很多问题都是由移出地和移入地数据互联和信息沟通障碍引发的。那么在异地养老这个问题上,我们如何借助信息化的手段来化解异地养老壁垒,减少异地养老带来的问题?本节旨在通过分析选择异地养老模式的老年人所面临的特殊问题,从信息技术的视角提出适应性的信息化对策。

8.4.1 选择异地养老的老人分类

在老龄化问题日益严重的同时,中国城市化加速和劳动力配置自由化导致了人口在区域间的大规模流动。一种新兴的养老模式——异地养老——应运而生。

虽然目前尚无中国异地养老人口流动的相关统计数据,但从政府公报及部分学者在一些地区的调查研究可知,选择异地养老的老年人口数量呈现上升趋势。当前学界对于异地养老的研究多从兴起背景、市场分析、养老模式、人群特征、意愿分析等方面入手,但对于异地养老的困难和对策研究探索并不丰富,且多从社会政策的视角展开讨论。解决好异地养老带来的社会问题需要探索新模式、新手段。

异地养老是指老年人离开原来的生活地到另外地方生活的养老方式。我们阅读并对比了许多关于异地养老的定义,将异地养老分为移居型和暂居型两种类型。**移居型养老**指老年人长期迁出居住地;**暂居型养老**指老年人暂时离开居住地,在享受养老服务之后返回居住地。这样的分类我们认为能够体现出空间改变和时间持续,处于异地环境的时间长短决定了老年人在异地环境下需求的出现和变化。同时这种分类方式也将众多异地养老方式概括到一个更高的层次,有利于从类别的整体进行需求分析而不至于过于分散。

老年人的年龄在一定程度上影响了老年人的健康状况,健康状况又与老年人是否选择异地养老和选择何种异地养老方式有较强关联。而老年人的养老方式选择并不是仅由年龄决定,我们认为应以健康程度来划分老年人群体,反映老年人的活动能力。参照日常活动能力(Activity of Daily Living,ADL)量表对老年人的评估,我们把可完成全部日常生活活动的老年人称为完全自理老人,而将完成这些活动存在障碍的老年人称为非完全自理老人。

由于非完全自理老年人较少选择以旅游养老、候鸟式养老为主的暂居型异地养老，因此，这一种交叉类型不在本节讨论范围之内。在综合了以上两种老年人群体划分方式之后，我们将异地养老老年人分为三个群体，即完全自理移居型、完全自理暂居型和非完全自理移居型三类。

8.4.2　基于词频统计的异地养老问题分类

我们采用词频统计法，选取百度新闻搜索引擎（http://news.baidu.com/）作为检索工具，以"异地养老"为关键字进行检索，对检索到的新闻进行精读，从中提取异地养老相关问题，并进行分类筛选⑥。为使统计结果更为直观，我们参考其他星级评定标准，结合现有词频统计结果，制定了适合本次异地养老问题严重度的星级评定标准：星级随严重程度的增加而递增，词频小于 19 评为一星级；词频大于或等于 20 且小于 39 评为二星级；词频大于或等于 40 且小于 49 评为三星级；词频大于或等于 50 且小于 59 评为四星级；词频大于或等于 60 评为五星级。综合以上信息得到表 8.8。

表 8.8　异地养老词频统计及严重程度星级分类

问　题	关　键　字	词频	星　级
养老金/养老保险异地领取	异地领取，跨省、跨地转接，手续费减免	168	☆☆☆☆☆
养老金/养老保险异地认证	养老金异地认证，养老保险异地认证，异地年审，远程认证，视频认证，网上认证	55	☆☆☆☆
异地医疗	医疗保险，医疗报销，医保转移	47	☆☆☆
养老地产可信度	可信度、星级、地产开发	32	☆☆
情感缺失	代际交流缺失（公寓养老），交际圈变化	14	☆
养老机构服务质量	护理人员素质，配套养老服务设施，缺少标准和规范	10	☆
安全问题	旅游突发状况，水土不服，法律责任风险	4	☆

---

⑥　基于这些数据分析形成的文章《异地养老面临的问题分析及信息化对策研究》（左美云、常松岩、马丹、成月），曾经被清华大学出版社 2015 年出版的《信息系统的影响——变革与融合（信息系统协会中国分会第六届学术年会论文集）》收录，收入本书时进行了较大幅度的删改和完善。

续表

问 题	关 键 字	词频	星级
社会尊重问题	社会优待政策实施,户口歧视	4	☆
语言交流障碍	方言,不懂普通话	3	☆
自我实现问题	候鸟人才	1	☆

8.4.3 三类异地养老的老年人面临问题分析

根据前面的老年人群体划分方法,借用马斯洛需求层次理论指出的五个层次(生理需求、安全需求、情感需求、受尊重需求和自我实现需求)作为支撑,我们从完全自理移居型、完全自理暂居型和非完全自理移居型三个类别来分析异地养老老年人所面临的生理、安全、情感、受尊重和自我实现问题。我们采用新闻案例作为问题提出的二手数据来源,选择代表性案例信息,帮助描述老年人在异地养老过程中遇到的问题。

1. 完全自理移居型老人异地养老面临的问题

选择移居型异地养老且能够完全自理的老年人大多是中低龄老人,他们选择移居的原因一般有三:一是帮助子女照顾家庭;二是投靠亲人朋友;三是向往移居地的环境等优势条件。部分经济实力较好的老年人,会选择在异地购置住房。但由于养老地产目前规范程度低,老年人很有可能遭受物业服务与预期不一致、维权难、房产价格波动等风险。

四川新闻曾报道老两口从达州迁至成都后,按其可获得的养老金额度,一年因为异地领取养老金的手续费估计损失近200元,成为这老两口的"心病"。养老金是老年人的基本生活收入,其异地领取存在一定的障碍,增加了老年人的个人经济损失,而银行在养老金手续费收取方面存在进一步减免的空间。

在医疗方面,医疗保险政策的区域性导致老年人异地医疗产生垫付负担重、实际承担费用高、报销流程不清晰且手续复杂等诸多问题。健康安全保障大打折扣,疫苗接种等基本卫生服务的享受遭遇障碍。

移居型老年人身处异地时间较长,较难融入异乡生活,两地的方言带来的语言交流障碍对于适应异地生活环境的影响比暂居型老年人更加显著,同时也影响老年人在异地的社交关系建立。与原居住地的人际关系疏远同样使老年人的情感满足减少。这些会增加老年人心理疾病的患病风险,从而影响健康。

社会福利优待同样缩水,由于户籍所在地与居住地不统一,老年人无法在居住地享有当地老年人同等水平的优待,并不能产生足够的受尊重感。

在自我实现需求方面,这类老人在异地生活也同样会萌生实现自我价值的想法,但是因户籍所在地和现居住地不一致,在再就业时会遇到困难。

2. 非完全自理移居型老人异地养老面临的问题

非完全自理移居型异地养老老人多是中高龄老人,他们的移居原因主要是为了获得亲人的照顾。这类老年人由于子女工作等原因随子女移居,身体状况一般较差、出行不便,而其儿女很可能难以提供全天候的照顾。这种情境下,要靠养老机构的护理人员提供专业护理服务,照料基本起居生活,并监控老人的病情,应对老年人疾病突发状况。

当老年人需要到医院就诊时,与完全自理移居型老年人一样会面临医疗保险相关问题,这部分老年人甚至会排斥就医。新华网曾报道过这样的案例,许师傅和老伴张阿姨在江苏南通如皋参加的职工医保,但居住在苏州。2009年,许师傅查出尿毒症。张阿姨也患有肾结石,总是自己先扛着,实在受不了,就去苏州的药店买点药。如皋的医保卡苏州不认,所以隔两三个月就要回去一趟报销医药费。两地奔波对于身体状况较差的老年人有很大风险,加重了老年人的负担。当然,随着全国异地医疗结算系统的投入使用,这部分问题将会得到很大的缓解。

这类老年人受自理能力限制,养老金资格认证问题也需要特殊对待。回原籍证明"自己还活着",在异地证明"自己是自己",养老金信息认证系统互联程度低,给老年人领取养老金增添了很多障碍。当然,目前多地都在积极探索多样化的、便利的养老金资格认证方式,如视频认证、上门认证、异地建模等,这些方法的采用也会降低此类问题的发生。

此外,由于其自身活动范围的局限性,难以扩大交际圈,产生孤独感。同时因身体状况不佳,易出现心理问题,他们一般都渴望更多情感关怀但是现实却难以满足。

3. 完全自理暂居型老人异地养老面临的问题

完全自理暂居型老人一般身体状况较好,有一定的经济基础,热爱生活,积极乐观,多受过良好的教育。这里的暂居主要指老年人选择旅游养老和候鸟养老模式。

在异地暂居的时间内，老人会面临租房或签住养老机构烦琐、交通不熟悉、老年优待政策与原住地不同等问题，也有可能遇到医疗保险问题。养老金问题在这里并没有特别凸显。选择养老联盟模式的老年人面临特别的安全问题：虽然他们身体状况良好，但在旅游期间如果突发状况，目前养老机构的安全责任仍不明确。

这类老年人选择异地养老的初衷在于提升生活品质。选择旅游养老模式的老人因脱离原交际圈而产生的孤独感和不安全感会通过进入新团体、生活形式的丰富而得到弥补。选择候鸟养老模式的老人需要时间适应当地生活起居习惯和风俗，难以快速融入当地的社区生活。

选择旅游养老模式的老年人在自我实现方面常可获得满足。选择候鸟养老模式的老年人因其在异地居住时间较短，在短时间内获取当地志愿者服务组织、文娱组织、老年大学等信息存在一定的困难，也缺乏整合度较高的信息供老年人查找获取。

综合以上对三类异地养老老年人面临问题的分析，我们将不同类型的老年人主要面临的问题及其层次进行了对应，得到表8.9。从表8.9可以看出，自理移居型老人由于在异地生活时间最长，涉及的各种活动也最多，因此，面临的问题也最多。

表8.9　三类异地养老老人面临的主要问题分析表

层次	问题	自理暂居	自理移居	非自理移居
自我实现	自我实现问题	√	√	
受尊重	社会尊重问题		√	
情感	情感缺失		√	√
安全	养老金/养老保险异地领取		√	√
	养老金/养老保险异地认证		√	√
	异地医疗	√	√	√
	其他安全问题	√	√	√
	养老机构等服务质量	√		√
生理	语言交流障碍		√	
	养老地产可信度	√		

8.4.4 老年人异地养老主要问题的信息化对策

从表 8.8 中可以看到,三星级及以上的问题主要是涉及养老金、养老保险和异地医疗的问题,主要属于马斯洛需求模型中较低层次的生理和安全问题,也是老人需要面对的基础性问题。养老金作为老年人的重要经济来源,养老金领取及相关工作上的障碍成为异地养老最突出的问题。老年人不可避免的医疗需求也使得异地医疗问题突出。只有积极解决这些较低层次的基础问题,才能更好地促进高层次问题解决,如情感缺失问题、社会尊重问题和自我实现需要。因此,本节主要针对三星级及以上异地养老问题提出详细的对策,特别需要指出的是,这几个问题恰好是由于地方政府之间信息沟通不畅、数据关联程度低所造成的,适合从信息化的视角思考对策。

1. 政府制定服务业收费标准并监管执行情况,解决养老金异地领取问题

养老金异地领取难,与地方社保部门办事流程、地方财政能力、商业银行利益均有关系。首先,政府应做好规则制定工作,如国家发改委在 2014 年《关于印发商业银行服务政府指导价政府定价目录的通知》文件中取消了商业银行对本行异地养老金有限次取现的手续费。手续费虽少,减免以后可以温暖老人的心。其次,政府应做好谈判的工作,判断减免的手续费是否造成了某方的实质性利益损失,权衡地方财政补贴的承受能力和商业银行的经济利益,明确权责利。最后,政府委托社保部门监管养老金领取,建立联网的养老金领取反馈系统,当老年人在异地领取养老金遇到障碍时,应到社保部门备案,以便核查问题是由于银行单方面没有执行标准,还是老年人的领取资质出现问题。

2. 将地域分割化的数据整合共享,解决养老金认证问题

养老金属于政府财政支持的一部分,其认证之所以必要,是为了避免重复领取、非正常领取(如老人已经去世)等现象出现。异地领取养老金的认证问题主要来自于老年人养老保险参保地不是居住地,在异地认证的数据因为形式不同或效力不足无法作为认证记录而使得老年人必须返回原参保地认证。因此,我们认为将地域分割化的数据进行整合和共享非常必要。首先,要规范认证数据的形式,保证采集的数据可通用。其次,建立统一的养老金认证信息采集数据库,统一存储认证信息,使得在异地采集的信息可被参保地接收。再次,进行网络部署和硬件配置,保障各地可以开展数据采集。经济发达城市由于其基础设施建设完备，在解决这个问题上应该走在前列，它们需要承担起创新认证方式的任务，探索上门认证、视频认证等新方式，增加灵活性，减少认证工作人员的负担。

3. 云平台整合医疗信息，解决异地医疗问题

老年人异地就医过程会产生重要信息。首先，老年人的病历信息，若存储仅在移入地/移出地医院的数据库中，它的价值并不能被移出地/移入地医院利用。其次，老年人的医疗费用信息，各地医疗报销的药品名录不一致，且就医后仅产生纸质票据，无共享数字数据，导致报销难。此外，与老年人健康相关的信息也可以为老年人就医提供帮助。例如，老年人基本社会（亲属）关系，可帮助医院第一时间联系老年人的家人。未来随着可穿戴设备和物联网技术的发展，老年人的身体监测记录也要让其"会说话"。因此可以看出，老年人就医是一个复杂问题。如果可以构建一个云平台，这个平台应该与医院的病历信息、就医支出信息和药品使用信息、公安部门的基本社会关系信息都有接口。云平台还应有外部接口，供可穿戴设备定期进行数据上传。这样就可以构建老年人健康云信息并将其存储于云平台（见图 8.5），每个老年人有唯一的 ID 标识，与社保卡绑定。

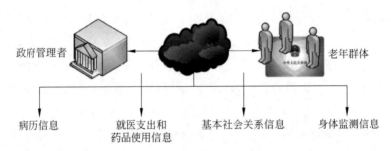

图 8.5 老年人健康云信息存储示意图

当老年人到医院就医时，通过社保卡，就可以读取与老年人疾病和身体状况的相关信息。当老年人就医完成后，此次结算信息和使用药品目录同样上传到云端，供医疗保险参保地进行报销处理。这样，健康云平台对于政府管理者来说，便于掌握异地医疗资源需求，服务于其政策制定和资源配置，对老年人自身来说，集成的信息可服务于老年人就医与保健。目前，全国医疗异地结算正在逐步得到解决，相信老年人的异地医疗问题也会相应得到好的解决。

4. 对全国异地养老人口规模数据进行统计

除上述三个异地养老重点问题外，全面解决异地养老问题，还需要对该问题有更精确和宏观的把握。目前在我国的人口统计数据编制中，针对老年人口的专项统计数据缺失严重，只有北京、上海、广州以及一些较发达省市会编制年度老年人口和老龄事业统计公报。但已有数据并未充分反映出异地养老老年人的规模、各地老年人的流入流出数量、异地养老老年人的流入来源和流出去向。得到这些数据的手段需要开展普查来统计异地养老相关数据，将对异地养老问题的认识从个例和现象提升到整体和趋势，以便为合理提出异地医疗保险的实现方式、修订养老相关政策、实现养老服务机构的有效资源配置提供数据参照。如果未来能够类似北京给60岁以上老人发放办理"北京通——养老助残卡"，或者升级为"全国通"，那么就可以根据老人刷卡记录客观分析异地养老的人口数据，而几乎不需要再做全面的老年人口普查。

要说明的是，以上仅针对三星级及以上问题给出了对策，这三个问题也是应由政府部门来关注并解决的问题。对于在其他层次上的问题，未来也应从信息技术的角度积极考虑对策。

本章参考文献

[1] Baker J. The Technology-organization-environment Framework[J]. Information Systems Theory, 2012：231-245.

[2] Eisenhardt K M. Better Stories and Better Constructs：The Case for Rigor and Comparative Logic [J]. Academy of Management Review, 1991, 16(3)：620-627.

[3] Miles M B, Huberman A M. Qualitative Data Analysis：An Expanded Sourcebook[M]. SAGE Publications, Inc.，1994.

[4] Oliveira T, Martins M F. Literature Review of Information Technology Adoption Models at Firmlevel [J]. The Electronic Journal Information Systems Evaluation, 2011, 14(1)：110-121.

[5] Rogers E M. Diffusion of Innovations[M]. Simon and Schuster, 2010.

[6] Tornatzky L G, Fleischer M, Chakrabarti A K. The Processes of Technological Innovation[M]. Lexington Books, Lexington, 1990(273).

[7] 刘细文，金学慧. 基于 TOE 框架的企业竞争情报系统采纳影响因素研究[J]. 图书情报工作，2011, 55(6)：70-74.

第 9 章
智慧养老的新兴领域

现在很多新兴高科技公司说，我们就是做 ABC 的，或者做 IABC 的。所谓 ABC，有两种含义：第一种含义中的 A 指 Artificial Intelligence，即人工智能；B 指 Big Data，即大数据；C 指 Cloud Computing，即云计算；第二种含义中的 A 还是指 Artificial Intelligence，即人工智能；BC 则是合在一起指 Block Chain，即区块链。IABC 谐音"爱 ABC"，其中的 I 也有两种含义：比较普遍的是 Internet，即互联网；另一种含义是 Internet of Things，缩写 IoT，即物联网。以上这些新兴信息技术都能够很好地给智慧养老支持，发展出智慧养老的新兴领域。

由于云计算更多体现为计算平台，互联网和物联网很多体现为基础设施，本章不展开阐述。但是大数据、人工智能、区块链对于智慧养老的模式会有很好的创新，因此，本章我们会重点讨论这几方面的内容。除了以上内容之外，智慧养老还有若干新兴领域，如对热点应用"医养结合"的支持，以及敏感应用"以房养老"的支持，本章我们对以上内容分别进行介绍。

第 9 章
智慧养老的新兴领域

9.1 医养结合的含义、模式与平台

2018 年 3 月 13 日,全国人民代表大会通过国务院机构改革方案,决定组建中华人民共和国国家卫生健康委员会。国家卫生健康委员会的主要职责之一是拟订应对人口老龄化、医养结合政策措施等。明确说明保留全国老龄工作委员会,日常工作由国家卫生健康委员会承担。显然,医养结合在行政资源上获得了更好的整合和支持。医养结合的各种模式要真正落到实处,迫切需要各类信息系统的互联互通,对于"上门服务"模式,更需要构建一个合适的医养结合平台。

9.1.1 医养结合与整合照料

一般来说,医院主要关注老年人突发性疾病的救治,对于那些处在医疗康复期、慢性病的老年人无法提供细致的养老护理和服务,另外一些处于病程恢复期的老年人为避免出院后恢复期的风险,坚持留院观察,或者出院后再办理入院手续,造成"押床"现象。以上行为选择既加剧了医院医疗资源的紧缺,也造成了医疗资源的浪费。

当前我国人口人均预期寿命是 76 岁,健康的平均预期寿命约为 68 岁,这其中有 8 年左右时间老年人将会与疾病相伴。如何保持"健康余命"不仅是老年人的健康需求,也是社会发展的一项指标,成为养老与医疗政策的发展目标之一。我国的社会养老资源和医疗资源十分有限甚至紧缺。为老年人提供综合、适宜以及紧密连接的医疗与养老服务,建立资源互补的医养结合服务生态系统是当前关注的热点。

国务院办公厅于 2015 年 11 月 18 日发布的《关于推进医疗卫生与养老服务相结合指导意见的通知》(国办发[2015]84 号)明确指出:"医疗卫生与养老服务相结合,是社会各

界普遍关注的重大民生问题,是积极应对人口老龄化的长久之计,是我国经济发展新常态下重要的经济增长点。"

在2016年5月27日中共中央政治局就我国人口老龄化的形势和对策举行第三十二次集体学习时,习近平总书记强调要"构建居家为基础、社区为依托、机构为补充、医养相结合的养老服务体系,更好满足老年人养老服务需求"。

医养结合模式是指将医疗卫生与养老服务结合起来,不仅仅提供传统养老模式所提供的基本生活服务,如日常生活照料、精神慰藉和社会参与,同样重要的是提供预防、保健、治疗、康复、护理和临终关怀等方面的医疗护理服务。

医养结合实际上是我们中国人自己创造的词汇,在英文中并不能找到完全对应的词汇,国内的学者对该词如何翻译还没有形成共识。从现有的文献看,这个词最早是由郭东等学者在2005年提出,他们在《国际医药卫生导报》中发表的文章《医养结合服务老年人的可行性探讨》中首次用到医养结合这个词。

医养结合是"整合照料"面向老年人群的一种实现形式,如图9.1所示。我们在2.4.2节中介绍了整合照料(Integrated Care),也称为整合健康(Integrated Health)、协同照料(Coordinated Care)、综合照料(Comprehensive Care)、无缝照料(Seamless Care)等(Kodner & Spreeuwenberg, 2002),是指整合医疗护理服务和生活照料服务,既包括面向普通人群(主要指慢性病患者、需要照料的失能失智者)的整合照料,也包括面向老年人群的整合照料,即国内所说的"医养结合"。

老年人群的医养结合包括两大类,即图9.1中的面向社区居家的医养结合和面向机构的医养结合。其中,面向机构的医养结合又包括养老机构为主的医养结合和医疗机构为主的医养结合。根据国家提出的9073养老服务模式,即90%的老人居家养老、7%的老人依托社区养老、3%的老人通过机构养老,显然,占老人比例97%的将会在社区养老或依托社区进行居家养老,两者逐渐合并称为"社区居家养老"。因此,图9.1左侧老人模样中的面向社区居家的医养结合问题,成为研究的热点和社会关注的重点。

针对面向社区居家的医养结合问题,学者们从政策、人才、资金、平台等多方面进行探讨,其中,医养结合平台的研究相对其他方面的研究来说是比较少的。具体到医养结合平台上,则需重点关注医养结合平台的试用、采纳和持续使用问题,如图9.1的左下部所示,我们将在9.1.3节中展开论述。

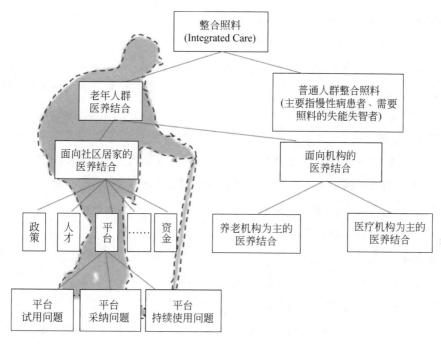

图 9.1　整合照料中的医养结合问题

9.1.2　医养结合的模式、问题及对策

医养结合作为一种新兴的养老模式,越来越受到政府和社会的重视。目前业界对医养结合型养老服务进行了一些有益的探索,从中可以总结出医养结合包括医中加养、养中加医、医养相邻和上门服务四种具体的模式。然而,医养结合模式在我国尚处于起步阶段,在探索和实践的过程中也暴露了一些问题,例如,监管评估的问题、医护人力资源短缺问题、信息互联互通问题、服务质量保障问题等。我们对每种模式都给出了相应案例当前存在的关键问题,在此基础上,给出相应的信息化对策[①]。

---

①　这几种模式的分析曾经以文章《"医养结合"面临的问题及对策》(左美云、王芳、尚进)发表在《中国信息界》2016 年第 2 期上,收入本书时有较大删改和完善。

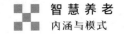

1. 医中加养模式——监管评估问题及对策

医中加养模式是指原有医疗卫生机构开展医养结合服务,该模式以患病和伤残老年人为主要服务对象,服务内容除了普通医院提供的医疗服务外,还增加有养老院提供的生活照料等服务。例如,上海市某医院开设养老院,成为集医、养于一体的特色医院。入住该养老院的老人不仅能得到生活照料等服务,而且能享受到全方位的医疗服务:医务室医生定期进行查房巡视,使老人的慢性疾病和易发的常见病都能在养老院内得到及时的预防和治疗;医院为老人建立急救和住院绿色通道,一旦老人发生急性心肌梗塞、突发性脑溢血、进食不当造成的窒息等紧急情况都能得到及时有效的救治;如果老人因病需住院治疗,医院会为老人优先安排住院病床。

以上是成功的案例,但也有存在问题的案例。例如,某中小型综合医院拟改为医养结合养老机构,但因其从业性质发生变化,要分别跑民政局、医疗卫生部门以及人力资源和社会保障局等不同部门申领执照,手续繁多,一直没有申领下来。目前该医院虽开展了一部分医养结合业务,却苦于没有相关的资质证明。

案例中该中小型综合医院面临的是多头监管的问题,不仅是执照的申领要经过民政、卫生和人社局三个部门,而且对从事医养结合企业的监管评估工作也分散在老干部局、民政局、医疗卫生部门、人力资源和社会保障局、老龄委、街道等多个部门和单位。由于这些部门和单位的工作具有独立性,部门之间缺少足够的协作与沟通,管理过程中很难形成合力。此外,虽然资质无法及时得到官方证明,很多医院会选择"先上车再补票"的策略开展医养结合业务,而老人在选择医中加养时经常会对这样一些打着医养结合旗号却没有相关资质认证的医院心存疑虑,无法放心入住。

针对这一问题,政府首先应明确医养结合养老服务体系的监管责任主体,设立监管标准和管理规范标准,监管涉及的各个部门给出权责说明,避免出现多头监管导致权责不清、各部门推卸责任的状况。

从信息化角度看,在解决监管评估的问题上,应建立数据支持下的政府扶持和监管平台,一方面公示各责任主体的权力清单、责任清单和负面清单;另一方面健全和完善全国各地正在从事或者有志于从事医养结合的企业经营和服务数据库,基于客观数据来进行准入标准的制定以及监管评估的工作,老人也可以通过平台上的信息和数据得出的评价做出满意的选择。相信随着中华人民共和国国家卫生健康委员会的成立,多头监管的问题能得到有效解决。

2. 养中加医模式——医护人力短缺问题及对策

养中加医模式是指原有的养老机构内设医疗机构开展医养结合服务,该模式下,符合国家相关部门发布的《养老机构内设医疗机构标准》的养老机构可开设老年病医院、专科医院、护理医院、康复医院等专业医疗机构。例如,北京市某养老院内设的医务室于2015年正式成为北京市医保定点医疗机构,老人可以直接在医务室挂号,购买常用的高血压等药品,只要在医保药品目录里面的,都可以划卡报销。医务室配有专业护理人员、医生、护士,为入住的老人提供护理和医疗服务。

以上是成功的案例,但也有存在问题的案例。例如,某养老院负责人称招不到也留不住具有资质的医生、护士,一般养老院医务室服务的都是老年人,医护人员的服务收入不足以支持他们的薪水,需要用养老院的收入来弥补,实际收入很难超过社会医疗机构,因此,招不到也难以留住医护人员。

该案例养老院面临的是医护人力资源短缺的问题,这一点是目前很多采用养中加医模式养老院的痛点。开展养中加医业务需要增加具有医疗资格的医师和专业护士,而目前养老院最缺的就是这样的"人力",因为专业的医师和护士更愿意选择去医院就业,医院属于资本和人才密集型企业,有较好的职业发展前景,目前养老院与之相比在发展前景和薪酬待遇方面都有一定的差距。

针对这一问题,政府可以通过入职奖励、社会保险补贴、岗位津贴、职称评定等激励机制鼓励医护人员到医养结合机构执业。养中加医模式的养老院应该重视内设医疗室的发展,尤其是员工的职业生涯发展,营造尊重人才的氛围,这样才能吸引到优秀的医护人员。另一方面,在如今医护人力资源有限的情况下,养中加医模式的养老院应该考虑如何节省人力,而信息技术恰恰可以在"省人"这一问题上提供解决方案。例如,老人智能看护系统利用智能信息化终端设备,通过无线网络,将老人的身体状况、医疗信息、注意事项反馈给医护人员,实现移动医护保健,让少量医护人员能够服务更多的老人。

3. 医养相邻模式——信息互联互通问题及对策

医养相邻模式是指通过建在医院或者社区卫生服务中心附近的养老院开展医养结合

服务,该模式下,社区卫生服务中心或医院的大夫可以定期到养老院进行巡诊,遇到紧急情况养老院相邻的医院或者社区服务中心也能及时处理、及时转诊。例如,南京市某社区医院与一墙之隔的某养老院展开合作,医院为养老院配备了两名医生、一名公共卫生医师和两名护师,并为养老院的老人开通绿色医疗通道,老人可以像串门一样到社区医院刷卡看病。

以上是成功的案例,但也有存在问题的案例。例如,某社区医院与附近的养老院开展医养结合模式已逾一年,但成效并不显著,养老院的老人们反映他们享受到的也就是看病少走些路的便利,医院仍是按照普通患者进行诊疗,开展该模式前后在服务体验上并无太大差异。

很多医养相邻模式下的医院和养老院仅仅发挥了双方地理位置上相邻的优势,缩短了老年人看病的路程,但医院和养老院彼此独立,双方信息不通,医院仍是按普通病患对老年人进行诊疗,诊疗流程和服务与平常看病并无不同,老年人在养老院享受到的生活照料服务也与医疗挂不上钩,这样医养相邻的效果就大打折扣了。

该模式下的医院和养老院应该充分意识到,医养相邻中的"相邻"不仅是地理位置上的相邻,更是信息的互联互通。采用医养相邻模式的医院和养老院应该建立信息共享机制。一方面是老年人信息有选择地按照协议共享,医院可以将老年人的电子病历、健康状况评估等信息共享给养老院,方便养老院针对老年人的健康状况制定照料服务;养老院可以将老年人的日常身体各项指标监测值反馈给医院,方便医院对老年人进行诊疗。另一方面,该模式下医院和养老院可以加强合作,将双方涉及老人的行政管理、安防管理、预警系统、健康数据采集分析,以及护理人员的护理服务质量控制等多项养老服务的业务管理纳入智能化、信息化管理的轨道,借助信息技术连通双方的人流、物流、资金流,共同为老年人提供更为精准和优质的服务。

4. 上门服务模式——服务质量保障问题及对策

上门服务模式是指通过医养结合进社区、进家庭开展服务,即面向社区居家的医养结合模式。该模式下,主要依靠医养结合平台,通过推行家庭医生或养老管家模式,为社区内居家养老的老人提供上门服务。例如,北京市有些社区建设了"一键式"家庭医生式服务体系,在签约居民家里安装"一键式"智能服务终端,家中老人可通过按键向签约的家庭医生式服务团队寻求帮助,及时、便捷地获取养老、保健、医疗等各项服务。

以上是貌似成功的案例,但存在问题的案例更多。例如,某健康养老平台承担着北京某大型养老社区内将近 4000 位老人每年的免费体检、义务讲座、社区巡诊等功能,而在我们调研过程中该社区不少老人反映有些体检在走形式,服务人员的态度很敷衍。

在上门服务模式中,一些高新技术企业搭建的医养结合平台成为连接老年人与医院、养老服务中心的桥梁,他们在老年人家中安装养老智能终端,通过物联网技术、各类传感器、大数据分析等方式对老年人的经济状况、身体状况进行综合评估,并对接医院和养老院,使得医院、养老院与老年人的需求相连通。不过,由于一些企业定位是销售老人用的终端产品,或者套取社区服务经费,招聘的工作人员擅长销售和营销,医疗护理方面的专业性并不强,服务态度和服务质量难以保障。另一方面,上门服务的场所一般在老年人家中,所以在进行上门服务过程中难免会产生一些法律纠纷,如老年人人身安全、家中财物损坏或丢失等。

投身上门服务模式的高新技术企业管理人员应充分认识医养结合良好的发展前景和自己在其中所起的重要作用,着眼于为老年人提供贴心服务而非简单的产品推销。在具体业务上,可以运用信息技术进行上门服务过程管控。下面我们将上门服务过程分为事前、事中和事后三部分,来分析信息技术在其中起到的作用。

(1)事前:老年人大多比较注重隐私,对陌生人的信任感和接受程度都很低,有了网络等信息技术,老年人可以在网上获知上门服务提供商的详细信息,选择自己信任的医生或护理人员来上门服务。信息技术也可以监测到老年人身体状况的变化,对一些疾病有预警效果。

(2)事中:采用信息技术记录服务全过程,可以保障服务的规范性。上门服务人员知道自己的一举一动都会留有记录,所以服务过程会严格按照规范来进行,信息技术在这里起到督促的作用。

(3)事后:平台可以请老人对服务人员的工作打分,表达他们对所接受服务的满意度。后台数据库留有的记录既是解决医养结合模式中纠纷的有力证据,也是上门服务商进行考核的重要依据。

需要注意的是,医养结合存在的问题需要多方资源共同协调解决,政府、医院、养老机构、企业等主体应在政策制定、风险管控、业务模式探究等方面协力合作,共同为医养结合

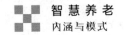

的发展贡献力量。

9.1.3 医养结合平台的试用、采纳与持续使用

9.1.2节的四类模式——上门模式,即是面向社区居家的医养结合模式。这种医养结合模式要真正得到有效实现,支撑医养结合服务运作的医养结合平台非常重要。基于网络的平台服务模式日益成为现在服务业的主流模式(华中生,2013)。与老年人相关的医护服务和养老服务目前存在着"碎片化"与"小而散"的问题,服务资源的衔接与转介是服务有效整合的关键,而这首先需要服务信息的共享和集成,需要构建医养结合平台。通过这个信息化服务平台,可以有效调配资源,将本来十分有限且珍贵的资源最大化地利用,降低为老服务的成本,扩大服务老年人的规模,提高为老服务的效率,最终提升老年人的养老质量。

医养结合平台是一类新型的信息系统,在后台一般都有一个支撑医养结合业务运行的网络平台,老人可以借助计算机、手机、平板电脑、智能手表、智能手环、电子定位产品、安防设备、健康设备、智能床垫等设备接入平台,具体的操作界面可以是计算机客户端、移动客户端、手机App、微信小程序等不同形式,一般具有如下三个特点:第一,它的终端用户主要是老年人,老年人的心理和生理特点会影响对平台的采纳和持续使用;第二,它是一个综合性的复杂系统,老年人可以享受更加综合的服务,因此,他们的使用行为也更加复杂;第三,它是一个以提供服务为主的平台,以往的电商平台更多是以产品为主。针对以提供服务为主的医养结合平台,我们需要将服务质量看作重要的平台属性,分析作为平台用户的老年人对于服务的看法如何影响他们的试用、采纳和持续使用行为。

面向社区居家的医养结合平台,就是以社区卫生服务中心或养老服务中心作为连接点,与所在地域的养老服务资源和医疗资源合作,解决好老人及家庭基础数据库、老人健康档案数据库的共享利用问题,在此基础上接受老人的服务需求,提供个性化的医疗服务或养老服务。实际上,全国各地都已经开始了医养结合平台的建设和运营工作,例如,北京市早在2005年就搭建了96156北京市社区公共服务平台,通过这个平台可以购买家政服务、老人照护、助医等各种便民服务。

在对目前运行的医养结合平台进行观察和访谈后,我们发现一般都存在如下现象:

通过宣传或活动号召,试用医养结合平台的老人很多,但是真正采纳和持续使用的老人比例相当低。以某个医养结合平台为例,该平台面对的社区居家老人约14万人,通过宣传触及的老人约占所有老人的10%,即1.4万人;其中70%~80%都会参与试用一下,估计有1万人;在这些试用的老人中,能够真正在平台上注册的老人大约只有30%,约3000人;在这些注册的老人中,一周后还用的大约只有70%,约2000人;三个月后还用的可能只有50%,约1500人;六个月后还用的可能只有30%,约900人。这是当前医养结合平台的现状。持续使用的老人少,愿意持续参与的服务商就少,平台就可能出现运营的困难。

在与这些医养结合平台的负责人交流时,大家普遍谈到,当前的主要问题是老人采纳意愿和持续使用意愿比较低,这是他们的瓶颈。这些负责人几乎都提到,只要老人愿意用这个平台,服务商就愿意来提供服务,平台就可以持续运营。因此,虽然医养结合平台是一个双边市场(老人和服务商)的问题,但当前的瓶颈是在老人侧。信息系统领域的学者已经就信息技术(Information Technology,IT)和信息系统(Information Systems,IS)的采纳做了非常多的研究,关于持续使用的主题也有不少的研究成果,然而,针对医养结合平台这类新型信息系统的试用、采纳和持续使用,特别是针对老年人这个特殊人群的研究目前还未见到。因此,学术界需要尽快就如下理论问题进行研究,为实践界提供理论指导。

(1) 试用是如何影响老年人对医养结合平台的态度和采纳意愿的?

(2) 影响老年人采纳或不采纳医养结合平台的因素分别是什么?哪些特征可以预测老年人更有可能采纳医养结合平台?

(3) 影响老年人不持续使用的因素是什么?哪些特征可以预测老年人更有可能不持续使用医养结合平台?老年人不同的持续使用行为模式有什么不同的效果?

1. 医养结合平台的试用问题

相对于年轻人,老年人对于新兴信息技术的采纳更为被动和消极(Vroman et al.,2015)。所以平台运营方需要采取一定的方式吸引老年人尝试使用平台。试用是医养结合平台吸引老年人参与的一种重要推广形式。老人在平台运营方的宣传下,可能会到社区卫生服务中心或养老服务中心,尝试操作或了解平台的相关信息。作为老年人与平台的第一个接触点,平台运营方非常在意如何使试用过程更加有效。也就是说,他们应该如何安排试用活动,使得老年人在试用过后对平台有较好的态度和较高的采纳意愿。然而,目前并没有研究系统地分析过影响老人试用效果的因素,也没有研究针对医养结合平台开展过试用的研究。因此,我们应该针对老年人群,分析试用是如何影响老年人对医养结合平台的态度和采纳意愿的。

2. 医养结合平台的采纳问题

采纳是医养结合平台成功的第一步。只有更多的老人采纳、加入到平台中,平台才更有可能健康、成功地运行。以往的研究围绕老年人信息系统采纳的主题取得了较为丰富的研究成果。但是,将医养结合平台作为老年人采纳对象的研究成果还未见到。另外,以往研究常常从低采纳意图的角度对不采纳进行分析。但是,相关研究表明,影响采纳或不采纳的因素之间存在差异,不采纳需要作为独立的问题来对待。并且,运营方的当前实践表明,老年人群对于医养结合平台更倾向于不采纳。因此,我们应该针对老年人群,分别分析影响他们采纳或不采纳医养结合平台的因素。在此基础之上,对老年人的采纳行为进行建模,预测具有什么样特征的老年人更容易采纳医养结合平台,帮助平台运营方识别可能会采纳平台的老年人。

3. 医养结合平台的持续使用问题

持续使用是医养结合平台成功的重要标志之一。只有更多的老年人持续使用平台,才会有更多的服务提供商加入到平台之中,平台才能够健康持续地运转。但是,运营方的当前实践表明,大部分的老年人最终没有持续使用平台,他们在采纳平台之后,就逐渐停止了使用。然而,以往的研究成果主要关注用户为什么会持续使用信息技术,较少有研究分析导致用户停止使用的原因。因此,我们应该针对老年人群,分析影响他们不持续使用医养结合平台的因素。在此基础之上,对老年人的不持续行为进行建模,预测具有什么样特征的老年人更容易停止使用平台,帮助平台运营方识别可能会停止使用的老年用户,以采取针对性的策略吸引这些老年人继续使用平台。

显然,实践界在呼唤理论界的指导,对于以上医养结合平台的试用、采纳和持续使用等问题我们还需要深入研究,尽快推出理论成果。

9.2　以房养老的含义、问题与平台

住房反向抵押贷款作为一种重要的养老模式,俗称以房养老,已经在部分西方发达国家成功运行。然而,住房反向抵押贷款养老模式在我国还处于起步阶段,除了面临公认的来自政策法规、经济和传统观念方面的挑战外,还有不容忽视的信息风险,具体来说,包括老人与金融机构信息不对称,老人有关此类贷款信息的不完整,以及老人获得的信息不权威等。政府作为管理者和服务者,在应对上述信息风险方面有着不可替代的作用。因此,本节提出政府应该建设住房反向抵押贷款服务平台,该平台应该具有信息展示、案例展示、业务推荐、用户评价、评估试算等功能,为了有针对性地指导住房反向抵押贷款政府服务平台的建设,我们对主要功能进行了界面设计[②]。

9.2.1　住房反向抵押贷款的含义

俗称以房养老的"住房反向抵押贷款"模式最早起源于荷兰,是为了缓解当时养老问题而提出的一种措施,随后在其他国家得到了较广泛的推广。住房反向抵押贷款养老模式具有将固定资产盘活为现金流,使部分老年人能够快速获得更好的养老服务,并能有效缓解社会保障压力的优点,已经在美国、英国、加拿大等部分发达国家成功运行。2013 年 9 月 13 日,中国政府网发布了《国务院关于加快发展养老服务业的若干意见》,文件中提及的"开展老年人住房反向抵押养老保险试点"被外界解读为以房养老,由此引发社会的热烈讨论。

住房反向抵押贷款(Housing Reverse Mortgage)俗称"倒按揭",也是通常所说的狭义的以房养老,是指已经拥有房屋所有权的老人将房屋抵押给银行、保险公司等金融机构,金融机构则依据借款人的年龄、预计寿命、房屋的价值进行综合评估后,按其房屋的评估价值加上预期房价未来的增值,减去预期折旧,并按借款人的平均寿命计算,将其房屋的价值以一定比例分摊到预期寿命年限中,按月份、年度或者一次性给付的方式支付现金

---

② 这部分内容曾以文章《论"住房反向抵押贷款"政府服务平台的构建》(左美云、权雪菲)发表在《电子政务》2014 年第 7 期,收入本书时有删节和完善。

给借款人(郝前进等,2012)。当借款人去世、出售或搬离房产时,贷款终止,以抵押房屋出售所得来偿还贷款本息。

住房反向抵押贷款养老模式比较适合的三类主要人群是,有房但无子女的空巢老人、孤寡老人;有房但子女在海外或其他城市工作不愿意回父母居住地工作的老人;有房但子女不需要也无意继承父母房产的老人。由于这些人群比较少,因而这一类的业务属于小众行为,但是一个有希望拓展的业务领域。

其实,住房反向抵押贷款养老模式指的是狭义的以房养老。与狭义的以房养老相对应,广义的以房养老还包括售房异地养老、售房入院养老、售后回租养老、大房换小房养老、房产遗赠养老、租房入院养老、招租养老等多种形式,广义的以房养老适合大多数有房的老年人。

9.2.2 住房反向抵押贷款实施面临的问题

虽然住房反向抵押贷款在理论上为我们提供了一种养老模式的形式,但其实施、发展都将面临很大的不确定性和风险。即使现在住房反向抵押贷款模式在美国比较成熟,其发展历程也是一波三折。中国虽然初步具备开展住房反向抵押贷款的条件,但由于特殊国情,其在国内的实施面临许多挑战,目前公认的问题有如下几个方面。

1. 缺乏相应政策、法律和法规

在国内,住房反向抵押贷款是一种新的养老模式,政府还没有出台相应的政策和法律法规。我国有 70 年土地使用权的限制,这无疑是我国实施以房养老模式的一大阻力。老人的住房都是有一定房龄的,房产贬值概率将随着 70 年使用期限的临近而增加,贷款机构的风险也将增加,这将削弱贷款机构开展业务的积极性。虽然新《物权法》规定使用权可续期,但对于具体操作方法并没有明确做出规定,没能从根本解决使用权限制的问题。

此外,由于住房反向抵押贷款涉及住房、土地使用、养老保障乃至金融保险等多个领域,国家在这些领域实行的政策都会影响以房养老的发展。国家的住房政策比如房产税的征收将影响房价,进而增加住房反向抵押贷款的风险,若缺少有效的风险分担机制,贷款机构可能因房价下跌遭受损失。遗产税政策也将影响以房养老模式的实施,在美国子女继承遗产要缴纳很高的遗产税,所以,老年人更愿意选择以房养老。我国目前还未征收遗产税,所以,老人选择以房养老的动力相对较小。

2. 利率及房屋价值波动

在住房反向抵押贷款中,房屋的价值一般较大,抵押的时间也较长,利率的波动将会影响双方收益的合理性,而经济环境变化或经济政策等因素调整都会对利率产生影响。如果抵押住房的出售价格低于贷款本息累积,在无保险的情况下,贷款人就会遭受损失,这就是房屋价值波动给贷款人带来的挑战。另一方面,如果抵押住房的出售价格高于贷款本息累积,如果没有好的制度安排,老年人则会遭受损失。住房价值的形成受多种因素影响,具体表现为土地价格、住房造价等经济因素;住房区位等自然因素;供给、需求等市场因素;人口、环境等社会因素以及政策因素。这些因素都会引起房价波动,如果信息不全面将会加大参与以房养老的双方所承担的风险。

3. 传统伦理观念的阻碍

在我国实行住房反向抵押贷款的养老模式,还需要克服传统观念所带来的阻碍。美国的住房反向抵押贷款养老模式之所以成功开展,很大程度上归因于美国人开放的观念及独立自主的精神,子女成年后对父母也没有国内这么重的赡养义务,老人对房产有很大的自主处理权。我国传统文化决定子女应该赡养老人,父母也习惯于将财产留给子女。若是老年人参与住房反向抵押贷款会给人以"子女无能或不孝"和"老人自私或不体恤子女"的印象,让子女和老人承受不必要的舆论压力。这也是我国开展以房养老所需面对的一项重大挑战。

9.2.3 住房反向抵押贷款实施的信息风险

以往对住房反向抵押贷款实施挑战的探究中,往往忽视信息风险所带来的挑战。然而,不同银行开展业务的限制条件各不相同,为老年人信息查找与决策带来困难;业务实施中借款人、贷款人之间的信息不对称,导致双方不信任;试算过于专业,老年人很难理解贷款人提供的预期收益计算过程等,这些信息风险很大程度上将成为住房反向抵押贷款实施的阻碍因素。

1. 老年人查找相关信息困难

信息查找困难是指由于信息过于分散而造成申请者查找困难。在我国,住房反向抵押贷款业务目前主要由银行和保险公司实施。以银行为例,从现今业务中与以房养老相似的房屋抵押贷款业务来看,不同银行提供业务的内容、限制条件不尽相同。类似地,不同银行住房反向抵押贷款业务办理方式不一样,且又缺少统一平台将业务整合起来供借款人查询,必将造成老年人搜寻和比较相关信息的困难。

2. 老年人与贷款机构之间信息不对称

信息不对称是指在住房反向抵押贷款交易过程中,由于缺少合理完善的信息披露制度,借款人和贷款人掌握的信息不同。信息不对称对借贷双方都将造成风险。对借款人来说,贷款人可能联合估价机构欺骗老年人,低估房产价值、虚报各项贷款成本,从而侵吞老年人财产;对贷款人来说,老年人可能隐瞒身体状况和寿命预估,从而提高银行或保险公司的风险。针对信息不对称,需要有一个第三方平台来进行公证评估,监督住房反向抵押贷款运行,而政府则是这个平台最好的提供者。

3. 老年人缺少专业知识

针对多样的贷款方案,除了各家银行或保险公司有不同的限制条件外,老年人做决策的主要参考依据就是选择不同业务方案可获得的贷款额、每年可收到的贷款额以及每年的贷款花费等。然而,普通老年人大多缺少对贷款进行试算的专业知识。虽然各家机构对各自的业务会提供相应的咨询服务,但是到各贷款机构询问费时费力,更没有直观的比较,将对借款人选择业务产生阻碍。针对这一挑战,由政府针对各项业务提供的客观试算系统将打消借款人的疑虑,有利于老年人自主选择合适的以房养老方案和贷款机构。

4. 老年人决策困难

大多数老年人在准备办理住房反向抵押贷款业务时,都需要子女和其他亲属帮忙决策,但部分孤寡老人缺乏家人帮助,且他们又是较适合以房养老的人群,于是他们将面临决策困难的挑战。针对该问题,一个由政府主导具有普遍公信力的、能够帮助老年人智能推荐的系统将十分必要。

5. 现有方案缺乏口碑信息

在对不同业务方案进行比较和决策的过程中,其他选择该业务的老年人的评价尤为重要。若要让老年人放心选择住房反向抵押贷款业务,消除其对该业务的疑虑,最好有其他选择者对业务的评价作为参考。由此,针对现有产品的用户评价机制将有利于借款人进行比较和决策。

6. 缺乏成功或失败的案例参考

由于住房反向抵押贷款在我国发展时间不长,公众对其认知有限,除了各业务方案的口碑信息外,案例展示也是推动其成功实施的重要手段之一。成功案例可以向老年人宣传住房反向抵押贷款模式的优势,提高公众的参与热情;失败案例可以提醒公众规避案例中出现的问题,尤其是失败案例中的诉讼案例可以为老年人解决住房反向抵押贷款业务争端提供参考。

住房反向抵押贷款之所以在美国能够成功,离不开政府的大力支持,而我国迄今为止的反向抵押贷款实践都缺少政府的关心和参与(张芳等,2013)。以政府为主导来推动住房反向抵押贷款模式,有利于增强老年人的信心,促进该模式的监管和推广。针对我国实施住房反向抵押贷款模式的信息风险,政府更是起到不可替代的作用,主要体现在以下几个方面。

(1) 信息权威。对于借贷双方来说,政府是最值得信赖的第三方,其提供信息的权威性毋庸置疑,有利于消除信息不对称。

(2) 信息全面。政府可以要求提供以房养老业务的各家银行或保险公司提供必要的业务信息,从而可以得到全面的业务方案信息。

(3) 信息费用低。由于政府收集信息的成本较低,公众能够以较低的费用甚至免费使用政府提供的信息,这无疑将提高公众的参与热情。

因此,我们建议政府构建一个具有公信力的住房反向抵押贷款服务平台,为公众提供全面的信息服务。

9.2.4 住房反向抵押贷款政府平台的功能架构

既然要构建住房反向抵押贷款政府服务平台,就要研究它的系统架构以及功能,在此基础上给出主要的系统界面,从而有助于给未来的住房反向抵押贷款政府服务平台提供原型指导。该平台系统应该由数据存储层、智能处理层、业务接入层以及终端表现层构成(见图9.2)。

如图9.2所示,通过智能数据采集和处理的数据将存储至数据库,并按照实时比对规

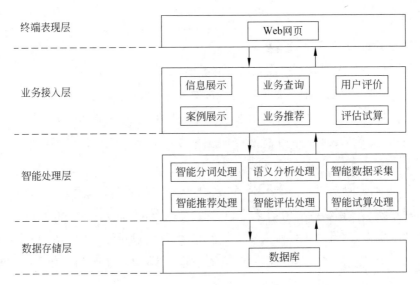

图 9.2　住房反向抵押贷款业务政府服务平台架构

则进行更新和替换,以保证数据的时效性。智能处理层根据不同的应用场景来决定不同的处理方式,来完成业务接入层所提出的业务需求。业务接入层体现了该平台具备的主要功能:信息展示、案例展示、业务查询、业务推荐、用户评价、评估试算。该平台的终端表现为 Web 网页的形式,可以在计算机端和手机端分别展示。图 9.3 展示了我们设计的政府服务平台系统的功能结构。

图 9.3 中,住房反向抵押贷款业务政府服务平台共包括四大模块,分别为资讯中心、服务中心、评估试算和申请指南。

1. 资讯中心模块

资讯中心拥有信息展示功能,其主要展示住房反向抵押贷款方面的政策法规及实施动态。主要由政策法律、最新动态、媒体报道和公共服务机构组成。

(1) 政策法律。政策法律部分主要展示静态信息,即相对固定的一段时间内不会变更的信息,例如,住房反向抵押贷款相关的法律及政策法规等。其下包含国家政策、地方政策,此外还提供相关法律查询的服务。

(2) 最新动态。最新动态部分主要提供动态信息展示,即伴随着住房反向抵押贷款

第9章 智慧养老的新兴领域

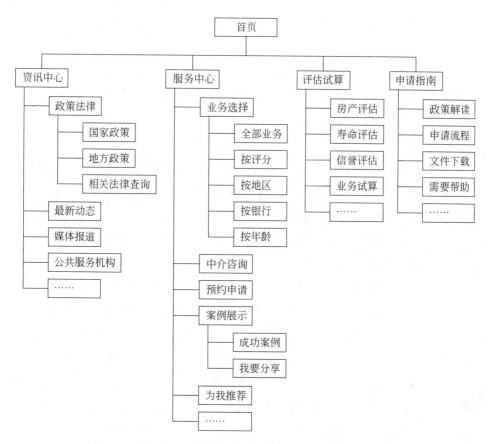

图 9.3 住房反向抵押贷款业务政府服务平台系统功能结构

的实施实时产生的信息,例如,政府的推进工作、政府会议信息等。本部分信息主要由政府提供,是政府主动公开信息的有效渠道,由此展现出的政府推进住房反向抵押贷款的决心势必提高公众的参与热情。

(3) 媒体报道。媒体报道部分主要提供关于住房反向抵押贷款的相关媒体报道。为了使公众获得全方位的信息,本部分不能只提供正面报道,还要容纳负面意见。

(4) 公共服务机构。公共服务机构部分主要提供其他相关机构的网上链接。

2. 服务中心模块

针对信息查找困难、决策困难等阻碍因素,服务中心拥有业务及案例展示、业务推荐等功能,主要由业务选择、中介咨询、预约申请、案例展示、为我推荐组成。

(1) 业务选择。业务选择将不同银行提供的住房反向抵押贷款业务内容进行汇总并集中展示,同时提供分类查询功能,可按照评分、地区、银行、年龄等进行分类,并对每项业务的内容、限制条件等进行详尽展示,为公众提供便捷的住房反向抵押贷款业务查询平台。此外,本部分还提供业务的评价功能,已申请某项业务的借款人可以对该业务进行评价打分,其他人在浏览该业务时便可以依据打分与评论做出更有利的决定。

(2) 中介咨询。中介咨询主要为希望申请住房反向抵押贷款的人提供咨询服务,申请人可以在网页上下载相关资料,也可以在线询问。平台还可以提供一些口碑较好、信誉较高的咨询公司的链接,供有需要的申请人参考。

(3) 预约申请。预约申请主要为想申请业务的人群提供预约服务。

(4) 案例展示。案例展示主要展示住房反向抵押贷款业务实施的实际案例,以事实来提高公众的参与热情,也为公众提供了一个交流的平台,申请者可以通过"我要分享"来分享自己在住房反向抵押贷款业务实施过程中的心得体会,供其他申请者参考。

(5) 为我推荐。为我推荐是该政府服务平台的一大优势。由于住房反向抵押贷款业务主要面向的是老年人,而老年人的决策能力有限,尤其对于孤寡老人来说,他们是以房养老业务的重点人群,但同时他们又没有亲属来帮助进行业务决策,因此,推荐功能将为此问题提供有效的解决途径。推荐系统会根据老人的客观信息及偏好,综合考虑房产、寿命评估和业务试算的结果,为老人推荐合适的住房反向抵押贷款业务,供老人参考。

3. 评估试算模块

评估试算是该服务平台提供的重要服务之一,主要解决老人缺少专业知识的障碍,为老人提供决策参考,消除交易中的信息不对称,主要由房产评估、寿命评估、信誉评估、业务试算组成。

(1) 房产评估。房产评估主要根据现有的房产评估规范,对老人的房产进行评估,老人把所拥有房产的信息输入,若干工作日后即可得出相应的评估结果。在申请住房反向抵押贷款时,该结果公示给借款人及贷款人,有效解决信息不对称的问题,防止贷款人低估老人的财产。

(2) 寿命评估。寿命评估是根据老人的健康状况,以及医疗机构的专家建议,对老人的寿命情况做出评估,该结果同样公示给借款人和贷款人,防止借款人隐瞒身体状况,增加贷款人的风险。

(3)信誉评估。信誉评估是参考各项业务的评分与评价,对各银行履行业务承诺能力和信誉程度进行全面评价,为借款人在选择时提供参考。

(4)业务试算。业务试算为借款人提供不同贷款业务方案的试算服务,在借款人输入个人信息及房产信息等后,系统可自动试算出若借款人申请某个业务方案可获得的贷款额、每年可收到的贷款额以及每年的贷款花费等,还可以提供多个业务方案试算结果的比较,解决老年人由于缺少专业知识而难以明确收益的问题,方便借款人的同时更能有效推进住房反向抵押贷款业务的实施。

4. 申请指南模块

申请指南主要为希望申请住房反向抵押贷款业务的老年人提供帮助指导服务。主要由政策解读、申请流程、文件下载和需要帮助组成。

(1)政策解读。政策解读主要是定期邀请有关专家和学者以访谈或者文章方式就政策出台的相关问题进行解释说明。

(2)申请流程。申请流程介绍住房反向抵押贷款业务申请的流程及注意事项。

(3)文件下载。文件下载提供申请过程中相关文件的下载服务。

(4)需要帮助。需要帮助提供了在线帮助服务以及相关服务部门的联系方式。

住房反向抵押贷款作为一种重要的养老模式,能够在一定程度上提升部分老年人的生活质量,也为孤寡老人提供了有效的养老选择,从而有利于我国应对老龄化的危机。在应对信息风险方面,我们提出了政府应该建设住房反向抵押贷款服务平台,希望我们的研究有利于推动住房反向抵押贷款在我国的实施和发展。

9.3 智慧养老与养老大数据

在大数据时代,养老领域也面临新的机遇。养老大数据的积累为智慧养老提供了更好的数据分析支持。本节我们首先介绍大数据的特点和养老大数据的含义,然后介绍养老大数据的类型,最后讲解养老大数据的分析方法和技术。

9.3.1 大数据和养老大数据

大数据(Big Data)已经成为一个社会热点名词,它的含义是指无法在一定时间范围内用常规软件工具进行捕捉、管理和处理的数据集合,一般认为大数据具有 5V 的特点:Volume(大量)、Variety(多样)、Velocity(高速)、Value(价值)、Veracity(真实)。有些业内专家认为是 4 V,则是没有包含最后一个 Veracity(真实性)。具体解释如下。

(1) Volume,是指数据体量巨大,当前数据规模正在由 TB 级向 PB 级转化;甚至未来会是 EB 级、ZB 级和 YB 级。其中,1YB=1024ZB;1ZB=1024EB;1EB=1024PB;1PB=1024TB;1TB=1024GB;1GB=1024MB;1MB=1024KB;1KB=1024B;1B=8bit(比特)。为了好记,大家也可以简记为公式前面的单位比后面的大 1024 倍。

(2) Variety,是指数据类型繁多,除了以往的结构性表单数据,也包括网络日志、音频、视频、图片、地理位置信息等。

(3) Velocity,是指处理速度快,即要遵守业界的"1 秒定律"或者秒级定律,就是说对处理速度有要求,一般要在秒级时间范围内给出分析结果。

(4) Value,这里的含义包括两点:第一,大数据是有价值的,需要挖掘和分析才会有价值;第二,大数据的价值密度很低,以视频为例,在连续不间断监控过程中,可能有用的数据仅仅有一两秒。

(5) Veracity,是指大数据中的内容是真实世界的反映,是各类数据自然状态的收集,研究大数据就是从庞大的真实数据中提取出能够解释和预测现实事件的过程。

养老大数据就是通过涉及老年人的物联网、移动互联网、车联网、社交网、养老服务系统等各种网络平台,以及手机、可穿戴设备、平板电脑、个人计算机等各种终端,还有安装在养老机构或老年人家中的各种各样的传感器和各类监控,获取的各种类型涉老数据,如表单记录、图片、音频、视频、地图定位、流媒体数据,主要目的是用来支持对老年人的心理和行为进行分析,对涉老的产品或服务进行更好的管理和决策,使不同的涉老干系人都有获得感,并且尽可能提升满意度。

9.3.2 养老大数据的类型

养老大数据的类型有很多,主要包括以下几种。

1. 涉老基础数据

例如，老年人口基础数据、养老服务机构基础数据、养老服务人才队伍基础数据等，这些数据在当地涉老部门（如民政、卫生健康、公安等）一般都有相应的基础数据库。这些数据一般都是结构化数据。

2. 涉老设备数据

例如，来自可穿戴设备或感应器、量表和其他设施的数据、老人定位（如 GPS 系统或北斗系统）数据等。老人智能家居或机构安装的各种功能设备都会创建或生成大量数据。

3. 涉老服务数据

例如，老年人评估数据、养老助残卡（券）交易数据、老年人医疗健康监测与服务数据、老年人乘车刷卡数据、殡葬服务数据、养老补贴数据、老年人 POS 机刷卡数据、老年人信用卡刷卡数据、老年人网上购物数据、老年人移动支付（如微信支付、支付宝支付）数据等。

4. 涉老监管数据

例如，养老院、养老照料中心、养老驿站等机构，以及社区居家养老的服务监管数据，如服务人员服务同时产生的音频、视频或流媒体数据。

5. 涉老社交数据

越来越多的老人也在享受信息时代的便利，如开通博客、微博，使用论坛和微信等。使用能够上网的智能手机等移动设备的老年人也越来越多，移动设备上的软件能够记录大量数据，如通话时长、分享的文字内容特点、分享的音乐、图片和视频类型等，以及应用软件安装、使用和卸载的情况等。老年人使用网站、论坛、微信以及其他各种应用软件的行为理论上都可以被记录下来。

6. 涉老开放数据

互联网上有各种开放数据的来源，如政府机构、非营利组织和企业免费提供的涉老数据和各种报告等。

以上各种类型的养老大数据，互相之间可能有些是重叠的，如开放数据中有些就是服务数据或监管数据，有些服务数据本身也是来自于设备的数据。

9.3.3 养老大数据的分析方法

大数据分析,就是对上述各种类型的数据进行分析,从中寻找数据之间的相关性甚至是因果性,以及相应的最佳实践和服务模式或监管模式,可以帮助涉老组织或老人个体更好地适应变化,并做出更明智的决策。具体来说,有了大数据分析的结果,就可以帮助涉老组织或个体对于要做的决策进行事前模拟、事中监测和事后评估。

要注意的是,有些时候,大数据产生的相关关系可能是虚假的。这是因为数据的量非常大,可能产生向各个方向辐射的各种联系,在完全随机的数据中显示了某些"规律",这个时候一定要辅之以访谈或事后确认来检验相关关系的真实存在。

对于大数据,最常用的四种数据分析方法分别是描述型分析、诊断型分析、预测型分析和指令型分析。养老大数据也可以采用这四种分析方法。

1. 描述型分析

描述型分析主要是描述发生了什么。我们可以利用可视化工具,展示涉老数据的利益相关者所关心指标的均值、方差等,从而了解一般性情况。例如,了解某个特定老人晚上起夜的次数。

2. 诊断型分析

诊断型分析主要是描述为什么会发生?通过评估描述型数据,可以给出出现某类现象的原因是什么,供数据的使用者参考。例如,基于起夜数据的变化分析老人睡眠的质量或服药的效果。

3. 预测型分析

预测型分析主要是描述可能发生什么?这是大数据分析一个非常重要的功能。例如,预测什么样的老人会持续使用某类可穿戴设备或某个医养结合平台。

4. 指令型分析

指令型分析主要是描述接下来需要做什么。大数据价值的表现之一就是给出指令型建议。相应的模型基于对"发生了什么""为什么会发生"和"可能发生什么"的分析,来帮助老人或涉老组织决定下一步应该采取什么措施。例如,医养结合平台基于此前的分析,给出吸引老人使用的策略建议,来帮助提升采纳和持续使用该平台的老人数量。

9.3.4 养老大数据的技术

除了上面的四种分析方法,还有很多重要的大数据技术,这里仅重点介绍数据预处理技术、用户画像技术和数据脱敏技术。

1. 数据预处理技术

不同类型的数据获得和预处理的方式不一。我们这里仅以传感器数据为例进行说明。安装了传感器网络的老人家庭每天产生大量感知数据。传感器网络一般通过两阶段方法收集数据,并将感知数据传输到数据库:第一阶段,安装在家庭里的传感器实时收集老人的行为信号;第二阶段,传感器网络将信号转换成预先设定的数值传输到后台数据库。通过对数据库中的老人行为数据的分析和挖掘,就可以研究独居老人的行为规律、监测老人身体健康状况。

然而,由于以下三个主要原因导致原始数据难以直接进行数据挖掘工作:第一,不同类型的传感器可能间歇性地采集数据,导致数据库中同一行为的数据在时间维度上反复采样,造成冗余数据的产生,所以必须对冗余数据进行聚合;第二,传感器网络容错性有好有坏,在实际环境中运行时,当停电或者断网时可能产生数据丢失,造成不完整的数据产生;第三,传感器网络接收传感器信号,将传感器信号变为预先设定的用户行为数值并写入到数据库,当传感器响应条件与用户实际状态不一致的时候产生的数据也会不一致,造成噪声数据的产生。例如,很多老人家庭床边安装了睡觉压力传感器用来测量睡眠时间,假如,传感器网络预先设定一定的压力值表征睡觉行为,如果用户实际状态为坐在床上看报纸,压力传感器响应条件是检测到有压力值,传感器网络接收坐床的压力信号,将压力信号变为睡觉数值写入到数据库,出现了用户实际状态与传感器网络预先设定用户行为数值不一致的结果。基于以上原因,就需要研究这些传感器数据的预处理方法,将现有冗余性高、准确度低、缺失值多的数据处理为适合数据分析的蒸发率高、准确度高、完整性好的数据形式。

我们提出了二阶段数据预处理方法③：第一阶段通过动态时间队列法将原始数据集聚合成精简的时间序列数据集，达到对数据行（记录）的处理；第二阶段通过比值法与比对法分别丰富睡觉行为数据属性与处理属性的缺失错误，达到对数据列（属性）的处理。通过此方法可以将冗余性高、准确度低、缺失值多的数据集处理成蒸发率高、准确度高、完整性好的数据集。经过处理后的数据可以作为老年用户画像的输入数据用来研究老年用户的行为模式，也可以对老年用户身体异常预警。

2. 用户画像技术

用户画像是对一类真实用户的虚拟代表，是建立在一系列现实世界中真实用户数据之上的数学模型，如买奔驰车的都是什么人？开奔驰车的都喜欢去什么地方？等等。我们可以利用养老大数据为当前会上网的老人画像，也可以对会使用智能手机的老人画像，他们都有什么特征，年龄如何，文化程度如何，收入如何，等等。通过对前述各种涉老数据的整合，将用户多种类型的数据抽象成一个标签化的用户模型。用户画像技术的核心工作就是给用户打标签，而标签是通过对用户信息分析而来的高度精练的特征标识。目前基于养老大数据已经可以完成特定区域（如市、区、街道、社区）或某类老人的如下数据分析工作：①某地老人基本特征画像；②某地高龄老人画像；③老人消费行为画像；④老人出行行为画像；⑤某地外地老人画像；⑥某地迁徙老人画像；⑦补贴资金使用情况画像等。

3. 数据脱敏技术

数据脱敏是指对获得的敏感信息通过一定的脱敏规则进行数据的变形，实现对老人敏感隐私数据的保护。我们在访谈调研中发现不少街道和社区的养老服务系统普遍是由养老服务系统运营商进行建设、运营和维护，这些运营商在获得老人数据时或多或少得到街道和社区的帮助，而这些老人数据是否能够得到正确使用，街道和社区缺乏有效的控制权，存在一定程度的担心。另一方面，客观来讲，街道和社区目前对老人隐私保护的意识还不是很强，因此，可能造成老人隐私泄露的风险。这是很多老人和老人子女不愿意轻易

---

③ 限于篇幅和技术细节，我们这里不对具体的方法进行介绍。有兴趣的朋友可以查阅我们的文章《智慧居家养老感知数据预处理研究》（左美云、侯静波、蒋立新），发表在国际信息系统协会中国分会第七届学术年会（CNAIS2017）论文集。

接受运营商提供的养老服务的重要原因。

2017年6月1日颁布实施的《中华人民共和国网络安全法》的司法解释,明确了与隐私泄露相关的情节严重入罪情形,包括非法获取、出售或者提供行踪轨迹信息、通信内容、征信信息、财产信息50条以上的;非法获取、出售或提供住宿信息、通信记录、健康生理信息、交易信息等其他可能影响人身、财产安全的公民个人信息500条以上的;非法获取、出售或提供前两项规定以外的公民个人信息5000条以上的等。其中,公民个人信息包括姓名、身份证号码、联系方式、住址、账号密码、财产状况,以及行踪轨迹等信息,这些个人信息均应受到保护。

该法律的出台,让了解该法律的老人感觉到了适度的安全,但也让各级涉老组织受到空前的压力。为了促进养老大数据的收集和利用,必须要让数据的获取方与数据的提供方,签署涉老数据共享的协议,明确隐私保护的责任。另外,相关部门还要尽快明确和发布不同类型数据的接口规范,涉及的内容包括但不限于:数据的采集频率范围、数据格式命名、存储方式、数据使用范围、参与人员级别、接口方式(如同步请求/应答方式、异步请求/应答方式、会话方式、广播通知方式、事件订阅方式、可靠消息传输方式、文件传输等)、接口地址要求、调用参数规范、数据调用范例等。基于隐私保护的协议范本和接口规范将使各级涉老政府组织按规监督,使养老服务运营商合规服务,以使老人隐私得到切实保护。

特别是,针对老人的身份证号、手机号、卡号、家庭住址等个人信息都需要进行数据脱敏。当然,脱敏的过程是一个在安全性和可用性之间平衡的过程。对于未来的养老大数据中心来说,可以通过与老人签订分级分类授权使用协议,来针对不同的使用者提供不同脱敏级别的数据。

9.4 智慧养老与养老机器人

护理人员短缺是不争的事实。无人养老、无人护理、愿意从事护理和养老工作的人数很少,这些现象都是当下养老行业发展的窘境。薪水低、社会地位低、工作累、工作脏、受委屈是养老护理人员的当前刻板印象。提升待遇、改进舆论环境、多进行培训、让更多的学校开设养老相关专业等都是有效应对上述问题的办法。人工智能技术发展很快,它的

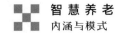

"类人"特性,可以提供一个新的视角和思路。

9.4.1 人工智能的含义与应用

人工智能(Artificial Intelligence,AI)是研究、开发用于模拟、延伸和扩展人的智能的理论、方法、技术及应用的学科。它的目标是生产出一种新的能以人类智能相似的方式做出反应的智能机器,该领域的研究包括智能机器人、智能语音识别、智能机器翻译等。

人工智能涉及计算机科学、心理学、哲学、语言学、思维科学等学科。从思维科学的观点看,人工智能不仅要考虑逻辑思维,还要考虑形象思维、艺术思维、灵感思维才能促进人工智能的突破性的发展。

传统的人工智能主要是模仿人的智能,但现在人工智能不仅模仿人的智能,还能完全是机器智能,例如,基于大数据技术的机器翻译,就不是按照人的翻译那样按照语法结构进行,而是根据各种语言的语料大数据进行翻译。因此,未来的人工智能既能模仿人类的智能,也可能超过人类的智能。

人工智能的应用已经有很多,也将给人们的生活带来许多便利,如智能语音服务助手订酒店、查天气、看路况;疾病辅助筛查和诊断;智能投资顾问;自动驾驶汽车上路;车站或航站楼进行人脸识别破案;智能物流分拣货物;等等。未来随着计算能力的全域覆盖(例如,街边的灯杆都成为一个计算基站),那么只要是需要使用智能的场合,基本上都能看到人工智能的影子。

对于老人来说,人工智能的应用场景非常非常多。例如,老人由于离开了原先的工作环境,随着年龄的增大,更多在家中或养老院里度过。这时老人一般都会产生孤独感,并且会有强烈的陪伴需求。那么,可以通过智能语音技术来创造这种"陪伴感"。我们基于子女的录音资料用语音技术合成老人子女的声音,给老人讲家常故事或笑话,提醒老人按时吃药、坚持锻炼……这样的陪伴虽然不能完全代替真实的关心,但也未尝不是儿女们尽孝的手段之一。

9.4.2 陪聊机器人和陪护机器人

人工智能在养老领域的一个重要应用就是养老智能机器人,简称为养老机器人。导演杰克·施莱尔 2012 年执导的电影《机器人与弗兰克》(*Robot and Frank*)非常值得读者

第 9 章
智慧养老的新兴领域

找来看看。影片讲述脾气不太好的弗兰克，步入老年后开始有点痴呆症，住在外地的儿女们工作很忙，就送给老父亲弗兰克一个机器人，来照顾老人的日常生活起居。面对冰冷冷的机器人，弗兰克一开始无法接受，但机器人的细心照料以及温柔倾听，让弗兰克的内心温暖了起来，人与机器人发展出不平凡的友谊。在相互磨合好后，为了赢得图书管理员的好感，罗伯特与弗兰克合谋上演了一出"惊天大劫案"！后来的故事更加精彩，这里就不再剧透了。影片发生在不久的将来，相信很多人看了会觉得剧中的机器人我们用得到。当然，剧中反映的伦理问题也值得我们思索：这个机器人已经和我们相濡以沫，了解了我们的习性，我们能够再换一个吗？再换一个又要从头开始自学习？还是两个机器人的大脑能互相复制？

智能机器人具备形形色色的各种传感器，如视觉、听觉、触觉、嗅觉等。除具有感受器外，它还有效应器，是作用于周围环境的手段，它们使头、眼睛、手、脚等动起来，并且越来越多的机器人外形上也在向人靠拢，只不过为了和人区分开，做小一点，显得温柔可爱一些。养老机器人主要用在智能陪伴上，简单的有陪聊机器人，复杂的有陪护机器人。

陪聊机器人一般具有智能聊天功能，例如，简单的对话，或者根据老人的要求唱歌、讲故事、背诗，以及为老人播放喜欢的戏曲、京剧、老人新闻等，这些功能可以保持或辅助老人心理健康。目前的机器人主要是针对老人的问询或指令做出响应，未来的陪聊机器人还会根据老人的个人作息大数据主动做出问询或建议，例如，老人看电视超过半小时，这时机器人主动说话了："老王，您看电视太久了，起来活动一下吧"；又例如，对于前列腺患者说："老王，您别憋尿，去上一趟卫生间吧"。这时老人会感觉是一个真人在陪伴了。

陪护机器人一般具有老人生理健康信号检测、语音交互、智能聊天、自主避障漫游、远程医疗等功能。例如，安装有相关检测设备的陪护机器人具有血压、心跳、血氧等生理信号检测与监控功能，可无线传输到社区卫生服务中心或养老驿站，紧急情况下可及时报警或通知亲人、家庭医生等紧急联络人。未来的陪护机器人如果做成老人喜欢的子女的外形，播放的是该子女的声音，那老人的幸福感应该会有一个很大的提升。

未来的养老机器人除了陪聊和陪护外，可能会发展为老人的个人智能助理（Personal Intelligent Assistant，PIA），或叫个人智能代理（Personal Intelligent Agent，PIA），英文缩写一致，都是 PIA，协助处理好老人的几乎全部事务。

目前的商家眼睛比较愿意盯住儿童和女性，这是当下的两大消费金矿。随着具备消费能力和信息素养的 20 世纪 50 年代和 60 年代出生的人相继退休,"银发经济"即将到来。老人如果能够舒服放心地享受个人智能代理的话,养老机器人的市场将会出现井喷的局面。试想,如果 5 万~10 万元可以买一个能干家务、能投资理财、能聊天、会护理的提供个人智能代理的养老机器人的话,老人会不会买一个?子女会不会帮老人买一个?要知道,低档的家用汽车都在 5 万~10 万元,更别说豪车了。因而我的答案是"会"!

9.5 智慧养老与区块链养老

很多从事养老服务工作的同志说,96%或 97%的老人将选择社区居家养老,大多数老人都在家里。我们的服务如何上门啊?我们敲不开老人的门啊。因此,选择街道或社区工作人员陪同是入户服务的一个好办法。然而,街道或社区不可能为每一个养老服务商"背书"或担保。实际上,这里边主要是一个信任问题。送快递的进家门受阻,所以出现了一个个的社区快递专柜。对于老人这样的弱势群体,子女更不放心陌生人进老人的家门。第 2 章我们介绍了"养老管家"这样一种连接老人和其他服务人员的模式,而区块链作为解决老人和养老服务商或养老服务人员之间信任问题的一种重要技术,对于发展养老服务业有很大的促进作用,我们在这一节予以阐述。

9.5.1 区块链的含义、类型与特点

1. 区块链的含义

2015 年 10 月底出刊的《经济学人》(*Economist*)杂志刊载封面文章《信任的机器》,文中把区块链比作了制造信任的机器,探讨区块链技术如何改变世界。区块链(Block Chain,英文中一般合为一个单词,即 Blockchain)是一个系统,该系统的实现原理是:利用区块链让系统中的任意多个节点把一段时间内系统交互的数据,通过密码学算法计算并记录到一个区块(Block),并且生成该区块的指纹以用于验证和连接下一个区块,系统所有参与节点共同认定记录的真实性(朱建明等,2018)。

通俗地说,区块链技术是一种系统内全体成员参与记账的一种方式,在区块链系统中,系统会把通过网络进行交易的产品或服务信息生成数据块(Block),每一个数据块中不仅包含该交易信息,也包括交易商品或服务来源的信息,以及交易的时序信息,从而使

数据块之间形成一个链(Chain)，这些信息形成账本内容发送给系统内所有的其他人进行备份，这样系统中的每个人都有了一本完整的账本，我们将这种方式称为区块链技术。

区块链是比特币(Bitcoin)的底层技术，但是我们可以"不要比特币的皮，只吃区块链的肉"。将区块链技术用在社会经济生活中。如果说9.4节的人工智能是解放生产力的话，那么区块链则会从很大程度上解放生产关系，通过建立人与人之间的信任而发展生产力。区块链将深化互联网的应用，通过信任的技术支持和系统默认，实现价值在互联网上的转移，使互联网成为"可信互联网"和"价值互联网"。

2. 区块链的类型

区块链根据参与主体或服务对象的不同，又可以分为公有链、私有链和联盟链。公有链上的数据网络上所有人都可以访问，同时所有人也都可以发出自己的交易并等待写入区块链中。私有链是指对单独的实体开发的区块链，参与的节点只有实体内部的成员，数据的访问和使用有严格的权限管理，是存在一定的中心化控制的区块链。联盟链指对特定的联盟成员开放，是指参与区块链的节点是事先选择好的，节点之间可以实现资源与信息的共享与互认。例如，地区大学之间建立大学联盟链，上链学校的学生可以互相选链上其他学校的课程，并且学分互相认可。

一般认为，区块链将经过三个发展阶段。

（1）区块链1.0：主要是从可编程货币角度进行研究，主要应用就是数字货币(如比特币、莱特币等)。

（2）区块链2.0：主要是从可编程经济的角度进行研究，主要应用包括金融、证券、保险、博彩、物流、供应链等领域的智能合约或智能投资顾问，促使经济活动可信或在一定条件下自动地完成。

（3）区块链3.0：主要是从可编程社会的角度进行研究，主要应用包括公证、投票、音乐、知识产权、医疗、养老等领域的可信交易。

尽管说分为三个阶段，但这三个阶段不是串行的，有并行和搭接的部分，也就是说，第一个阶段还未完成，第二个阶段已经开始；第二个阶段还在进行中，第三个阶段也开始了。第一阶段和第二阶段逐渐成熟的技术可以用在第三个阶段的应用中。我们不能等待第三个阶段的到来，需要提前规划，早做准备，用好区块链的优点。例如，在养老领域，我们就需要提前思考区块链养老。

3. 区块链的特点

区块链的本质是一个对参与者公开透明的可信赖的账本系统，它能安全地存储交易数据，并且不需要任何中心化机构的审核。区块链技术有如下特点。

（1）交易去中心化。日常生活中，我们的交易活动一般都会存在一个中心媒介，交易双方之间需要依靠中介组织开展业务活动，而交易主体双方之间较难达成直接的业务关系。以银行为例，我们去银行存款，资金存入银行，银行再将这些资金贷款给企业，这时银行就是中介组织。区块链使用系统内全员记账的方式，不需要一个中心记账，可以不用第三方介入，也不需要向中介支付费用，就能实现人与人之间点对点交易和互动，达到节约交易成本的作用。

（2）交易去信任。这里说的去信任是指不用考虑交易伙伴是否值得信任，而是我们都信任这个区块链应用系统，这个系统是基于算法的值得信任的可信系统。所以，这里的去信任是去掉对交易伙伴的信任，前提是系统是可信的。这是因为系统中所有节点之间不用信任也可以进行交易，因为数据库和整个区块链系统的运作是公开透明的，在系统的规则和时间范围内，节点之间无法欺骗彼此，系统是可信的。

（3）信息不可篡改。交易的数据信息一旦被写入区块中就不能更改撤销。交易的账本如果在中介组织手上，造假的可能性就会存在。但如果系统中每个人手里都有一本账簿，除非你掌握了系统中51%的节点或者说服了整个系统中超过51%的人都同时更改某一笔账目，否则你的篡改都是无效的。另外，即使某个人手里的账本丢失或损坏，由于其他人手里都有副本，完全不用担心数据丢失，可以在下一个时间节点复制即可得到全部数据。

（4）信息可溯源。交易的数据信息（包括产品或服务的来源信息）在极短时间内会被打包成数据区块，然后会被复制到区块链系统中的所有节点，实现全系统内数据同步。每个节点都能回溯交易双方过去的所有交易信息，每次交易的产品或服务的来源也是可以清晰回溯的。正是由于这个特点，区块链在物流管理和供应链管理中得到了很好的应用，甚至有些地方出现了"区块链大米"和"区块链鸡"，我们在佩服这些商家与时俱进的敏感同时，也感叹这是对于区块链信息可溯源特性的最好科普。

(5) 共识机制。共识机制是区块链运行的基础,是指所有记账节点之间根据什么样的规则达成共识,来选择和认定记录的真实性和有效性。例如,全系统认可的是最长的一条区块链,因为在此之上的交易次数或工作量最大。如果想要修改某个区块内的交易信息,就必须将该区块和该链条后面所有区块的信息进行修改。这种共识机制是交易数据记账的基础,可以避免虚假交易和信息篡改。

(6) 资产上链。区块链是交易数据的区块连接成的链条。因而资产(无论是实物资产或数字资产)信息在链条中记录就非常重要。资产上链就是指资产信息能够在链条中记录,这也是区块链运行的基础。例如区块链大米,是否使用农药、使用多大剂量,可以将使用的配方和配置过程拍照给购买方,这些服务信息可以通过区块链系统记账,形成一条不可篡改的信息链,从而形成一种去中心化、自动信任的交易模式。通过将实体资产信息建模上链,将会彻底改变整个价值流通,从而优化生产关系,解放生产力。

除此之外,区块链还有公开透明、集体维护、可靠数据库、非对称加密等技术特性,这里就不一一赘述。

老年人总体上属于弱势群体,对于新生事物反应不如年轻人或上班族那么快,比较容易上当受骗,因此,对于服务人员及其提供的服务都有警惕之心。加上老年人信息素养和计算机操作能力、上网能力都比较弱,一些可以通过平台获得的服务老人也较难操作,以上原因,阻碍了养老服务业的发展。以上阐述的区块链特点,特别是建立可信互联网的特点有可能为养老服务业的发展开一扇希望之窗,以下就来分别阐述区块链养老在涉老资产与记账等三方面的潜在应用。

9.5.2 区块链养老应用Ⅰ:涉老资产与记账

住房是老人的一类重要资产。前述的以房养老是面向特定人群在解决养老问题时的一种有益方式,但由于我们相关法律法规的不健全,对于长期合约的执行各方都心里打鼓,导致各种手续过于复杂,操作过程中存诸多困难,以房养老在国内推行面临着很多的现实困境。区块链的信息不可篡改特性可以在以房养老的运作中发挥作用。具体来说,愿意以房养老的人群,可以在养老机构或金融机构(银行、保险等)区块链上登记其房产情况,由机构根据其房产价值按照智能合约(即按照合同规定的方式由系统自动执行)发放养老金,并在区块链上记录。由于区块链安全稳定,就可以让合同自动无法篡改地执

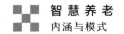

行下去，各方对于执行的合同也不能抵赖。

未来，政府可以基于公有链的运作机制，给每个老人每年发放一定数量的养老币，发放的数量可以根据当地的财政收入和福利政策，以及个人的纳税情况、服兵役情况、为当地所作贡献等进行调整。养老币可用于老人购买上链后的养老运营商的服务，服务记录可以回溯、不可篡改。如果有些养老机构的声誉获得社会公众认可，也可以探索发行养老联盟链或私有链的养老币，筹集用于养老基础设施建设的经费，而社会公众购买的养老币，则可用于老人购买这些养老机构提供的服务。当然，老人也可以通过发挥余热挣取养老币等。养老币市场有效运行后，也可基于区块链技术交换其他机构发放的养老币，即币币交易。

除了带有货币性质的养老币之外，还可以探索通过区块链技术来建立养老时间银行。通过对养老志愿者服务时间的记账，实现低龄老年人帮助高龄老年人的互助养老。等到低龄老年人变成高龄老年人后，可以消费以前存在的志愿时间，接受其他低龄老年人的服务。当前养老时间银行运行的困难在于记账的真实性，以及多年以后是否认账的担忧。区块链技术的全系统记账、可以回溯、不可篡改为大家参加养老时间银行提供了技术上的保证，建立对养老时间银行的信任，从而更多地参加为老年人的志愿服务。

除了以上资产与记账类应用外，现在有一些国家的大型养老基金的管理者也开始投资区块链技术，作为高风险高收益投资的一部分。

9.5.3 区块链养老应用 II：涉老补贴、缴费与智能合约

随着年龄的增长，老年人领取养老金及政府养老补贴、缴纳水电费、物业费，到相关部门报销医疗费，或者收取出租房屋的租金，都成为头疼的问题。相信很多人在银行都看到过颤颤巍巍的老人哆哆嗦嗦地办理上述业务。如果上述业务的服务主体都能将自己的业务上链运行，那么水电的计费、医疗费用的发生等都是可信的，老人可以授权区块链系统自动从自己的存款账户中扣除，每月只要给老人清单即可，老人的子女对该系统也放心，不用担心老人错交、多交或漏交各种费用，忘领养老金或各种补贴。即使老人随子女在异地居住，也能自动扣费或领取补贴。

以上涉老补贴和缴费能够自动执行，需要区块链系统中运行上述业务的智能合约。智能合约主要是基于区块链系统里可信的不可篡改的数据，自动地执行一些预先定义好

的规则和条款,并且生成新的数据区块,发布给该区块链系统的全体成员。

对于养老金欺诈或冒领问题,各国都存在。英国《金融时报》曾报道,近20%的英国养老金计划被举报存在欺诈行为。区块链的应用可以把任何人年轻或工作时缴纳的社保情况清楚地登记,不管是否连续缴纳还是异地缴纳,并且永远不可更改。这样,如果采用区块链技术跟踪和自动执行养老金缴纳和养老金支付,那么欺诈问题很难产生,也不用举着当天的报纸证明老人还活着,异地领取养老金也更加便利。

9.5.4 区块链养老应用Ⅲ:涉老公证与隐私保护

区块链技术的核心是沿时间轴记录交易数据,并且只能读取和写入,不能修改和删除,区块链的这一特性可以很好地用在涉老公证上。例如,有些地方为了防止子女在老人死亡之后冒领养老金或政策补贴,需要那些不能到现场办理业务的卧床老人举着当天的报纸证明自己还活着。这一方面说明我们不同部门之间数据还不能互联互通,另一方面说明即使系统能够互联,也担心系统中的数据造假。如果老人生命中重要时间节点的服务数据都能上链,那么就不需要这种无奈的举报纸的行为来证明了。医院一旦开具死亡证明或老人办理殡葬事务一旦结束,那么注销户口、停发养老金和补贴的事件就会自动执行。当然,这里边要做的是梳理这些事务之间的流程或先后关系,使之合法合理,争取还合情。

与死亡证明类似,老人的退休证明、房产证明、医疗照护记录都可以通过区块链系统传递,养老服务商的信誉证书和养老服务商的服务记录也可以通过区块链传递。

前面谈到的区块链潜在应用大多是与信任相关,实际上,制约养老服务快速发展的另一障碍是老人的隐私保护。由于目前很多涉老组织对老人隐私保护不够重视,导致老人及其子女对于接受养老服务商的服务心存疑虑。例如,老人使用可穿戴设备和老人三边(床边、身边、周边)非介入传感设备获取的各种老人健康数据和行为数据都到哪去了?谁会看到?这时区块链应用的非对称加密技术可以保证前端匿名、后端实名,即可控匿名。也就是说,通过一些规则的设定,让服务主体知道这是一个什么特征(比如具有什么疾病)的老人,但至于叫什么名字、家住哪里、支付能力如何这样一些敏感信息是匿名的,或者经过数据脱敏的。然而这些信息是存在后端的区块链大账本中的,是值得信任的。

这样通过可控匿名技术,老人可以放心地将一生的个人生命历程数据在区块链系统中以去中心化方式记账或存储,商家和老人通过区块链的去信任的方式认可个人智能代理匹配的合约(即智能合约),老人的子女也大可放心老人接受养老服务商的服务,不用担心上当受骗。

以上三类区块链养老的应用是存在相互关联的,例如,隐私保护对于哪类应用都是需要关注的。随着区块链基础设施的日益完善和区块链知识的日益普及,将会有越来越多养老资产的数字化和交易信息上链,养老领域也会有越来越多的公共链、联盟链、私有链的探索建立,相信成功的养老领域落地应用案例会越来越多,养老服务业会得到一个更健康的发展。

本章参考文献

[1] Kodner D L,Spreeuwenberg C. Integrated Care:Meaning,Logic,Applications,and Implications—A Discussion Paper[J]. International Journal of Integrated Care,2002,2:1-6.

[2] Vroman K G,Arthanat S,Lysack C. "Who Over 65 Is Online?" Older Adults' Dispositions Toward Information Communication Technology[J]. Computers in Human Behavior. 2015,43:156-166.

[3] 郭东,李惠优,李绪贤,等. 医养结合服务老年人的可行性探讨[J]. 国际医药卫生导报,2005,21:43-44.

[4] 郝前进,周伟林. "以房养老"的双向风险与我国的制度设计[J]. 上海城市管理,2012,06:39-43.

[5] 华中生. 网络环境下的平台服务及其管理问题[J]. 管理科学学报,2013,16(12):1-12.

[6] 张芳,李炜. 反向抵押贷款制度研究——以美国经验为借鉴[J]. 湖北社会科学,2013,04:148-151.

[7] 朱建明,高胜,段美姣,等. 区块链技术与应用[M]. 北京:机械工业出版社,2018.

第 10 章
智慧养老的产品与网站

　　随着信息技术特别是互联网技术的发展和成熟,国内外都已经出现大量的智慧养老产品和网站。前面各章对于智慧养老的内涵与模式进行了比较广泛的探讨,那么,在应用方面,智慧养老产品与网站的发展应该注意哪些问题呢?本章我们主要从这两方面进行介绍。

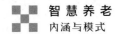

10.1 智慧养老的产品

现在很多IT厂商进入养老行业,但是成功的却不多,推出的智慧养老产品还比较难真正地被老人和家属认可,一个很重要的原因是养老有其特殊性。需要我们从细节做起,切实分析信息技术在吃饭、穿衣、助浴等各方面,真正能帮助老人做点什么,只有这样,智慧养老才能真正落到实处。

10.1.1 一碗面的故事与养老信息化

我们可以从一碗面的故事,引申出信息化在养老领域的应用问题,即养老信息化解决方案或者智慧养老解决方案面临的问题①。

假设在某家养老院里,某天晚上,一位老人向养老服务员提出他肚子饿了,想吃碗面,养老院该不该帮他做?读者您认为呢?

从人文关怀的角度,养老院肯定是应该帮他做的,但从信息化解决方案的角度看,这一碗面却涉及了很多问题。

(1) 库存:厨房里还有没有面条?配菜、配料是否充足?

(2) 人力:谁去做?是否有厨师在值班?对这名厨师该如何考核?是否算加班?给不给奖金?

(3) 采购:今晚用了这一碗面的原料,第二天是否需要再采购?

---

① 这部分内容作者曾在2016年5月21日的第十二届中国老年学学科建设研讨会智慧养老分论坛上做了《关于面向老年人个性化饮食需求的信息技术支持分析》的主题演讲,报告中的具体内容曾经与智慧养老50人论坛的秘书长褚晓峰先生有过多次交流,后来经老龄居产业联盟的微信公众号整理发布,收入本书时有删改和扩充。

(4) 送餐：面条做好了，谁去送？这是否是送餐的员工的本职工作？

(5) 计费：这碗面该不该收费？该如何收费？

(6) 个性：每个人品味不一样，这碗面应该煮的软一点，还是硬一点？要不要加香菜？有没有了解到这位老人的个性化需求？

(7) 护理：老人吃了这碗面，是不是应该提醒或者帮助他活动活动，以免临睡前吃了东西不消化？

(8) 预测：今天晚上这位老人提出吃碗面条，有无其他老人听说能做面条，也想要一碗面条？或者想要一碗米饭？一张大饼？或者第二天晚上提出来？

上面的问题涉及多个方面、多个部门。如果没有信息系统，护理人员凭经验处理就可以，如果有了信息系统，上述业务信息都需要在系统中留痕迹，这个系统就会比较复杂。因而，养老机构信息系统并不是一般企业信息系统的照搬或少量的客户化定制，而是要深入研究业务，才能得到合用的养老信息化解决方案或智慧养老解决方案。

10.1.2 从助餐看智慧养老的复杂性

马斯洛需求层次理论中最低层次为生理需求，其中食物需求是很重要的方面。下面以老年人的饮食需求为例，从不同类型老年人的需求来看智慧养老的可为空间，也看看老人需求的多样性和实现的复杂性。

1. 正常老年人

对于正常老年人，随着他们年龄的增加，有不少老人不愿意顿顿做饭，特别是老伴离世后的老人，经常是做一顿吃两天，但是吃剩饭、剩菜又很容易生病。

那么，IT 技术是否可以帮助这些老人进行食物变质检测呢？检测剩菜、剩饭是不是坏了？有的公司做了有益的尝试，在看似普通的筷子上装了很多传感器，可以检测食物中的水酸碱度（PH 值）、温度、油质和盐度等指标，如果超过了合理的数值，红灯就会闪烁；如果正常，就会亮蓝灯。

2. 有口味偏好的老年人

如果不照顾他（她）的品味，他（她）可能就不愿意吃饭，可能导致营养不良；如果每次只做他（她）爱吃的，也会有问题，有可能导致偏食。

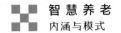

IT给出的解决方案是"个性化订餐"——从被动接受到主动互动,现在有些养老院已经在这么做了。对于这类老年人,IT技术还可以提供营养提醒功能——您的订餐营养成分是哪些?出于营养搭配还应该吃些什么?订餐系统都会有主动提醒或推荐。

3. "三高"老年人

"三高"(即高血压、高血脂、高血糖)中的某几高老人,可能会有一些偏离正常的指标。应对的方式是合理控制饮食,加上药物协助。对于老人本人来说,合理控制饮食更重要。

IT技术对此类老年人提供的解决方案,目前主要是一些测量血压/血脂/血糖的智慧医疗产品,这些产品可以帮老年人将这些数据上传到云端或者通过App上传,进行连续监控。

在获得监控信息的基础上,IT技术还可以通过计算食品中的成分含量,帮助老人合理搭配饮食。例如,国外研制了一种食物扫描器,这种产品可以扫描出食物中的成分,包括卡路里、糖、碳水化合物、蛋白质、脂肪、食物纤维等各是多少,甚至食物中是不是包含了过敏源。

4. 牙口不好的老年人

一种食材,不同老人有不同的需求。例如,对于西蓝花可以有三种做法:糊状、软的、脆的,老人可以根据自己的牙口按需订餐。

对于牙口不好的老人,除了牙科医院能帮他通过3D技术种植牙齿外,还可以利用3D打印食物的技术,也就是说在搭配高营养价值的科学配比后,将食物3D打印出来。目前,欧盟已经有了这样的3D食物打印机。打印出来食物的味道可以模仿老年人喜欢的食物,如豌豆、汤圆或糕点等。这个技术很有吸引力,如果能走向大众,对于牙口不好的老人,将是巨大的福音。

5. 帕金森症老年人

帕金森症患者吃饭过程中手和嘴唇都会抖,饭菜经常会掉在桌上或地上,清理起来非常麻烦。有些公司已经研制出防抖汤勺,其灵感与海上钻井平台保持平衡一致,因为海上平台由于风浪的影响经常摇动,人们便利用电机进行反向旋转,以保持平台的平衡。防抖汤勺内置监控器可以时时监控老人的抖动,通过电机的反向运动,来抵消抖动的力量,以保持汤勺的平衡。

6. 失智老年人

有的失智老年人吃完饭容易忘记,总往餐厅走;还有的情绪波动大,一旦饭菜有什么不满意,就会拒绝吃饭,或者经常忘了吃饭。IT技术可以记录每位老人的特殊偏好,如一家养老院有位朱奶奶,只要听到别人叫她"朱老师",就会非常高兴。这样,当她饭后再往餐厅走时,IT设备还可以对她进行"朱老师,您已经吃过饭"的语音提醒。

10.1.3 智慧养老产品的"五用"原则

在10.1.2节中,只是针对就餐这样一个具体的需求进行了IT支持的分析,显然,老年人的需求是很复杂的,需要用心对待。现在市场上已经有很多智慧养老的产品,以下五个问题是做智慧养老产品/技术必须考虑的。

1. 有用(Usefulness)

智慧养老产品在设计之初,就必须思考该产品是否真的有用,功能是不是能真正满足老年人需求?满足了哪类老人的需求?是否让老人参与了调研和需求分析?是否让老人试用过?或者至少概念模型让老人了解过并能接受?

2. 好用(Ease to Use)

这里的好用,也叫易用。智慧养老产品在设计的时候,是否考虑了老人操作是不是方便?界面是不是适合老年人?老人是否试用过,并收集了老人试用时的反馈?

3. 用得起(Payment)

智慧养老产品中还需要考虑性价比,要考虑该产品对于老年人来讲能否用得起?不仅要考虑一次性的购置安装成本,还需要考虑持续使用产生的长期日常费用。

4. 持续使用(Continuance)

智慧养老产品光安装或购买是远远不够的,只有持续使用才能真正发挥作用。因此,相关厂商应该认真做好如下调研:购买安装一周后还有多少人用?一个月后还有多少人用?三个月后还有多少人使用?一般来说,一个行为如果能够坚持90天以上,就会成为稳定的习惯。因此,如果某个产品真正能做到被某位老人用了三个月以上,那么该老人就是持续使用的用户。

5. 爱用（Hedonic）

如果老年人不仅持续使用，还爱用这个产品，感觉这个产品能给自己带来愉悦和快乐，他（她）就会推荐给别人，产生口碑效应。要做到让老人爱用，就需要思考对产品进行游戏化设计（4.4节中我们专门讨论过游戏化在智慧助老产品设计中的应用），可以让他们使用产品的感觉就像在做游戏，在使用的过程中实现满足感和成就感。

10.1.4　永不落幕的智慧养老产品博览会

老龄社会的到来是一个不争的事实。大家有时会有这样的困惑，我想购买老年用品，到哪里买好呢？如果有一个永不落幕的智慧养老产品博览会网站，那该多好啊。智慧养老产品博览会网站的核心内容，就是将零散的智慧养老产品汇总展示。因此，网站智慧养老产品的信息搜集工作显得十分重要。

为了获取智慧养老产品信息，我们主要做了如下三方面的工作[②]：一是通过搜索引擎输入"智慧养老""智能产品""养老产品""高科技养老"等关键词直接进行搜索，浏览产品介绍确定是否应该包含在智慧养老产品博览会的范畴中；二是在各大电子商务网站中进行搜索，或是逐一浏览那些可能包含智慧养老产品的类别，从而尽可能全面地搜集市场上现有的智慧养老产品；三是通过参加或查看涉老产品交易会、博览会、展览会，以及企业举办的产品发布会等，获取最新的智慧养老产品的资料。

搜集到某个产品后，我们重点浏览产品的功能介绍部分，了解产品是否适合老年人使用、能否满足老年人的需求、是否简单易用，从而决定是否将该产品囊括到智慧养老产品博览会网站中。网站中的产品介绍是网站用户了解智慧养老产品的重要部分，是用户与产品之间的信息桥梁。产品介绍信息应该包含产品的名称、型号、规格、功能、性能、用途（适用老人类型）、优缺点、价格、使用说明、注意事项、供应商等产品基本信息，通常还附有多角度的产品展示图。

在表4.1中我们给出了智能居家养老用品的举例，除了表中的产品外，市场经济的发展使得社会商品种类越来越丰富，还有很多表中没有提到的产品。众多的智慧养老产品

---

② 这部分的工作是我的学生刘莹在我的指导下完成的，这部分的内容也曾收入到她的本科学位论文《智慧养老产品博览会网站研制》中，收入本书时有删改。

第 10 章 智慧养老的产品与网站

需要按照一定的分类依据进行归类,这有利于用户了解产品的特性,也便于对比选择。另一方面,良好的产品分类也有助于智慧养老产品博览会网站进行内容管理。基于对以上产品信息的收集,我们给出了如下的分类方式(见表 10.1),供有志于智慧养老产品博览会网站建设的商家参考。

表 10.1 智慧养老产品博览会网站产品分类结构

一级分类	二级分类	代表产品
医疗器材	治疗仪	电位治疗仪、睡眠治疗仪、呼吸治疗机、高血压治疗仪、糖尿病治疗仪、心脑血管治疗仪、脑病治疗仪、颈腰椎治疗仪、远红外线治疗仪、中医诊断仪器、中医治疗仪器等
	制氧与空气清新设备	制氧机、防霾口罩、防霾面具、空气清新器等
	消毒灭菌设备	智能灭菌器、紫外线灯等
	雾化器	哮喘雾化器、空气加湿器等
	牵引器	颈椎牵引器等
康复护理	行动辅助设备	各式轮椅、助行器、拐杖、电动车、无障碍步行辅助器等
	听力及语言辅助器具	电话扩音器、人造耳蜗、助听器等
	健康监控器具	健康监控沙发、智能药物茶几等
	康复护理器材	呼吸训练器、多功能护理床等
	应急救护产品	心脏除颤仪、全自动呼吸机、血压听诊器保健盒等
保健养生	自我检测器材	电子体温计、电子血压计、血糖检测仪、血脂检测仪、耳温枪、心血管检测仪、听诊器、测精宝、健康检测仪、体重计、计步器、身体脂肪测量器等
	按摩器械	疼痛按摩器材、按摩椅、脚底按摩器、按摩垫、按摩带、按摩靠背、按摩枕、远红外线按摩理疗床等
	理疗养生	足疗机、磁疗经络仪等
日常家居	可穿戴设备	智能手环、智能手表、智能皮带、智能胸针等
	通信电子产品	老年智能手机等
	智能厨房	云智能灶具、烟雾探测器、燃气探测器、智能冰箱等
	智能卫浴	提升马桶、智能马桶、洗头机、沐浴床、移位机等

续表

一级分类	二级分类	代表产品
日常家居	智能卧室	智能睡眠监测器、智能音乐安眠系统、智能气象衣柜等
	智能客厅	家用空气净化器、智能小家电、虹膜识别门、红外线摄像头等
休闲娱乐	运动锻炼	散步机、晨练音响、柔力球、计步器等
	书籍读物	手拿式 LED 放大镜、有声读物、评书机、老人打字软件等

要说明的是,表 10.1 中列出的产品有的目前不一定是智慧养老产品,只是老年用品,如柔力球,但是各类产品逐渐智能化是一个趋势,如柔力球中一个植入芯片计算老人的力量、卡路里消耗等。退一步说,该表中产品对于涉老用品博览会网站建设是有参考价值的。

10.2 国外智慧养老网站

越来越多的老人学会了使用互联网来获取信息,互联网已经成为部分老人生活中不可或缺的一部分。因此,对国内外智慧养老网站进行总结分析是智慧养老研究的重要组成部分。分析国内外智慧养老网站的功能异同,找出国内智慧养老网站的不足,对于国内智慧养老网站的发展有着重要的参考作用。

10.2.1 网站选择与介绍

对于国外智慧养老网站,我们主要选择的是英文网站[③],日语、法语等其他语种网站由于不熟悉网站语言,没有列入。我们通过谷歌搜索 senior care,old care 等关键词,在搜索到的网站中,选择了网站点击量排名较高或者功能较多的网站。最终选择的网站如表 10.2 所示,共选取了 11 个网站,分别来自美国(6 个)、澳大利亚(3 个)、英国(1 个)、新加坡(1 个)。

---

③ 国内外智慧养老网站的比较与分析这部分的工作是我的学生雷东荧在我的指导下完成的,这部分的内容也曾收入到她的本科学位论文《国内外智慧养老网站功能比较及发展建议》中,收入本书时有删改。

第 10 章 智慧养老的产品与网站

表 10.2 国外智慧养老网站选择列表

编号	网址	Alexa 网页点击量全球排名	国家
1	https://www.ageuk.org.uk	79 387	英国
2	https://www.brookdale.com/en.html	176 500	美国
3	http://www.comfortkeepers.com/	331 498	美国
4	https://www.joinhonor.com/	587 795	美国
5	http://www.seniornet.org	588 349	美国
6	https://www.seniorhelpers.com/	709 880	美国
7	https://ntuchealth.sg/	965 382	新加坡
8	http://www.topseniorcaregivers.com/	2 220 030	美国
9	http://aciitc.com.au/	—	澳大利亚
10	https://lasa.asn.au/	—	澳大利亚
11	https://www.acsa.asn.au/	—	澳大利亚

* 注：按照网址的 Alexa 网页点击量全球排名排序，未查询到排名的部分按照网址的字母顺序排序。

下面对上述 11 个网站进行简单介绍，限于篇幅，仅对其中具有特色的页面予以展示。

1. https://www.ageuk.org.uk/

Age UK 是英国的慈善机构，致力于帮助每个人更好地度过晚年。网站创立于 2008 年，主要功能包括用户信息收集等，网站的特色功能包括音频资源播放，其页面如图 10.1 所示。

图 10.1 Age UK 网站音频播放页面

2. https://www.brookdale.com/en.html

Brookdale 是一个老年社区公司,为老人提供照护、社交等服务,总部位于美国田纳西州。网站创立于 1996 年,其主要功能包括用户信息收集、养老社区搜索与推荐等。养老社区搜索页面如图 10.2 所示,可以选择不超过 5 个的设施属性进行过滤筛选。网站的特色功能包括养老社区对比,其页面如图 10.3 所示,该页面正在从护理水平、平面图和便利设施三个方面对比 BrookdaleMedi Park West 和 Galleria Woods 两个社区。

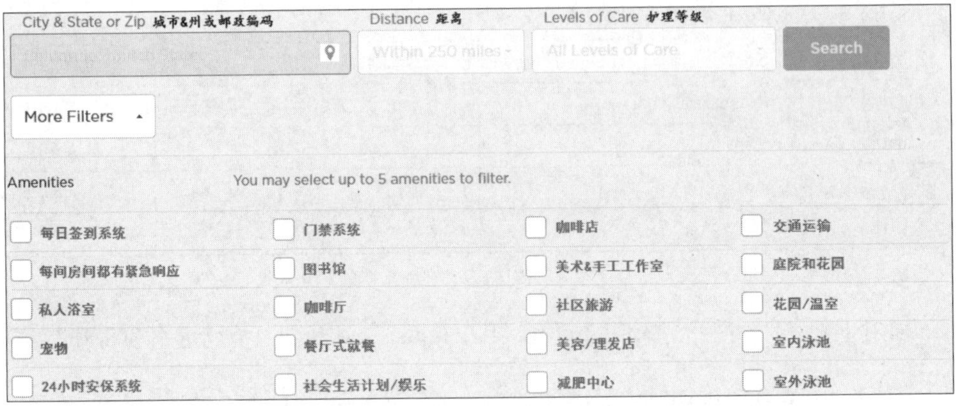

图 10.2　Brookdale 老年社区搜索页面

3. http://www.comfortkeepers.com/

Comfort Keepers 是一家非医疗家庭护理、陪护服务和家庭安全技术的供应商,为老年人和其他需要帮助的人提供帮助,让他们在自己的家中保持隐私和舒适,总部位于美国俄亥俄州。网站创立于 1998 年,其主要功能包括附近机构办公室搜索以及在线报名成为护理人员等。网站机构办公室搜索页面如图 10.4 所示,网站的特色功能包括老人自理能力测评。

4. https://www.joinhonor.com/

Honor 提供居家老人护理,帮助老人在家独立生活并保持生活质量,服务范围包括美国加利福尼亚州、德克萨斯州和新墨西哥州。网站创立于 2015 年,其主要功能为收集用户信息,方便线下联络。网站用户信息收集页面如图 10.5 所示。

第 10 章 智慧养老的产品与网站

	Brookdale Medi Park West Amarillo, TX	Galleria Woods Birmingham, AL	
Levels of Care 护理水平	Assisted Living Independent Living 辅助生活 独立生活	Continuing Care Retirement Community 持续退休照料社区 Independent Living 独立生活 Skilled Nursing 专业护理 Assisted Living 辅助生活	
Floorplans 平面图	Floor Plans (PDF) 平面图	Floor Plans (PDF) 平面图	
Amenities 便利设施	Pet Friendly 宠物 24 Hour Security System 24小时安保系统 Concierge Service 门禁服务 Library 图书馆	24 Hour Security System 24小时安保系统 Concierge Service 门禁服务 Library 图书馆 Café/Bistro 咖啡厅/小酒馆	

图 10.3 Brookdale 老年社区比较页面

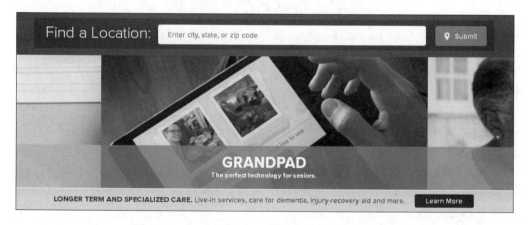

图 10.4 Comfort Keepers 网站机构办公室搜索页面

5. http://www.seniornet.org

SeniorNet 是美国的一个为老年人提供计算机技术教育的网站,以提高他们的生活,并使他们能够分享自己的知识和智慧。网站创立于 1995 年,其主要功能包括附近学习中心推荐以及涉老相关产品购买链接等。网站主页如图 10.6 所示,产品购买链接如图 10.7

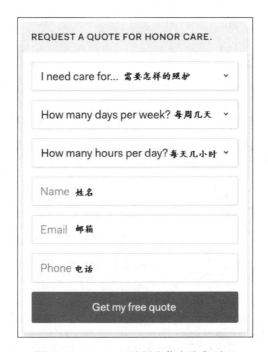

图 10.5　Honor 网站用户信息收集页面

所示,图中推出的都是针对老年人的产品或版本,比如最左边的老年智能手机。

图 10.6　SeniorNet 网站主页

6. https://www.seniorhelpers.com/

SeniorHelpers 是一个老年人照护公司,总部位于美国加利福尼亚州。网站创立于 2002 年,其主要功能是用户信息收集。网站用户信息收集页面如图 10.8 所示。

第 10 章
智慧养老的产品与网站

图 10.7 SeniorNet 网站涉老相关产品购买链接页面

图 10.8 SeniorHelpers 网站用户信息收集页面

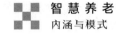

7. https://ntuchealth.sg/

NTUC(National Trades Union Congress,全国总工会)Health 是新加坡的一家社会企业,为满足家庭及其家属日益增长的需求,提供全面、综合、有质量的且可以负担得起的健康和老年人护理服务。网站创立于 2005 年,其主要功能是企业服务介绍。

8. http://www.topseniorcaregivers.com/

Topseniorcaregivers 是美国的一个养老机构推荐网站,网站成立于 2011 年,其主要功能就是收集用户需求,并推荐合适的养老机构。

9. http://aciitc.com.au/

ACIITC(the Aged Care Industry IT Council,老年护理业信息技术委员会)是澳大利亚的一个组织,旨在讨论 IT 环境下的老年人护理,并且传播相关知识。网页的主要功能是组织的介绍。

10. https://lasa.asn.au/

LASA(Leading Age Services Australia,澳大利亚老年人服务)是一个组织,旨在研究一个高效、可行、可持续发展的老人服务行业,以服务澳大利亚的老年人。网站的主要功能是组织的介绍。

11. https://www.acsa.asn.au/

ACSA(Aged & Community Services Australia,澳大利亚老人和社区服务)是一个组织,旨在为老人提供强有力的国家声音,领导全国老年护理议程,通过有效的内部流程和治理,在地方提供有效的服务。网站的主要功能是组织的介绍。

10.2.2 网站功能分类与比较

1. 网站功能分类

在仔细阅读和分析上述选择的 11 个网站的基础上,我们对网站的功能点进行了总结,结果如表 10.3 所示。从表中可以看到,国外智慧养老网站的功能主要分为四大类:资源提供、信息收集、搜索推荐和网站推广。每大类功能下边又有一些具体的功能点,我们将全部样本网站的 2/3 和 1/3 作为分界点,将这些功能点又分为 3 类。

表 10.3 国外智慧养老网站功能分类

功能		网站										
		1	2	3	4	5	6	7	8	9	10	11
资源提供	视频推送	✓	✓	✓	✓	✓	✓	✓			✓	
	搜索框	✓	✓			✓		✓		✓	✓	✓
	资源下载	✓				✓		✓		✓	✓	✓
	文章推送	✓		✓		✓						
	产品链接			✓		✓						
	产品介绍			✓								
	音频推送	✓										
	在线捐赠	✓										
信息收集	用户信息收集	✓	✓	✓	✓		✓		✓	✓		
	护理人员报名	✓										
	加盟报名			✓			✓					
搜索推荐	服务中心搜索	✓	✓	✓			✓					
	养老机构搜索					✓			✓			
	测评			✓								
	机构对比		✓									
网站推广	公司/机构介绍	✓	✓	✓	✓	✓	✓	✓			✓	✓
	社交账号链接	✓	✓	✓	✓	✓	✓	✓			✓	✓
	相关组织外链						✓			✓		✓

（1）应用数量较多的功能点：拥有该功能的网站数为 $8\left(11\times\dfrac{2}{3}+1\right)\sim 11$，用深灰色标注。

（2）应用数量居中的功能点：拥有该功能的网站数为 $4\left(11\times\dfrac{1}{3}\right)\sim 7$，用浅灰色标注。

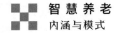

(3) 应用数量较少的功能点：拥有该功能的网站数在 4 个以下（不包括 4 个）。

下面对表 10.3 中的每一个功能点分别进行简要介绍。

2. 网站功能及功能点介绍

1) 资源提供

该功能提供有关养老的信息，方便老人查看，帮助提升老人们的生活质量，包括如下功能点。

(1) 视频推送：有关养老的视频推送，内容包括健康贴士、退休生活、退休金管理等，目的是吸引老人或老人的子女等浏览网页，增加趣味性。视频可以直接放置在网页上，也可以用外部链接的方式呈现。

(2) 搜索框：在网站上方设置一个搜索框，方便老人快速找到自己希望查看的信息，提高用户体验。

(3) 资源下载：有关养老的资源下载链接，通常是 PDF 格式，内容为养老相关文章等。

(4) 文章推送：有关养老的文章推送，内容和目的与视频推送类似。

(5) 产品链接：提供养老相关的产品购买链接，包括书籍、电子产品等。部分商品可以享受会员折扣。

(6) 产品介绍：养老相关产品的详细介绍，一般为组织/机构使用的电子终端设备。

(7) 音频推送：有关养老的音频推送，内容和目的与视频推送类似。

(8) 在线赠：在线捐赠的链接，可以在线付款。

2) 信息收集

该功能收集网站浏览者的基本信息，包括联系方式，以方便线下交流，包括如下功能点。

(1) 用户信息收集：收集老人或老人子女等有意向使用本公司/机构服务的用户的信息，以方便线下交流，制订合理的照护计划。

(2) 护理人员报名：线上报名成为护理人员，收集基本信息方便后续的面试等。

(3) 加盟报名：线上报名加盟组织，进行投资，同样是收集基本信息方便线下联络具体事宜。

3) 搜索推荐

该功能搜索附近的服务中心或养老机构，进行推荐，方便用户选择，包括如下功能点。

(1) 服务中心搜索：搜索本公司的地区办公室或服务中心，方便用户就近办理相关业务。

(2) 养老机构搜索：搜索附近的养老机构（可能是本公司的，也可能是其他组织的），方便用户进行选择。

(3) 测评：提供养老相关测评，测评内容包括老人的生活自理水平等，方便用户判断自己或父母是否需要照护服务，需要什么等级的照护服务。

(4) 机构对比：对于养老机构的搜索结果进行比对，方便用户进行判断，选择最优的养老机构。

4) 网站推广

该功能通过介绍、推广等方式吸引用户浏览网站，使用服务，包括如下功能点。

(1) 公司/机构介绍：提供关于本网站所属公司/机构的服务种类、护理人员等信息的详细介绍，让用户了解公司/机构的功能，吸引用户使用服务。

(2) 社交账号链接：提供 Facebook、Twitter、YouTube 等社交账号的链接，方便用户浏览、关注，从社交网络上对组织/机构进行宣传推广。

(3) 相关组织外链：放置相关机构的外链，增加权威性。

根据表 10.3 中对网站功能及功能点的分类，我们对国外智慧养老网站的功能进行了总结归纳，如图 10.9 所示。其中，拥有该功能的网站数 8 个及以上的为黑底白字；网站数 4~7 个的为灰底白字；网站数 1~3 个的为白底黑字。

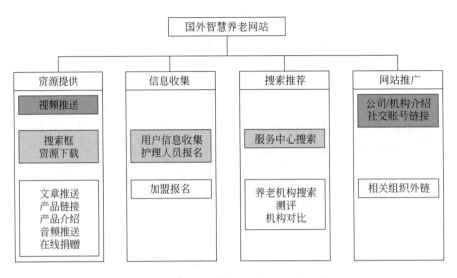

图 10.9 国外智慧养老网站功能分布图

从图 10.9 中可以看出，视频推送、搜索框、资源下载等资源提供功能；用户信息收集、护理人员报名等信息收集功能；服务中心搜索等搜索推荐功能；以及公司/机构介绍、社交账号链接等用户吸引功能是国外智慧养老网站中较多采用的功能点。

10.3 国内智慧养老网站

10.3.1 网站选择与介绍

国内智慧养老网站主要选择了老龄化程度较高的省份(老人比例数据来源为 2015 年全国 1% 人口抽样调查，通过在 http://data.stats.gov.cn/网站搜索得到)，包括重庆市、四川省、江苏省、辽宁省等；以及智慧养老相对做得比较好的几个省份，包括北京市、上海市、浙江省、广东省等。在搜索到的网站中，选择了网站点击量排名较高或者功能较多的网站。最终选择的网站如表 10.4 所示，共选取了 14 个网站，分别来自北京市(9 个)、上海市(3 个)、江苏省(1 个)、广东省(1 个)。

表 10.4 国内智慧养老网站选择列表

编号	名称	网址	Alexa 网页点击量 全球综合排名	省份
1	养老网	http://www.yanglao.com.cn/	250 826	北京市
2	养老信息网	http://www.yanglaocn.com/	867 445	北京市
3	爱侬	http://www.ainong.cn/	1 208 845	北京市
4	美好家园	http://www.mhjy.net.cn/	1 720 908	广东省
5	寸草春晖	http://www.cuncaochunhui.com/	2 549 483	北京市
6	爱照护	http://www.izhaohu.com/thumb.html	2 936 272	上海市
7	南北巢	http://www.nbcyl.com/	3 577 204	北京市
8	二毛照护	http://www.2mao.com/	16 216 515	北京市
9	慈爱嘉	http://www.caj.org.cn/	—	北京市
10	颐家	http://www.day-care.cn/	—	上海市
11	拐棍网	http://www.guaigunwang.com/web/shop/mall/index	—	北京市
12	洪泽区虚拟养老院	http://www.hzgaw.com/	—	江苏省
13	幸福9号	http://www.xf9.com/	—	上海市
14	优护万家	http://www.youhuwanjia.com/	—	北京市

* 注：按照网址的 Alexa 网页点击量全球综合排名排序，未查询到排名的部分按照网址的字母顺序排序。

下面分别对选择的 14 个网站进行介绍。与国外智慧养老网站介绍类似，限于篇幅，我们仅对其中具有特色的页面予以展示。

1. http://www.yanglao.com.cn/

养老网（北京）创建于 2007 年，是一个养老机构信息平台，专为养老机构和老年用户提供养老相关信息及配套服务。其主要功能包括养老院查询、养老院推荐等。网站主页如图 10.10 所示，养老院查询页面如图 10.11 所示，养老院推荐页面如图 10.12 所示。养老网的特色功能包括热门城市养老院推荐等。

图 10.10 养老网的主页

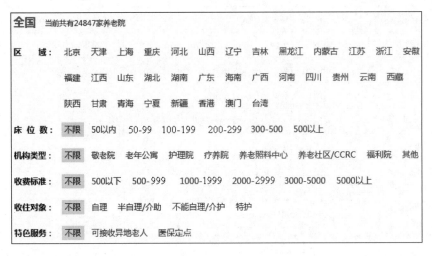

图 10.11 养老网的养老院查询页面

2. http://www.yanglaocn.com/

养老信息网(北京)创建于 2012 年,以老年生活信息及养老机构查询为主要目的。网站的主要功能包括养老院查询以及发表帖子等。养老信息网特色功能包括保险政策查询等,如图 10.13 所示。

3. http://www.ainong.cn/

爱侬网站隶属于北京爱侬养老服务股份有限公司,创建于 2003 年。网站主要功能包括家政人员搜索、家政人员比较、服务及培训购买等。网站中家政人员搜索页面如图 10.14 所示,家政人员对比页面如图 10.15 所示,在线交易页面如图 10.16 所示。

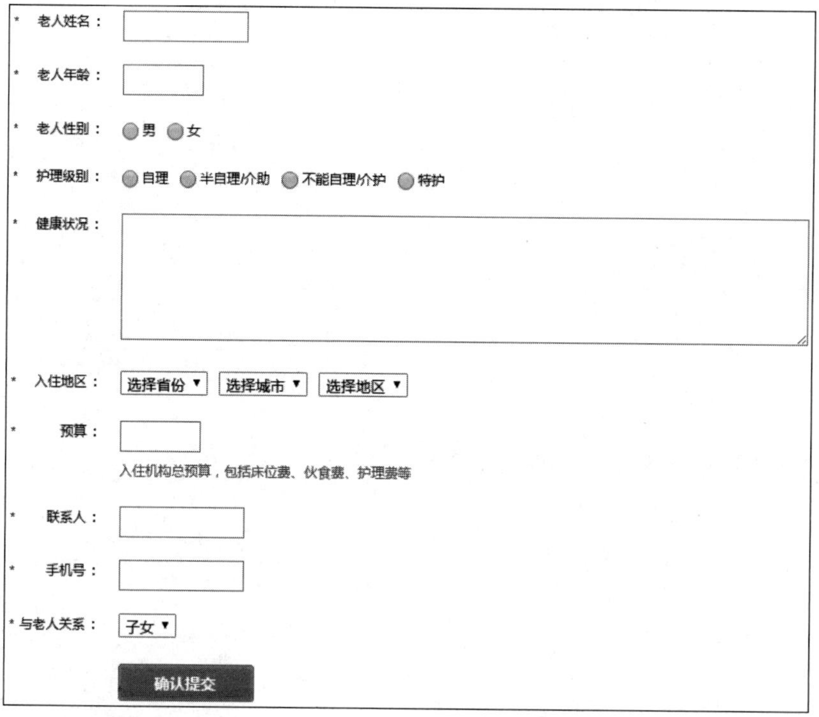

第 10 章
智慧养老的产品与网站

* 老人姓名：	[　　　]
* 老人年龄：	[　　]
* 老人性别：	◯男 ◯女
* 护理级别：	◯自理 ◯半自理/介助 ◯不能自理/介护 ◯特护
* 健康状况：	[　　　　　　　　　]
* 入住地区：	[选择省份▼] [选择城市▼] [选择地区▼]
* 预算：	[　　] 入住机构总预算，包括床位费、伙食费、护理费等
* 联系人：	[　　　]
* 手机号：	[　　　]
* 与老人关系：	[子女▼]

[确认提交]

图 10.12　养老网的养老院推荐页面

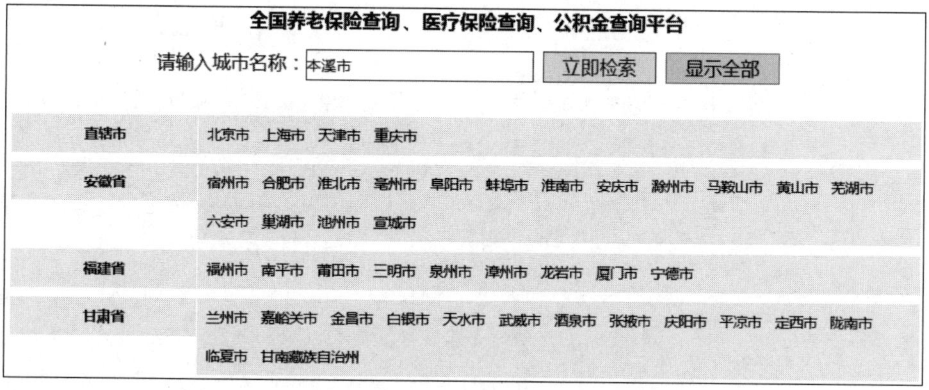

全国养老保险查询、医疗保险查询、公积金查询平台

请输入城市名称：[本溪市] [立即检索] [显示全部]

直辖市	北京市　上海市　天津市　重庆市
安徽省	宿州市　合肥市　淮北市　亳州市　阜阳市　蚌埠市　淮南市　安庆市　滁州市　马鞍山市　黄山市　芜湖市　六安市　巢湖市　池州市　宣城市
福建省	福州市　南平市　莆田市　三明市　泉州市　漳州市　龙岩市　厦门市　宁德市
甘肃省	兰州市　嘉峪关市　金昌市　白银市　天水市　武威市　酒泉市　张掖市　庆阳市　平凉市　定西市　陇南市　临夏市　甘南藏族自治州

图 10.13　养老信息网的保险政策查询页面

类型：	不限	家务	育婴	育儿	小时工	家庭餐
	居家养老	**养老护理**	催乳师	母婴护理师	早教	
服务工资：	不限	1000~1999	2000~2999	3000~3999	**4000~4999**	5000~5999
年龄：	不限	18~20岁	20~25岁	25~30岁	30~35岁	35~40岁
	40-45岁	**45~50岁**	50以上			
等级：	不限	★	★★	★★★	★★★★	**★★★★★**
籍贯：	不限	上海市	云南省	内蒙古自治区	**北京**	吉林省
	四川省	天津市	宁夏	安徽省	山东省	山西省
	广东省	广西省	新疆	江苏省	江西省	河北省
	河南省	浙江省	海南省	湖北省	湖南省	甘肃省
	福建省	贵州省	辽宁省	重庆市	陕西省	青海省
	黑龙江省					
区域：	**不限**	朝阳区	西城区	崇文区	东城区	丰台区
门店：	**不限**	大望路分部	朝阳公园分部	呼家楼分部	望京分部	朝阳路分部
服务对象：	**不限**	儿童	老人	病人	残疾人	青年人
服务能力：	**不限**	照顾孕妇	照顾产妇	照顾病人	照料残疾人	照顾小孩
从业年限：	**不限**	0~1年	2~3年	4~6年	7~9年	10~12年
状态：	**不限**	住家	不住家			
时间：	**不限**	住家	全天	上午	中午	下午
默认排序	销量↓	服务工资↓				

图 10.14 爱侬网站的家政人员搜索页面

家政员照片	移除	移除	移除
家政员名称	朱■■	陈■■	孙■■
学历	高中	初中	初中
所属门店	双安分部	双安分部	双安分部
门店电话	82113732 / 82113723	82113732 / 82113723	82113732 / 82113723
籍贯	四川省	陕西省	安徽省
服务形式	住家	住家	不住家
从业经验	133个月	28个月	109个月
等级	★★★★★	★★	★★★
年龄	48岁	47岁	42岁
期望工资	6500元	3500元	3000元
空闲状态	空闲	空闲	空闲

图 10.15 爱侬网站的家政人员对比页面

图 10.16　爱侬网站的在线交易页面

4. http://www.mhjy.net.cn/

美好家园网站隶属于美好家园养老集团有限公司(广州),网站创建于 2014 年。主要功能包括在线预约、服务购买等。网站中的服务购买页面如图 10.17 所示。

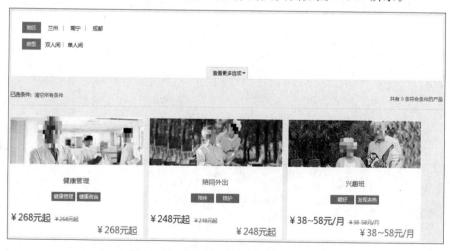

图 10.17　美好家园网站服务购买页面

5. http://www.cuncaochunhui.com/

寸草春晖网站建立于 2012 年，隶属于北京市寸草春晖养老院，是一家专业护理型养老机构。网站的主要功能是养老院预约入驻。网站主页如图 10.18 所示，预约入驻页面如图 10.19 所示。网站的特色功能包括字号的调整，此功能可以在图 10.18 网站主页上看到。

图 10.18　寸草春晖网站主页

图 10.19　寸草春晖网站的预约入驻页面

6. http://www.izhaohu.com/thumb.html

爱照护网站由上海伟赛智能科技有限公司开发,网站创建于2011年。爱照护以提高老人在失智、失能阶段尊严和生活质量为使命。网站的主要功能包括微信公众号、智能App下载、养老服务购买等。爱照护网站特色功能包括养老社区等,用户可在社区里进行交流分享。

7. http://www.nbcyl.com/

南北巢养老网由南北巢网络科技(北京)有限公司运营,网站于2014年上线,是一个养老电商门户网站。南北巢养老网的主要功能包括养老院预约等。网站主页如图10.20所示,网站特色功能包括特价机票链接等。

图 10.20 南北巢养老网主页

8. http://www.2mao.com/

二毛照护网站由二毛科技(北京)有限公司开发,于2013年上线。二毛照护网是一个居家照护服务平台,面向高龄、失能、失智人群,为用户提供一站式个性化居家照护服务。二毛照护网站主页包括整月照护、全天照护、失智照护、分时照护等菜单功能。网站的主要功能是养老服务购买。

9. http://www.caj.org.cn/

慈爱嘉网站由北京慈爱嘉养老服务有限公司运营,于 2013 年上线。公司目标为老龄化社会服务提供全面的解决方案。网站的主要功能包括在线预约等。网站特色功能包括压力测试等,如图 10.21 所示。

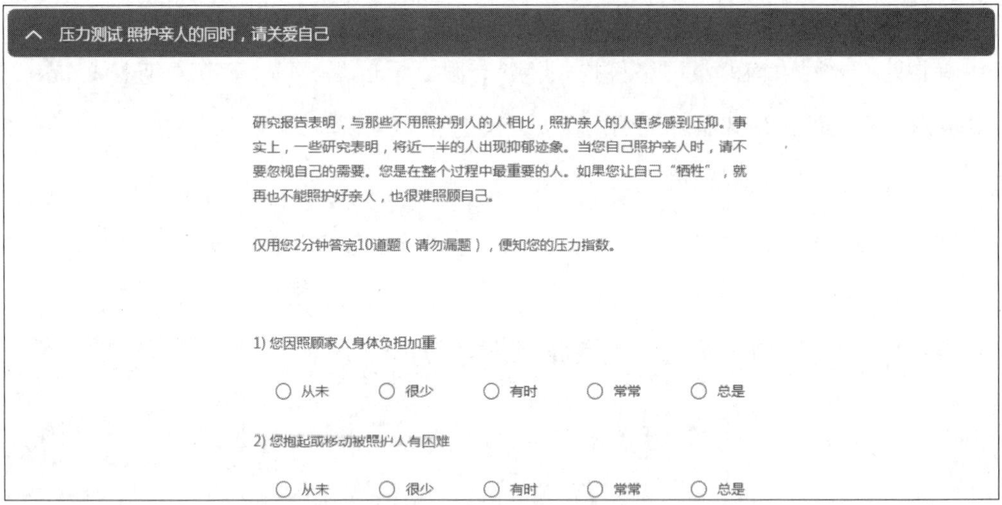

图 10.21　慈爱嘉网站压力测试页面

10. http://www.day-care.cn/

颐家网站由颐家(上海)老年服务有限公司运营,于 2013 年上线,是一家为社区提供医护康养服务的专业机构。网站的主要功能包括机构服务介绍以及应聘者信息收集等。

11. http://www.guaigunwang.com/web/shop/mall/index

拐棍网由北京中民纵横信息咨询有限公司开发,于 2016 年上线。网站的主要功能包括商品购买、发布服务请求等。网站的服务请求发表页面如图 10.22 所示。网站特色功能包括小游戏链接,如图 10.23 所示。

第 10 章　智慧养老的产品与网站

温馨提示：服务内容没有的选项 请在服务补充中备注

服务内容：☑ 擦玻璃　　　　☐ 小时工　　　　☐ 除虫除蚁
　　　　　　参考价：面议　　☐ 地毯除尘　　　☐ 干洗衣服
　　　　　　　　　　　　　　☐ 水洗衣服　　　☐ 刮胡子
　　　　　☐ 理发　　　　　　☐ 木地板维护　　☐ 沙发护理
　　　　　☐ 清洗油烟机　　　☐ 修脚　　　　　☐ 助浴
　　　　　☐ 厨房保洁　　　　☐ 纱窗更换　　　☐ 绿植养护
　　　　　☐ 重物移位　　　　☐ 收发邮件　　　☐ 读报
　　　　　☐ 做饭　　　　　　☐ 陪聊　　　　　☐ 保姆
　　　　　☐ 其他　　　　　　☐ 月嫂　　　　　☐ 育儿嫂

服务者性别：☐ 男　　　☐ 女　　　⦿ 不限

详 细 地 址：[　　　　　　　　　　] 选择地址

联 系 人：[　　　　　　　　　]

联系人手机号：[　　　　　　　　　]

服 务 价 格：[我愿意支付多少元？]

服 务 时 间：[　　　　　　]

服务补充：
[如有特殊的其他要求，请填写服务内容。]

[发布]　　[返回]

图 10.22　拐棍网的服务请求发表页面

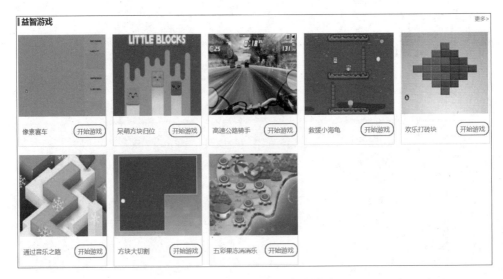

图 10.23　拐棍网的小游戏链接页面

12. http://www.hzgaw.com/

洪泽区虚拟养老院是江苏省淮安市洪泽区政府成立的养老信息平台，网站主要功能包括养老服务购买等。

13. http://www.xf9.com/

幸福 9 号网上商城于 2014 年上线。幸福 9 号是一家以"让天下老人健康快乐"为使命，以"致力于打造全球孝养老人最多的机构"为愿景的企业。网站的主要功能是商品购买。网站主页如图 10.24 所示。

14. http://www.youhuwanjia.com

优护万家网站由优护万家（北京）养老服务有限公司运营，网站于 2016 年上线。公司搭建"医养服务运营""医养人才输出"及"适老用品销售"三大服务平台，为养老服务型企业和具有养老服务需求的家庭提供专业化、多元化的医养服务产品。网站的主要功能包括老人相关商品购买等。

第10章 智慧养老的产品与网站

图 10.24　幸福 9 号网上商城主页

10.3.2　网站功能分类与比较

1. 网站功能点分类

在仔细阅读和分析上述选择的 14 个网站的基础上,我们对网站的功能点进行了总结,结果如表 10.5 所示。从表中可以看到,国内智慧养老网站的功能主要分为五大类:资源提供、信息收集、搜索推荐、在线交易和网站推广。比国外智慧养老网站多了一个在线交易的功能类别。每大类功能下边又有一些具体的功能点,类似国外网站的处理,我们也将全部样本网站的 2/3 和 1/3 作为分界点,将这些功能点又分为三类。

(1) 应用数量较多的功能点:拥有该功能的网站数为 $10\left(14\times\dfrac{2}{3}+1\right)\sim 14$,用深灰色标注。

(2) 应用数量居中的功能点:拥有该功能的网站数为 $5\left(14\times\dfrac{1}{3}\right)\sim 9$,用浅灰色标注。

(3) 应用数量较少的功能点:拥有该功能的网站数在 5 个以下(不包括 5 个)。

2. 网站功能及功能点介绍

与国外智慧养老网站类似,下面对表 10.5 中每一个功能点分别进行简要介绍。

表 10.5 国内智慧养老网站功能分类

功能		网站													
		1	2	3	4	5	6	7	8	9	10	11	12	13	14
资源提供	文章推送	✓	✓	✓	✓	✓		✓		✓	✓	✓	✓	✓	✓
	搜索框	✓	✓				✓	✓				✓	✓	✓	
	招聘信息	✓	✓		✓	✓				✓	✓				
	视频推送				✓	✓								✓	
	App 下载						✓					✓			
	产品介绍									✓					✓
	上传文章	✓			✓										
	资源整合链接							✓				✓			
	字号调整						✓								
信息收集	用户留言			✓	✓	✓		✓			✓	✓			
		✓			✓			✓			✓	✓			
	网站意见反馈		✓												
	应聘人信息收集										✓				
搜索推荐	养老商品查询	✓	✓	✓				✓				✓			
	机构入驻	✓	✓				✓					✓			
	养老院评论	✓	✓												
	家政人员对比			✓											
	热门养老院推荐	✓													
在线交易	养老服务购买			✓	✓			✓	✓	✓					
	房间预定			✓				✓				✓			
	商品购买											✓		✓	✓
	培训购买				✓										

续表

功能		网站												
		1	2	3	4	5	6	7	8	9	10	11	12	13	14
网站推广	机构介绍	√	√	√	√	√	√	√	√	√	√	√	√	√	√
	社交账号	√	√	√	√	√	√	√	√	√	√	√	√	√	√
	相关组织外链	√					√					√	√		
	帖子发表		√				√					√			
	用户分享	√		√											
	我的心情		√												
	小测试									√					
	娱乐项目链接											√			

1) 资源提供

提供有关养老的信息,方便老人查看,提升他们的生活质量。

(1) 文章推送:有关养老的文章推送,内容包括健康贴士、退休生活、退休金管理、养老保险政策等,目的是吸引老人或老人的子女等浏览网页,增加趣味性。

(2) 搜索框:在网站上方设置一个搜索框,方便老人快速找到自己希望查看的信息,提高用户体验。

(3) 招聘信息:企业的招聘信息,包括职位和联系方式,方便应聘者投递简历和相关文件。

(4) 视频推送:有关养老的视频推送,可以是科普类的视频,也可以是中央电视台等正规新闻频道对本企业的报道。视频可以直接放置在网页上,也可以用外部链接的方式呈现。

(5) App 下载:网站对应手机 App 的下载链接,可以浏览器下载的形式呈现,也可以二维码的形式呈现。

(6) 产品介绍:养老相关产品的详细介绍,一般为企业研制的养老产品。

(7) 上传文章:网站用户可以上传养老相关的文章,将自身知识与他人分享。

(8) 资源整合链接:整合资源信息,包括特价机票信息、理财信息、求医问药信息等,同时提供相应网站的链接,省去老人到各大网站上(例如银行官网等网站)搜索的麻烦。

(9)字号调整:用户可以调整网站的字号,方便老年用户浏览网页。

2)信息收集

收集网站浏览者的基本信息以及需求信息,包括联系方式,以方便线下交流。

(1)用户留言:收集用户对服务的意见和建议,以及问题等。

(2)用户信息收集:一是用户的需求信息,网站可以根据需求为用户推荐合适的养老服务以及养老机构;也可以是用户的预约信息,主要目的是方便线下联络具体事宜。

(3)网站意见反馈:收集用户对网站的意见,便于网站后期完善。

(4)应聘人信息收集:收集应聘人的简历等信息,方便线下联络。

3)搜索推荐

根据用户需求推荐合适的养老院以及养老服务,方便用户进行选择及在线预约购买。

(1)养老商品查询:通过条件筛选找到符合要求的养老商品。这里的养老商品包括养老机构、养老服务、老人相关的产品等。

(2)机构入驻:主要用于信息综合类的网站,机构可以在网站上添加自己的信息,方便网站用户浏览。

(3)养老院评论:用户可以在相应的养老院下评论,方便网站游客浏览,了解养老院的实际情况并进行选择。

(4)家政人员对比:将选择的家政人员在某些方面进行对比,方便用户进行选择。

(5)热门养老院推荐:推荐热门的养老院,方便用户选择。

4)在线交易

在线购买养老服务、商品等,方便老人的日常生活。

(1)养老服务购买:理发、擦玻璃等家政服务的购买。

(2)房间预定:养老机构房间或酒店房间预定。

(3)商品购买:老人相关商品购买。

(4)培训购买:家政员、母婴护理师等培训的购买。

5)网站推广

通过介绍、推广等方式吸引用户浏览网站,进而使用企业提供的养老服务。

(1)机构介绍:提供关于本网站机构的服务种类、护理人员等信息的详细介绍,让用户了解机构的功能，吸引用户使用服务。

（2）社交账号：提供微信公众号二维码或微博链接等社交账号，方便用户关注，浏览机构的最新动态。

（3）相关组织外链：放置相关机构的外链，增加权威性和便利性。

（4）帖子发表：老人可以发表帖子并回复他人的帖子，起到社交的作用。

（5）用户分享：微信、QQ、微博等社交网站链接，用户登录自己的账号后即可分享本网站，利于网站推广。

（6）我的心情：用户可以分享自己的心情，增加趣味性。

（7）小测试：与老人相关的小测试，提升趣味性。

（8）娱乐项目链接：老人小游戏或者老人喜爱的影视作品等娱乐项目的链接，吸引老人使用本网站。

根据表10.5中对网站功能点的分类，我们对国内智慧养老网站的功能进行了总结归纳，如图10.25所示。其中，拥有该功能的网站数有10个及以上的为黑底白字，网站数有5～9个的为灰底白字，网站数有1～4个的为白底黑字。

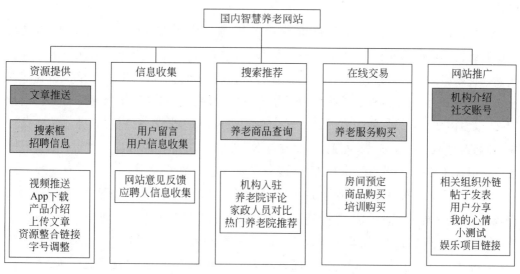

图10.25　国内智慧养老网站功能图

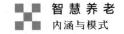

10.4 国内外智慧养老网站对比分析

10.2节和10.3节我们分别对国外和国内的智慧养老网站进行了比较和归纳,得到各自的功能大类,接下来,我们希望比较下国内外智慧养老网站的差异。由于我们中国养老信息化起步较晚,没有历史包袱,反而可以直接将电子商务等其他领域好的做法引入到智慧养老网站中,具有后发优势。当然,由于我们对国外网站还不够熟悉,可能有一些做得好的国外网站被我们漏掉了,我们今后将予以补充。现阶段国外网站有做得好的部分,也可以供我们参考。

10.4.1 国内外智慧养老网站对比

从10.2节和10.3节网站的介绍明显可以看到,国外的智慧养老网站创建的时间一般都比较早,很多网站都是在2010年以前创建的;而国内的网站大部分都是在2010年以后创建的。这说明国内的智慧养老开始比较晚,但是没有历史包袱,具有很大的后发优势。

最显著的优势就是国内的网站功能点比较多,这一结论可以从表10.3、表10.5的对比中看到。国内网站拥有30个功能点,而国外网站只有18个功能点。功能点的差异首先体现在很多国内网站拥有在线交易的功能,而我们查询到的国外网站几乎没有在线交易功能,产品购买也是以外部链接的方式呈现。国内的智慧养老网站信息综合的功能比较强,很多网站都会以方便老人为目的,综合养老产品和养老服务等信息,并实现在线交易,使老人足不出户就可以购买商品,享受服务。其次,部分国内网站具有"论坛"的功能,老人可以在论坛里上传帖子,与他人交流,分享自己的心情。

但正因为国内智慧养老网站创建的时间比较晚,因此,相比国外网站,国内网站的流程较粗糙,而国外网站的功能更加细致、贴心。以"用户信息收集"这一功能为例,这一功能的目的是为了更好地为用户推荐养老机构或者服务,方便用户进行选择,是服务成交流程中一项很重要的功能。国外11个网站中有8个网站拥有这项功能,而国内14个网站中仅有5个网站拥有这项功能。这导致国内网站的信息收集、搜索推荐和在线交易功能模块脱节,相关养老机构无法直接和用户取得联络,只能依靠用户自己主动搜索养老机构的联系方式进行线下沟通或者到养老机构的所在地进行当面交流来选择养老机构或者服务,之后才可以在网站上进行交易。因此,国内网站需要在用户信息收集方面加强建设,将推荐功能与在线交易功能结合起来,形成更完善的智慧养老服务成交流程。

接下来就国内外智慧养老网站的功能进行更详细的对比。从表10.3、表10.5的对比中看到,国外智慧养老网站使用较多的功能有视频推送、公司/机构介绍和社交账号链接(在表格中以深灰色标注),其次是搜索框、资源下载、用户信息收集、护理人员报名和服务中心搜索(在表格中以浅灰色标注)。国内智慧养老网站使用较多的功能有文章推送、机构介绍和社交账号(在表格中以深灰色标注),其次是搜索框、招聘信息、用户留言、用户信息收集、养老商品查询和养老服务购买(在表格中以浅灰色标注)。

对比深灰色标注的功能可以看出,国内外网站对于网站的推广都很重视,网页上都设置了社交账号的链接,便于用户关注,获取最新信息。但是在信息的展现形式上,国外网站更为灵活,很多网站都有视频推送,更方便老人获取信息;而国内网站大多以文章的形式展现信息,形式较为单一。

对比浅灰色标注的功能可以看出,国内网站的信息收集功能较弱。以"护理人员报名"和"招聘信息"两个功能为例,同样是以人员招聘为目的,国外网站可以在线收集信息,而国内网站仅仅是把招聘信息放到网站上。不过国内网站比较注重用户反馈,很多网站都设置了"用户留言"功能,用户可以将自己的问题或者建议反馈给管理员。国外网站使用较多的功能包括用户信息收集和服务中心搜索,而国内网站使用较多的功能包括养老服务购买,可以看出国外网站的功能更加偏向用户的信息收集和搜索推荐,国内网站的功能更偏向于在线交易。

10.4.2 智慧养老网站功能设计优化方案

我们首先对表10.3和表10.5中的功能进行对比,然后将两者主要的功能进行整合,结果如表10.6所示。表10.6中给出了国内外网站共有的功能、国内网站独有的功能以及国外网站独有的功能,即国内网站可参考的功能。参考表10.6,我们提出了智慧养老网站的功能优化设计方案,如图10.26所示。

表 10.6　国内外智慧养老网站功能整合

	资源提供	信息收集	搜索推荐	在线交易	网站推广
国内外网站共有的功能	搜索框 文章推送 视频推送 产品介绍	用户信息收集 /护理人员报名	养老商品查询 养老商品对比	—	机构介绍 社交账号 相关组织外链
国内网站独有的功能	字号调整 招聘信息 App下载 上传文章 资源整合链接	用户留言 网站意见反馈	机构入驻 养老院评论 热门养老院推荐	养老服务购买 房间预定 商品购买 培训购买	用户分享 娱乐项目链接
国内网站可参考的功能	资源下载 产品链接 音频推送	—	测评		

国内网站的功能种类较多，但是关键功能较为粗糙。因此，在信息收集、搜索推荐模块应该参照国外网站的模板，细化功能，这样才能将信息收集、搜索推荐、在线交易三大功能模块连接起来。同时，保持国内网站自身在线交易功能的优势，形成一个完整的智慧养老服务交易流程。图 10.26 整合了现有国内外智慧养老网站的主要功能，供智慧养老网站的开发者和拥有者参考。

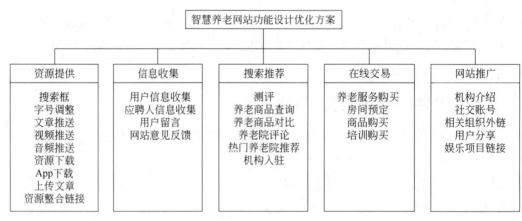

图 10.26　智慧养老网站功能设计优化方案

附录 A
中国智慧养老前进的脚步

　　智慧养老 50 人论坛于 2016 年 1 月 23 日在北京成立。智慧养老 50 人论坛是由中国人民大学智慧养老研究所、全国老龄办信息中心原养老技术研究院、中国民主建国会北京市经济委员会、北京市科学技术研究院智慧健康养老与服务工程重点实验室、山东财经大学管理科学与工程学院、国家发改委《中国信息界》杂志社六家单位共同倡议并发起的研究性群体。论坛成员包括享有较高社会声誉并致力于中国智慧养老研究的优秀学者和相关领域专家。

　　智慧养老 50 人论坛秘书处设在中国人民大学智慧养老研究所,每个季度至少举办一次活动,每年通过智慧养老 50 人论坛成员的投票,评选发布一次上一年十件大事,迄今已经连续发布三次(见表 A.1～表 A.3),在业界产生很好的社会反响。作为每年十大事件评选的策划者和组织者,我们深刻地感受到候选项逐年增多,候选事件的质量和影响力都在稳步提升,我们感觉到了中国智慧养老踏实向前的脚步声。

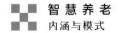

2015 年中国智慧养老十大事件如表 A.1 所示。

表 A.1 2015 年中国智慧养老十大事件

编号	事件	内容
1	乌镇"智慧养老"引习近平关注	12 月 16 日,中共中央总书记、国家主席习近平在乌镇"第二届世界互联网大会·互联网之光博览会"参观期间,通过智慧养老综合服务平台给乌镇智慧养老服务中心的老人们送上祝福:"祝你们健康长寿"
2	"互联网+"助推智慧养老产业发展	7 月 1 日,国务院印发《关于积极推进"互联网+"行动的指导意见》,明确提出了"促进智慧健康养老产业发展"的目标任务
3	国务院办公厅转发《关于推进医疗卫生与养老服务相结合的指导意见》	11 月 18 日,国务院办公厅转发卫生计生委、民政部等九部委《关于推进医疗卫生与养老服务相结合的指导意见》,提出"鼓励各地探索基于互联网的医养结合服务新模式,提高服务的便捷性和针对性"
4	《关于鼓励民间资本参与养老服务业发展的实施意见》发布	2 月 3 日,民政部、发展改革委、教育部等 10 部委联合发布《关于鼓励民间资本参与养老服务业发展的实施意见》,提出"支持民间资本运用互联网、物联网、云计算等技术手段,对接老年人服务需求和各类社会主体服务供给"
5	首部智能养老产业蓝皮书出版发行	11 月 23 日,我国第一部智能养老蓝皮书《中国智能养老产业发展报告》发布。蓝皮书提出:我国智能养老整体上处于"学、抄、拿"的起步阶段,未来,老龄智能远程医疗的发展前景广阔
6	第四届全国智能化养老战略研讨会暨智能养老产业展览会召开	10 月 26~28 日,第四届全国智能化养老战略研讨会暨智能养老产业展览会在福州召开。大会主论坛,国家部委领导、两院院士、专家学者围绕智能养老进行深入交流研讨;大会分论坛从医疗、金融、科技角度出发,召开中医药与智能养老融合发展论坛、智能健康生活圈推介及金融支持体系和华龄健康 365 工程发展论坛

附录 A
中国智慧养老前进的脚步

续表

编号	事件	内容
7	老年学领域全国性学术会议专门开设智慧养老论坛	5月30日,第十一届中国老年学学科建设研讨会在中国人民大学召开。大会开设智慧养老分论坛,分论坛围绕养老服务信息化的现状与趋势、国家标准"养老机构基本规范"的解读与宣贯、线上线下协同养老模式与机制等方面展开研讨
8	信息系统领域全国性学术会议专门开设智慧养老论坛	10月24日,第六届信息系统协会中国分会学术年会在山东财经大学召开,大会分论坛针对"智慧养老与智慧医疗"展开了深入讨论和交流
9	国内学术界第一个智慧养老研究所成立	1月,国内学术界第一个智慧养老研究所在中国人民大学信息学院成立。截至12月,研究所共出版24期《智慧养老研究动态》,普及智慧养老理念、宣传相关政策、促进产业发展
10	全国首个智慧居家养老服务标准化试点获批	5月13日,国家标准委正式下达了全国第二批社会管理和公共服务综合标准化试点项目,绍兴市申报的智慧居家养老服务标准化试点榜上有名,成为全国智慧居家养老服务领域的首个服务标准化试点

2016年中国智慧养老十大事件如表A.2所示。

表 A.2 2016 年中国智慧养老十大事件

编号	事件	内容
1	习近平强调推动老龄事业全面协调可持续发展	5月27日,中共中央政治局就我国人口老龄化的形势和对策举行第三十二次集体学习。中共中央总书记习近平在主持学习时强调,坚持党委领导、政府主导、社会参与、全民行动相结合,推动老龄事业全面协调可持续发展
2	国务院办公厅发布《关于全面放开养老服务市场,提升养老服务质量的若干意见》	12月23日,国务院办公厅发布《国务院办公厅关于全面放开养老服务市场,提升养老服务质量的若干意见》,首次明确提出发展智慧养老服务新业态,开发和运用智能硬件,推动移动互联网、云计算、物联网、大数据等与养老服务业结合,创新居家养老服务模式
3	全国老龄办发布《关于推进老年宜居环境建设的指导意见》	10月13日,全国老龄办发布《关于推进老年宜居环境建设的指导意见》,提出"开展智慧家庭健康养老示范应用,鼓励发挥地方积极性开展试点,调动各级医疗资源、基层组织以及相关养老服务机构、产业企业等方面力量,开展健康养老服务"

续表

编号	事件	内容
4	中国智慧养老50人论坛成立	1月23日,中国智慧养老50人论坛成立大会顺利召开。论坛聚集国内致力于中国智慧养老研究的一批著名学者及领域内专家,以"开放分享、相互学习、平等争鸣、文责自负"为原则,共同研讨中国智慧养老的发展问题,为中国智慧养老的发展建言献策
5	《全球积极、健康和智慧养老创新报告》首次发布	10月27日,由北京市科学技术研究院主办的第二届老年服务科学与创新国际论坛在北京开幕。2016年起,北京市科学技术研究院将每年出版一本《全球积极、健康和智慧养老创新报告》。2016年的报告由来自中国、韩国、澳大利亚、德国、荷兰、芬兰和西班牙的20多名学者及其合作者贡献的16篇文章组成,在论坛召开期间正式发行
6	"智慧养老国际科技合作基地"被国家科技部认定为国家国际科技合作基地。	2016年12月16日,由智慧养老50人论坛成员、合肥工业大学安宁教授负责的"智慧养老国际科技合作基地"被国家科技部认定为国家国际科技合作基地(示范型国际科技合作基地类)。实现联合国提倡的积极老龄化,需要通过国际及地区的深度合作,构建新的体系以共同面对。该基地将成为对接全球科技资源、转化高水平科技成果的重要平台
7	第三届智慧养老与智慧医疗发展论坛召开	8月13日,第三届智慧养老与智慧医疗发展论坛在山东烟台滨州医学院举行。本次论坛由国际信息系统协会中国分会(CNAIS)、中国信息经济学会信息管理专业委员会、中国人民大学信息学院、山东财经大学管理科学与工程学院主办,旨在搭建跨学科综合发展的平台,强化学科建设,深化学术研究,推动全国智慧养老与智慧医疗事业的快速发展
8	国内首家"双创智慧养老创业孵化屋"正式挂牌启用	2月,国内首家"双创智慧养老创业孵化屋"正式挂牌启用。不仅为具有爱心、专业知识、愿意奉献的"年轻老人"提供了参与老年事业服务建设的机遇,同时也为青年大学生提供一个免费创业奉献孝心的创业孵化平台
9	中国居家养老服务网络系统在京启动	11月30日,中国居家养老服务网络系统启动仪式在北京举办,本次活动由中国老龄产业协会指导,中国老龄产业协会老龄旅游产业促进委员会主办。中国居家养老服务网络系统运用互联网、物联网等技术手段创新居家养老服务模式,发展老年电子商务,建设居家服务网络平台,提供紧急呼叫、家政预约、健康咨询、物品代购、服务缴费等适合老年人的服务项目

续表

编号	事件	内容
10	乌镇智慧养老升级2＋2新模式	11月,乌镇智慧养老推出了2＋2新模式,即"智慧养老综合平台、远程医疗平台＋线下照料中心、卫生服务站"模式,实现了线上＋线下相结合、医养服务全覆盖的目标

2017年中国智慧养老十大事件如表A.3所示。

表A.3　2017年中国智慧养老十大事件

编号	事件	内容
1	国务院发布《"十三五"国家老龄事业发展和养老体系建设规划》	2月28日,国务院发布《"十三五"国家老龄事业发展和养老体系建设规划》,提出实施"互联网＋"养老工程。支持社区、养老服务机构、社会组织和企业利用物联网、移动互联网和云计算、大数据等信息技术,开发应用智能终端和居家社区养老服务智慧平台、信息系统、App应用等,重点拓展远程提醒和控制、动态监测和记录等功能,规范数据接口,建设虚拟养老院。鼓励金融、互联网等企业进入养老服务产业。利用信息技术提升健康养老服务质量和效率
2	工信部等三部委联合发布《智慧健康养老产业发展行动计划(2017—2020年)》	2月6日,工信部、民政部、国家卫计委联合发布《智慧健康养老产业发展行动计划(2017—2020年)》,提出五大重点任务,包括推动关键技术产品研发、推广智慧健康养老服务、加强公共服务平台建设、建立智慧健康养老标准体系、加强智慧健康养老服务网络建设和网络安全保障等
3	工信部、民政部、国家卫计委组织申报《智慧健康养老产品及服务推广目录》	11月17日,为贯彻落实《智慧健康养老产业发展行动计划(2017—2020年)》,促进优秀智慧健康养老产品和服务推广应用,为相关部门、机构和企业采购选型提供参考依据,推动智慧健康养老产业发展,工信部、民政部、国家卫计委组织开展了《智慧健康养老产品及服务推广目录》申报工作
4	第四届智慧养老与智慧医疗发展论坛召开	8月26日,第四届智慧养老与智慧医疗发展论坛在北京理工大学隆重举行。来自中国人民大学、清华大学、浙江大学、合肥工业大学、复旦大学、北京理工大学、南京大学、四川大学、武汉大学、山东财经大学等40余所高校,以及政府机关、企业界、医院和社区养老机构的100余名代表参加了论坛

续表

编号	事 件	内 容
5	全国养老机构业务管理系统正式启用	3月21日,民政部下发通知正式启用全国养老机构业务管理系统,将录入全国养老机构的内部管理、服务质量、安全管理等八大类信息。全面应用该系统,对摸清全国养老机构底数和服务质量情况,加快形成全国统一的养老服务质量标准和评价体系,推进养老机构服务质量提升具有基础性作用
6	第三届老年服务科学与创新国际论坛成功举办,发布《全球积极、健康与智慧养老创新报告(2017)》	9月13日,北京市科学技术研究院和智慧养老50人论坛共同承办的第三届老年服务科学与创新国际论坛在北京裕龙国际酒店开幕。来自中国、美国、德国、芬兰、荷兰、西班牙、英国、新西兰、澳大利亚的50多位学者和领导就相关议题进行报告,近500名来自国内养老界的人士参加会议,会上发布了《全球积极、健康与智慧养老创新报告(2017)》
7	京东、腾讯、易观、和君等公司先后发布智慧养老相关研究报告,主流公司开始关注智慧养老进展	中国国际电子商务中心内贸信息中心、京东战略研究院联合发布《老年网络消费发展报告》,腾讯发布《生活在此处——社交网络赋能报告》,易观发布《中国互联网居家养老服务专题分析2017》,和君健康养老研究中心发布《中国智慧养老专题研究报告(2017)》
8	《2017年智慧健康养老应用试点示范名单》公布	11月24日,工信部、民政部、国家卫计委公布《2017年智慧健康养老应用试点示范名单》。名单包括智慧健康养老示范企业52家,智慧健康养老示范街道(乡镇)82个,智慧健康养老示范基地19家
9	《智慧健康养老产业发展白皮书(2017)》发布	12月28日,以"智慧养老·健康中国"为主题的智慧健康养老产业发展大会在北京人民大会堂召开,会议由工信部、民政部、国家卫计委共同主办,大会围绕信息技术与健康养老产业融合创新发展,搭建行业交流合作平台,表彰入围智慧健康养老应用试点示范的企业、街道(乡镇)和基地,交流应用试点示范建设经验,发布了《智慧健康养老产业发展白皮书(2017)》
10	2017智汇养老北京高峰研讨会召开	2月17日,由民建中央调研部和智慧养老50人论坛联合举办的2017智汇养老北京高峰研讨会在北京国际饭店隆重召开,会议主题为"养老服务业的失衡与重构"。民建中央副主席、北京市民政局局长、中国人民大学副校长、中共北京市委统战部、北京市人大常委会、北京市政协等单位的领导,智慧养老50人论坛等机构的专家学者300余人参加了研讨会。会上公布了我国2016年智慧养老十大事件,提出了基于街道(乡镇)的居家养老服务信息化平台的构架,以解决平台空心化问题